Führen durch das Wort

Das Buch

Zu Rupert Lays publizistischen Klassikern gehört »Führen durch das Wort«. In diesem Buch schreibt er für Menschen, die führen müssen und sich dabei ihrer Grenzen bewußt sind – für Menschen also, die besser führen wollen. Basierend auf seiner jahrelangen Erfahrung als Trainer von Fach- und Führungskräften legt er hier den Grundstein für eine neue, humane Art der Führung.

Der Autor

Prof. Dr. Rupert Lay, Jahrgang 1929, ist einer der profiliertesten Managementberater. Seine provokativen, aber zugleich fundierten Thesen haben mehr als einmal für Aufruhr und Nachdenklichkeit gesorgt. 1952 trat er in den Orden der Gesellschaft Jesu ein, ab 1967 war er ordentlicher Professor an der Jesuitenhochschule St. Georgen in Frankfurt. 1996 wurde er aufgrund seiner ketzerischen Thesen zwangsemeritiert.

In unserem Hause sind von Rupert Lay lieferbar: »Die Ketzer«, »Die Macht der Unmoral«, »Ethik für Manager«, »Ketzer, Dogmen, Denkverbote«, »Nachkirchliches Christentum«, »Dialektik für Manager«.

Prof. Dr. Rupert Lay

Führen durch das Wort

- Motivation
- Kommunikation
- Praktische Führungsdialektik

Econ Taschenbuch Verlag

Econ Taschenbuch Verlag, 1999
Der Econ Taschenbuch Verlag ist ein Unternehmen der
Econ Ullstein List Verlag GmbH & Co. KG, München
Lizenzausgabe
3. Auflage 2000

Umschlagkonzept: Büro Meyer & Schmidt, München – Jorge Schmidt
Titelkonzept und Umschlaggestaltung: Petra Soeltzer, Düsseldorf
Titelabbildung: Teutopress

Gesetzt aus der Rotis, Linotype
Satz: Josefine Urban – KompetenzCenter, Düsseldorf
Druck und Bindung: Ebner Ulm
Printed in Germany
ISBN 3-612-21429-2

Inhalt

Vorwort

1. Dieses Buch ist geschrieben für Menschen, die führen müssen und sich dabei ihrer Grenzen bewußt sind – für Menschen also, die besser führen wollen. Es will ihnen helfen, das »Verfahren« Führung zu humanisieren und zugleich wirkungsvoller zu machen. Wir alle leben in einer Mehrzahl von Sozialverbänden, die ohne jede Führung keinen Bestand hätten (Familie, Schule, Kirche, Partei, Gewerkschaft, Betrieb . . .). So ist dieses Buch gedacht für Eltern und Lehrer, für Seelsorger und Unternehmer – kurzum für alle, die durch das Wort führen müssen, wie auch immer sie ihre Autorität begründen.

   Das Buch will aber nicht zur Lektüre all jener werden, die davon überzeugt sind:

- daß sie alles gut und richtig machen,
- daß sie ausschließlich nur für andere leben,
- daß Führen stets Tyrannei eines einzelnen über viele bedeutet,
- daß Führen rein funktionaler Vollzug sei.

   Diese Menschen sind entweder perfekt, oder sie betrügen sich selbst; sie sind entweder ideologisch fixiert oder haben kein Verhältnis zur Problematik des Führens.

2. Führen durch das Wort ist sicher die unmittelbare und ursprüngliche Form des Führens. Hier begegnen sich zwei oder mehr Menschen Auge in Auge. Solche Begegnung verändert stets beide, den Führenden wie den Geführten. Wer führt, informiert nicht nur, setzt nicht nur Ziele, motiviert oder kontrolliert nicht bloß – alles das wird er auch hin und wieder tun. Aber das Wesentliche des Führens ist damit nicht begriffen. Führen ist auch keineswegs die Praxis,

Menschen etwas tun zu lassen, was sie von sich aus niemals tun würden. Das kann eine Folge von Führen sein, ist aber nicht sein Wesen.
Führen ist vielmehr zu bestimmen von der Dynamik her, die sich immer dann bemerkbar macht, wenn Menschen in einiger Zahl über längere Zeit zusammenbleiben wollen oder müssen. Über psychosoziale Mechanismen werden jetzt zwangsläufig Ordnungsstrukturen innerhalb der Gruppe ausgebildet. Es bilden sich Status heraus, etwa: Führer – Fachmann – Mitglied – Prügelknabe. Immer aber gibt es die Institution des »Führenden«. Das gilt auch für vorgefundene Gruppen, in die sich ein einzelner einfügt (Familie, Schule, Betrieb), wenngleich auch solche Sozialgebilde in den Verhaltensmustern der sie Führenden dynamisch und variabel bleiben müssen, denn solche, oft scheinbar sehr stabilen Ordnungen sind doch, was die Probleme und Aufgaben konkreter Führung angeht, oft sehr variabel. Eine Familie kann ihre Führungsrollen und -praktiken durchaus ändern müssen, wenn sich das Sozialverhalten eines Mitglieds ändert: wenn etwa ein Mitglied pubertiert oder »in die Wechseljahre« kommt. Ganz ähnliches gilt auch für Schulklassen, Parteigruppierungen, Betriebe. Auch in diesen Gebilden muß die Führungspraxis immer an die Führungsbedürfnisse angepaßt werden. Diese Bedürfnisse und die damit verbundenen Erwartungen sind aber oft außerordentlich wechselnd. Das aber bedeutet, daß einmal erlernte Führungstechniken nicht für das ganze Leben eines Menschen brauchbar sein müssen.
Aus dem Gesagten geht hervor, daß es keine Patentrezepte optimaler Führung durch das Wort geben kann. Sicherlich gibt es eine Reihe von Verhaltensmustern, die nahezu immer vor dem Anspruch optimalen Führens als unzureichend oder gar falsch qualifiziert werden können. Das, was wesentlich in diesem Buch vermittelt wird, ist also nicht ein Repertoire von bloßen Techniken. Es wird vielmehr zunächst in praktischer Absicht eine Reihe von theoretischen Ansätzen skizziert, vor deren Hintergrund dann einige Verhaltensmuster bewertet werden.
Wesentlich aber ist die Theorie. Die konkrete Führungspraxis wird

aufgrund dieser theoretischen Überlegungen konkrete Strategien entwickeln müssen, die hier nicht entfaltet werden können, denn konkrete Führung hängt von mancherlei Determinanten ab, die zureichend zu berücksichtigen nicht möglich ist.
Hierher gehören

- die Bedürfnisse und Erwartungen aller Beteiligten (des Führenden, der Gruppe, des Gruppenaußens, der Gruppenmitglieder),
- konkrete Probleme, die durch Führen gelöst werden sollen oder müssen,
- die Dispositionen des Führenden und der Geführten.

3. Dabei habe ich nicht vor, die reiche Literatur über Führungstechniken und -stile um einen weiteren Titel zu bereichern. Hier geht es nicht um Führungstheorie, sondern um die praktische Verwendung von Theorien, die aller Führung zugrunde liegen. Das ist sehr wohl etwas anderes. Auf diese Weise hoffe ich die Fehler nahezu aller Bücher über Führung nicht zu wiederholen:

- »Führen« wird da mitunter als die Verwendung einer inkonsistenten, theoretisch unzureichend begründeten Menge psychologisch bedenklicher Taktiken verstanden, die darauf abzielt, das Leistungsverhalten des Mitarbeiters bei Berücksichtigung seiner Wünsche und Neigungen zum Betriebsnutzen zu beeinflussen.
- Oft wird die »freie Kommunikation« zwischen Vorgesetztem und Mitarbeiter als Voraussetzung für ein gutes Führen gewertet. Dann wird Kommunikation trainiert oder gelernt. Übersehen wird häufig, daß die Mängel an freier Kommunikation meistens nicht auf die Unfähigkeit der Führenden zurückgehen, sondern auf widrige Strukturen des Betriebes.
- Hin und wieder wird geleugnet, daß der höchste Zweck eines Unternehmens die Optimierung von Gewinnen sei. Das ist zumeist Heuchelei oder weltfremde Philanthropie.
- Häufig werden die Interaktionen eines Unternehmens mit seiner politischen, ökonomischen, ökologischen Umwelt grob vernachlässigt.

Die Liste von Mängeln der gängigen Management-Literatur ist keineswegs vollständig. Sie sind wohl unausweichlich immer dann, wenn sich Autoren oder Trainer an ein Programm wagen, das einfach zu großartig ist. So werde ich mich denn bescheiden. In diesem Buch geht es ausschließlich um das »Führen durch das Wort« – und um dieses auch nur, als es von Dialektik abgedeckt ist.

4. Ich habe mich nur nach einigem Zögern entschlossen, dieses Buch zu schreiben. Meine Gründe sind:

- Im Verlauf von Seminaren zeigte sich, daß Überzeugungsdialektik vor allem bei Managern in gehobener Führungsverantwortung unbedingt ergänzt werden muß durch Führungsdialektik. Dies ist auch immer dann geschehen, wenn die Grundverhaltensmuster der Überzeugungsdialektik beherrscht wurden. Insofern dieses Buch in solcher Seminarpraxis gründet, ist es ein recht praktisches Buch.
- Führen erscheint zunehmend mehr in einer sich emanzipierenden Welt nicht ein Problem des Befehlens zu sein, sondern des Überzeugens. Dabei kommt es nicht einmal vor allem auf die Beherrschung bestimmter Überzeugungstechniken, sondern nur auf die »Stärke« der überzeugenden Persönlichkeit an.
- Das Bewußtsein vieler Geführten verändert sich schnell – und damit auch Bedürfnisse und Erwartungen. Wenn diesen im konkreten Führen nicht entsprochen wird, kommt es zu erheblichen Frustrationserfahrungen aller Beteiligten, die sich meist in Aggressivität oder Niedergeschlagenheit ausmünzen. Stets aber ist die Folge eine erhebliche Demotivation.
- Die allgemeine Führungsunsicherheit in demokratischen Strukturen erfaßt vor allem das Führen in hierarchischen Ordnungen. Nicht immer gelingt es, den Legitimationsanspruch von Führung zu erfüllen, was dann zu erheblichen Verhaltensfehlern oder -verunsicherungen führen kann.

Diese Probleme möchte ich wenigstens im Ansatz beheben helfen.

5. Wie in allen dialektischen Situationen begegnen sich auch in der Situation des Führens durch das Wort zwei oder mehrere Menschen. Das verändert beide nicht irgendwie und an der Oberfläche, sondern gleichsam in ihrer »Persönlichkeits-Struktur«. Da unser Buch im wesentlichen von Persönlichkeit handelt (und weniger und erst sekundär von Techniken), will ich gleich zu Beginn sagen, was ich unter Persönlichkeit (dem Thema unseres Buches) verstehe. »Persönlichkeit« läßt sich beschreiben durch folgende Eigenschaften:

- Ein Subjekt interagiert typisch mit seiner Umwelt.
- Ein Subjekt kann Eindrücke selbstregulierend (und nicht determiniert) zu Handlungsmotiven zusammenfügen (ohne daß wir den Verarbeitungsmechanismus im einzelnen kennen).
- Ein Subjekt unterliegt Regeln von Wandlung und Entwicklung, die weder ihm noch anderen bekannt sind.

Versucht man diese Merkmale in einem Satz zusammenzufassen und zu verbinden, erhält man etwa folgende Definition: »Persönlichkeit« ist der Strukturaspekt des Menschen, der sich durch Wandlung und Entwicklung selbstregulierend als Ganzes verändert, so daß der Mensch befähigt bleibt, Reize funktionell zu machen und entsprechende Handlungen einzuleiten und deren Verlauf zu steuern, so daß die Gesamtstruktur (Mensch) zu einer einzigartigen und schöpferischen Anpassung an seine Umwelt fähig wird. »Persönlichkeit« bezeichnet also begrifflich etwas recht Komplexes. In der Praxis sieht dann alles sehr viel einfacher aus. Vielleicht entsetzt Sie diese Definition auch. Sie sollten dennoch weiterlesen. Begegnen Sie im folgenden einem Wort, das Sie nicht kennen, das Ihnen aber dennoch wichtig zu sein scheint, finden Sie im Anhang ein Verzeichnis der wichtigsten in diesem Buch gegebenen Definitionen.

6. Führung, die sich irgendwie legitimieren will, muß an erster Stelle nachweisen, daß sie die Persönlichkeit des Führenden wie des Geführten eher entwickelt als zerstört. Hier hat Führung auch ihre ethischen Grenzen. Kann sie nicht ethisch legitimiert werden, sind

alle anderen funktionellen oder pragmatischen Legitimationsversuche unerheblich. Da hilft auch nicht die Berufung auf Konventionen, Gesetze, Gebote, Regeln ... Diese alle verlieren ihren normativen Kern und Charakter, wenn sie die Persönlichkeitsentwicklung und -entfaltung nachhaltig, erheblich und langdauernd (vielleicht sogar wesentlich) stören oder gar tendenziell zerstören.
Dieses ist aber nicht mein primärer Gesichtspunkt, obschon er nicht vernachlässigt werden darf. Primär handele ich über den Menschen, der führen will oder soll als Persönlichkeit. Ich bin der Überzeugung, daß es vor allem darauf ankommt, die Persönlichkeit des Führenden in geeigneter Weise zu entwickeln – und nicht so sehr, Regeln über Verhaltensweisen zu lehren.
Von diesem Programm her bestimmt, behandelt dieses Buch folgende Themen:

- Vorangestellt werden einige Bemerkungen zum Thema Dialektik und Führung (Einleitung).

Es folgen Kapitel über

- Fremd- und Eigensteuerung,
- Motivieren und Motivationstheorien,
- verbale Interaktion und Kommunikation und
- Regeln der praktischen Führungsdialektik.

Einleitung

»Führen durch das Wort« heißt unser Thema. Führungsdialektik gilt es zu behandeln. Da über beide Begriffe: *Dialektik* und *Führen* mancherlei Unklarheit besteht, scheint es wichtig zu sein, zunächst einmal abzuklären, was denn diese beiden Worte eigentlich bezeichnen. Das soll in dieser Einleitung geschehen. Den Leser bitte ich, sie nicht zu überschlagen, denn eine rechte Position zu beiden Bereichen ist nicht nur für das Verständnis der folgenden Teile notwendig, sondern es werden auch verschiedene *Regeln* genannt, die fundamental, aber keineswegs selbstverständlich sind. So wird auch der eher an der dialektischen *Praxis* orientierte Leser hier manches finden, das zumindest nützlich ist.
In der Erfahrung im Umgang mit Managern oder Politikern, die in die »Kunst der Dialektik« eingeführt werden wollten, begegneten mir hinsichtlich der beiden Themen *Dialektik* und *Führen* so erhebliche Mißverständnisse, daß eine etwas gründlichere Auseinandersetzung mit diesen beiden Begriffen dringlich zu sein scheint. Selbst Rezensenten meines Buches *Dialektik für Manager* ist oft völlig der Sinn von *Dialektik* verborgen geblieben. Das war sicher auch mein Fehler. Ich will ihn nicht wiederholen.
Auf dem Markt *Dialektik* tummeln sich seit einigen Jahren so manche Scharlatane, die zwar viel versprechen und recht gute Showmaster abgeben können, doch von Dialektik wenig ahnen. Ich werde also zunächst versuchen, das Wort aus seiner Entwürdigung und Entstellung herauszuholen.

Was ist Dialektik?

Dialektik ist nicht eine besondere Kunstfertigkeit, keine Methode, andere Menschen zu übervorteilen, obschon sie auch dazu mißbraucht werden kann. Dialektik ist etwas ganz Alltägliches, etwas ganz und gar Menschliches. So kann man sie nicht eigentlich lernen – man kann nur aufmerken, sehen lernen, achten auf Gesetzmäßigkeiten, denen viel menschliches Tun unterworfen ist, um es wacher, erfolgreicher, menschlicher zu tun. So will denn dieser erste Abschnitt der Einleitung helfen, etwas, das man alltäglich tut, bewußter, verantworteter und humaner geschehen zu lassen.

1. Als Menschen über sich nachzudenken begannen, bemerkten sie schon bald, daß sie »nicht mit sich selbst identisch« sind. Am deutlichsten mag das werden in der Erfahrung, daß man anders handelt, als man »eigentlich« will. Aber auch Freiheit oder Vertrauen oder Hoffnung oder Liebe werden nur erfahrbar zusammen mit der Erfahrung von Zwang, Mißtrauen, Verzweiflung, Haß. Wir erfahren und erleben die Dinge unseres Lebens, die uns besonders wichtig sind, nur zusammen mit ihrem Gegenteil, das als möglich zumindest vorstellbar sein muß. Wir sind nicht nur frei, vertrauend, hoffend, liebend. Auch das Gegenteil von all dem ist in uns – macht uns mit aus. Wir Menschen sind (vermutlich im Gegensatz zu Tieren) ganz und gar mit uns selbst unversöhnt. Ich bin jedenfalls noch niemals einem Menschen begegnet, der nicht sein Leben *zwischen* Freiheit und Zwang, *zwischen* Liebe und Haß, *zwischen* Freude und Leid, *zwischen* Vertrauen und Mißtrauen, *zwischen* Hoffnung und Furcht, *zwischen* Glauben und Unglauben ... gelebt hätte. Sicher überwiegt einmal das eine oder das andere – vielleicht gar scheint vorübergehend nur eine Seite zu sprechen, doch niemals in diesem Leben kön-

nen wir dem Dazwischen entfliehen. Wir sind ganz und gar Wesen des Dazwischen. Wenn wir uns selbst suchen (oder auch einen anderen Menschen), müssen wir die Kunst beherrschen, »dazwischen zu sehen«, weil wir allemal im Dazwischen leben. Die Griechen prägten für diese Kunst des Dazwischen-Sehens, des Dazwischen-Stehens das Wort *Dialektik*.

2. Als Menschen sind wir stets im Wandel, stets in Veränderung. Das hat zur Voraussetzung und zur Folge, daß wir niemals ganz wir selbst sind. Versuchen wir es dennoch einmal zu sein, machen wir uns fest, setzen wir uns endgültig, wissen wir, *was* wir sind. Diese Erkenntnis ist bislang noch immer unmenschlich ausgegangen. Unmenschlich ist auch der Versuch, sich von einem *bestimmten* Ziel (oder Sinn) her festzumachen, um sich daran festzuhalten. Sinn und Ziel menschlichen Lebens kann nur das Gehen sein. Wer stehen bleibt bei sich selbst, wer weiß, wer er ist, verrät sein Menschsein zugunsten eines Modells von sich selbst. Finis vitae via!
   Doch gab und gibt es immer wieder Menschen, die glauben, etwas Endgültiges (= auch noch am Ende Gültiges) zu wissen von sich und Menschen überhaupt, obschon sie doch – wie alle anderen – nichts wissen. *Sokrates* (470–399 v. Chr.) versuchte, seinen Mitbürgern dieses Unwissen gegen all ihr vermeintliches Wissen wieder deutlich zu machen. Vermutlich geht es manchem meiner Leser ebenso, wie es damals den Bürgern von Athen erging. Die Aussagen des Sokrates erzürnten sie, ärgerten sie, langweilten sie – obschon sie den Zweck hatten, das zu vermitteln, was sich unbedingt zu können lohnt: Selbsterkenntnis. Das delphische Orakel nannte nicht umsonst Sokrates den weisesten aller Menschen, da er allein wisse, daß er nichts wisse, während alle anderen vermeinten, etwas zu wissen, obschon sie nichts wissen. Und nicht zufällig stand über dem Apollotempel von Delphi, in dem das Orakel saß, das Wort: »Erkenne dich selbst!«
   Selbsterkenntnis ist die zwingende Grundlage jeder Dialektik. Ein Dialektiker, der sich selbst nicht erkennt oder nicht erkennen will, denunziert nicht nur sich selbst als Scharlatan in Sachen Dialektik, sondern auch seine Dialektik als Torheit.

3. Als der Sokratesschüler *Platon* (427–347 v. Chr.) daranging, herauszufinden, *wer* denn eigentlich der Mensch sei, bemerkte er bald, wie völlig unzureichend unsere Sprache (und damit auch unser Denken) ist. »Was ist Tapferkeit?« fragte er etwa. Doch jeder Versuch einer Definition dieser menschlichen Eigenschaft scheiterte, weil »unter den Begriff« immer Menschen fielen, die alles andere waren als tapfer, und wahrhaft Tapfere nicht von ihm begriffen wurden. Dennoch aber fassen wir – so meinte Platon – mit unserer Sprache Realität. Da sie niemals in den einzelnen Dingen vorkomme, müsse sie die der Ideen sein. Nun wird dieser Ideenrealismus Platons heute kaum mehr akzeptiert. Wir haben aber zu oft mit diesem Idealismus auch vergessen, daß das Allgemeine (der Begriff) *niemals* ganz das Individuelle (das Konkrete) begreift, sondern allenfalls ein Modell des Konkreten. Die Wahrheit liegt stets im Dazwischen. Sie liegt zwischen den Begriffen und zwischen den Menschen, die denken und sprechen. Sie wird nicht gehabt, sondern allenfalls geschaut, geahnt. Dennoch entwickelten Platon und seine Schüler Methoden, Wahrheit aus dem Bereich des Dazwischen zu verdeutlichen. Es sind die Methoden der Dialektik. Wen Wahrheit nicht kümmert, der sollte sich nicht um Dialektik scheren. Sie ist nicht für ihn da.
Eine der wesentlichen Einsichten der Platoniker war es, daß man mit »Begriffsfeldern« arbeiten müsse, wenn man Konkretes, und vor allem den Menschen und seine Sache sprachlich ausmachen und denkend bewältigen wolle, ohne allzusehr dem Trug des Allgemeinen aufzusitzen. In dieser Denktradition stehend, versuchte etwa Karl Marx (1818–1883) den konkreten Menschen zu beschreiben, indem er die sechs Beziehungen zwischen vier Polen ausmachte: Natur – Arbeit – Individualität – Gesellschaftlichkeit. Eine christliche Anthropologie wird entsprechend die menschliche konkrete Person zu begreifen versuchen im Dazwischen dieser Pole: Individualität – Sozialität – Geschichtlichkeit – Weltlichkeit – Religiosität. In jedem Fall wird man den einzelnen nur verstehen können in dialektischen Gegensatzfeldern, weil er selbst stets in Veränderung ist. Wer sich oder einen anderen Menschen begrifflich festmacht, hat ihn verloren. Wer das nicht begreift, handelt inhuman, weil er

Menschlichkeit zum Mittel seines Verstehens macht. Leicht (theoretisch oder praktisch) zu »handhaben« ist ein Mensch allemal nicht, will man es nicht mit einer Attrappe zu tun haben. Diese Einsicht folgt ganz unmittelbar aus der Dialektik Platons.

4. Schon bald gab es Menschen, denen der mühsame und wesentlich unabschließbare Erkenntnisprozeß der platonischen Dialektik viel zu wenig war (und ist). Schon der Platonschüler *Aristoteles* (384–322) sah das Allgemeine im Einzelnen und konnte daher behaupten, der (allgemeine) Begriff begreife das konkret Einzelne durchaus zutreffend. Das Werden wurde verkürzt in der Annahme, daß die Möglichkeiten des Neuen schon im Alten vorgegeben seien und nur aus ihm herausgebracht werden müßten. Der Mensch bekommt jetzt ein Ziel, sein Leben erhält einen verbal auszumachenden Sinn: Es ist der immer schon in ihm angelegte, immer schon potentiell gegenwärtige Entwurf des Menschen. Dialektik wird da überflüssig. Und sie entartet, da zur Wahrheitsannäherung nicht mehr gebraucht, zur zweifelhaften Kunst der Wahrheitsverschleierung, der Scheinbeweise, der intellektuellen Überwältigung.
Die Frage »Wer ist der Mensch?« (die nach der Person) wird ersetzt durch die Frage »Was ist der Mensch?« (die nach seinem Wesen). Man mag das für eine Nebensächlichkeit halten. Aber Auschwitz wäre kaum möglich gewesen, wenn sich die europäische Philosophie nicht in die Abstraktion des »Wesens« begeben hätte, wenn sie stets personaler und existentialer gedacht hätte. Die Frage: »Wer ist der Mensch?« ist mit Auschwitz kaum vereinbar. Der Kollektivismus des Faschismus gründet philosophisch in einer aus dem Aristotelismus herkommenden Lehre vom Menschen.
Nun scheinen Auschwitz und der Archipel GULAG nicht allzuweit voneinander entfernt zu liegen. In der Tat, sie sind benachbart. Das ist durchaus erklärlich, denn der »dialektische Materialismus« hat kaum mehr etwas Ernstliches mit der Dialektik Marxens zu tun. Er ist in die Identität des Begriffes und des Begreifens zurückgeflüchtet, da die Mühsal der Nichtidentität von Sprache und Welt offen-

sichtlich nicht publikumswirksam durchzustehen ist. Schon *Lenin* (1870–1924) machte aus der Sage von der Identität von Welt und Erkennen (und damit von Sprache und Realität) ein – ja *das* zentrale Dogma des DIAMAT.

5. Dennoch ist es falsch, das europäische Denken eingleisig auf die Schiene des Artistotelismus zu fixieren. Als im 14. Jahrhundert die römische Kirche sich vom Platonismus ab- und dem Aristotelismus zuwandte, bedeutete das für einige Jahrhunderte zwar einen scheinbaren Sieg des Denkens in Identitäten gegen das dialektische. Doch dieses verschwand niemals ganz. Es gibt eine ununterbrochene Denktradition, die von Platon bis Hegel und von Hegel bis in die Gegenwart führt. Nicht nur *J. W. von Goethe* (1749–1832) wußte von der sprachlichen Nichteinholbarkeit des Individuums (»Individuum est inefabile«), sondern mit ihm wie vor und nach ihm viele andere, denen Humanität nicht nur ein leicht auszusprechendes Wort war und ist. Man muß schon ziemlich borniert sein, um heute die Gleichursprünglichkeit von Individualität und Sozialität zu leugnen, wenn es darum geht, menschliches Verhalten beschreibend, deutend, normativ (oder wie auch immer) *human* zu erklären. Dialektisches Denken wurde wieder zum Allgemeingut vieler.

6. Doch hat Dialektik als Methode, sich Wahrheit zu nähern, noch weitere Folgen: Sie läßt die scharfe Grenze zwischen Subjekt und Objekt verwaschen sein und leugnet gar ihre Existenz. Erkennen, Verstehen, Führen ... und alle anderen Akte, in denen Menschen sich als Menschen begegnen, erlauben keine klare Grenzziehung. Der »den anderen« Erkennende, Verstehende, Führende, Liebende ... erkennt, versteht, führt, liebt ... immer auch sich selbst, ja er kann gar nicht anders erkennen ... als in und durch und mit sich selbst. Die dialektische Aufhebung zwischen Subjekt und Objekt in zwischenmenschlichen Bezügen und Handlungen ist nun eine recht wichtige Einsicht, die die Dialektik vermittelt: Auch im Führen von Menschen ist die Grenze zwischen Führendem und Geführten durchlässig geworden, sie bilden eine menschliche Einheit (wenigstens auf Zeit) und verändern sich beide in der Führungssituation.

Kein Mensch kommt aus einer menschlichen Begegnung als der gleiche heraus, als der er hineingegangen ist. Wie sich Menschen in solchen Begegnungen verändern, hängt sicher ganz wesentlich von objektiven (situationsabhängigen, persönlichen Fixierungen...) Umständen ab, doch aber auch von dem Vermögen von Menschen, sich aufeinander einzulassen, miteinander umzugehen. Von Techniken also. Dialektik ist also auch Technik. Wer führen will oder soll oder muß, wird diese Techniken beherrschen, oder sein Führen wird nicht unproblematisch sein. Menschenführung ist nur aus einer Grundstimmung auch der Alterozentrierung möglich, d. h., der Führende muß u. a. in der Lage sein, sich selbst hinter den anderen, hinter die Sache zurückzustellen. Alterozentriertheit ist ein Basispostulat dialektischer Technik. Sie sehen: Führen ist eine dialektische Angelegenheit. Ist es das nicht, wird es wohl stets unmenschlich sein oder enden. Beide Partner: Führender und Geführter werden dann etwas weniger menschlich aus ihrer Begegnung hervorgehen.

7. Vielleicht ist *Wahrheit* ein zu großes Wort, wenn es um Dialektik geht. Nicht selten suchen Menschen nicht Wahrheit zu finden, wenn sie sich miteinander in einen dialektischen Prozeß (Gespräch, Sitzung, Konferenz, Diskussion, Rede...) einlassen, sondern »optimale Strategien«, »Anregungen zum Erkenntnisfortschritt«. Dabei kann es durchaus vorkommen, daß es ihnen nicht um etwas geht, was irgendwie mit Wahrheit (auch nur entfernt) zu tun hat, sondern mit Gewißheit, Sicherheit, Evidenz. Und hier wird deutlich, daß die aristotelische Denktradition in einer mittleren Katastrophe endet: der Identitätssucht. Die Vermutung, man könne etwas endgültig wissen oder besitzen, führt dazu, daß sehr viele Menschen Gewißheit und Wahrheit miteinander verwechseln, obschon beide kaum etwas miteinander zu tun haben. Oft sind gerade die Dinge uns ganz gewiß, die falsch sind (Vorurteile) oder Aussagen, die wahr sind (oder doch der Wahrheit nahe kommen), sind und bleiben »ungewiß« (wir möchten sie eigentlich anzweifeln). Ich behaupte: Die Suche nach Wahrheit und die Suche nach Gewißheit sind im Regelfall nicht mit-

einander zu vereinbaren. Ich behaupte ferner: Die wenigsten Menschen kümmern sich um Wahrheit (sie ist ihnen vielmehr völlig gleichgültig, weil uninteressant, gefährlich oder unwichtig), fast alle sorgen sich nahezu ausschließlich um Sicherheit, Gewißheit, Evidenz. Da Dialektik es mit Wahrheit (oder doch mit etwas ihr Verwandtem) zu tun hat, sind die weitaus meisten Menschen an Dialektik in dem hier vorgestellten Sinn völlig desinteressiert. Sie interessieren sich allenfalls um die Beherrschung dialektischer Fertigkeiten, um ihre eigenen Gewißheiten und Sicherheiten zu verteidigen und zu verbreiten. Für sie ist übrigens dieses Buch nicht geschrieben.

8. Hat denn Dialektik nichts mit Überzeugen zu tun? Sie hat. Zwar spricht Dialektik den Realitätsbereich an und spielt in ihm. Doch kann es durchaus legitimes Ziel dialektischer Strategien sein, Realitätserkenntnis sicher zu machen und somit zur optimalen Wirksamkeit zu führen. Gegen den Anspruch der Realitätsorientierung von Dialektik spricht auch nicht, wenn dialektische Glaubensinhalte bis hin zur Glaubensgewißheit vermittelt werden, wenn nur der Realitätsbezug der Inhalte zweifelsfrei feststeht (und das nicht über Vorurteile!). *Weiß* ich um die Wahrheit einer Aussage, kann ich sie durchaus dialektisch vermitteln, so daß mein Partner sie als sicher akzeptiert und daraus Handlungskonsequenzen zieht.
Hat denn Dialektik nichts mit Siegen zu tun? Es hat nicht. Wer Dialektik einsetzt, um zu siegen, mißbraucht Dialektik und wird letztlich besiegt werden.
Dialektik ist die Kunst zu gewinnen, ohne zu siegen!
Das ist ganz so gemeint, wie es dasteht. Es wäre pervers, wenn jemand dialektische Techniken verwenden würde, um den Partner dazu zu bringen, eine Ansicht zu internalisieren in der Meinung, es wäre seine. Solche »dialektische Scharlatanerie« hat nichts mit ehrbarer Dialektik zu tun. Im dialektischen Spiel weiß der Partner um die Situation: Er soll überzeugt werden. Wird er durch gute Argumente überzeugt, haben beide gewonnen. Sieger ist niemand. Das soll natürlich nicht heißen, daß Dialektik die Technik der Menschen

wäre, die nicht siegen können. Ganz das Gegenteil ist der Fall. Wer nicht siegen kann, kann nicht auf den Sieg verzichten. Der Dialektiker muß in der Lage sein, eine Strategie zu verwenden, bei der

- die Summe der Gewinnpunkte beider Partner optimal ist (paretooptimal) und
- beide Partner zureichend Gewinnpunkte erzielen.

In den von mir veranstalteten Trainingsseminaren ist das Lehren dieser Kunst (Lerne gewinnen, ohne zu siegen!) Trainingsziel. Welche Schwierigkeiten stellen sich dem Ziel entgegen?

- Aus mangelndem Selbstvertrauen versuchen einige Mitglieder zu siegen.
- Manche haben ein zu geringes Selbstbewußtsein, um siegen zu können (sie beherrschen nicht einmal Sieg-Techniken).
- Einigen kommt es nur aufs Siegen an. Sie suchen schnelle Erfolge (etwa im Umgang mit politischen Gegnern).
- Öfters beherrschen einzelne Teilnehmer nur Kampftechniken (die allenfalls zum Sieg führen) und hatten bislang damit Erfolg. Sie wollen nur die hohe Qualität ihrer Fertigkeiten bestätigt erhalten.

Offensichtlich gilt es im Vorfeld des Erlernens von Dialektik, eine ganze Menge an Hindernissen abzubauen und an Fertigkeiten zu entwickeln. Ich werde darauf noch zu sprechen kommen.

9. Aus dem bislang Dargestellten ergeben sich einige wichtige Basisregeln aller Dialektik. Sie müssen von jedem beherrscht werden können, der sich in dialektische Spiele wagt. Ihre wesentlichen Inhalte waren schon zur Zeit Platons geläufig. Sie lauten:

(1) Denken Sie alterozentriert.

Da unsere gesellschaftlichen Strukturen nicht selten egoistische (es geht um meinen Nutzen) und egozentrische (meine Werturteile gelten auch für andere) Verhaltensmuster begünstigen, ist ursprünglich beherrschte Alterozentrierung selten. Sie muß also trainiert und gelernt werden. »Alterozentriert« bezeichnet die Fähigkeit, sich selbst und seine Werturteile hintanzustellen und sich ganz auf seinen Partner und die Sache (von der er etwa überzeugt werden soll oder die ausgemacht werden soll ...) zu konzentrieren. Alterozentriertes Verhalten setzt u. a. folgende Fähigkeiten voraus:

- Toleranz,
- Anerkenntnis, daß die meisten eigenen Sicherheiten auf Vorurteilen beruhen und nicht auf generalisierbaren Eigenerfahrungen,
- ausgewogenes Verhältnis zur eigenen wie zur fremden Individualität und Sozialität,
- die Fähigkeit, in dialektischen Situationen »spielen« zu können. »Spielen« meint hier nicht ein verspieltes Spiel, sondern ein durchaus ernstes Spiel, das es zu gewinnen gilt. Aber ich bin nicht besiegt oder gedemütigt oder erniedrigt, wenn ich es nicht gewinne. **Spielen Sie, statt zu kämpfen!**
- Siegen zu können – aber darauf zu verzichten.

(2) Unterschätzen Sie nicht die Bedeutung der kontaktiven Funktion der Sprache.

Stark vereinfacht (eine genauere Darstellung wird auf Seite 158 ff. folgen) kann man ein Gespräch etwa so darstellen: Zwei Menschen begegnen sich. Jeder bringt Informationen ein, jeder baut soziale Bindungen auf oder verstärkt sie. Sprache hat also zwei Schichten: eine Kontaktschicht und eine Informationsschicht. Grob skizziert sieht das so aus:

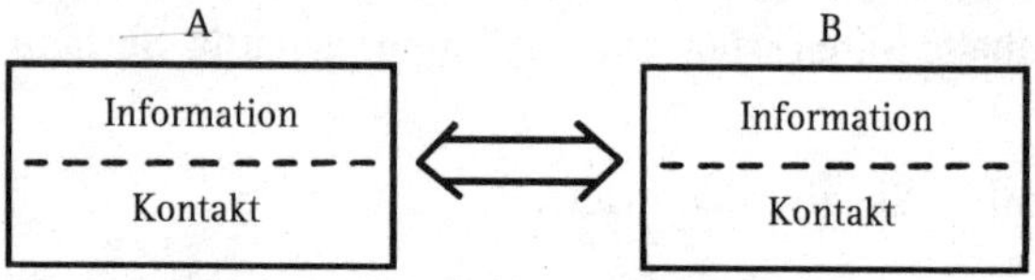

- Die beiden Schichten sind gegeneinander durchlässig. Die Art des Kontakts bestimmt Inhalt und Art der Information (und umgekehrt).
- Für ein gelungenes Gespräch ist es wichtig, daß Kontakt- (K) und Informationsanteile (I) nicht miteinander verwechselt werden. Geschieht das, kann es zu Konflikten kommen.

A: Wie geht's? (K)
B: Schlecht. Ich habe Zahnschmerzen. (I)
A: Das tut mir aber leid! (K)
B: Das hilft mir auch nicht weiter! (Konflikt)

- Störungen auf der kontaktiven Ebene stören die Informationsabnahme. Deshalb muß im Regelfall darauf geachtet werden, daß auf der kontaktiven Ebene konfliktfreie Gesprächsabläufe möglich sind. Konflikte stellen sich oft als Kommunikationsstörungen dar oder gehen aus ihnen hervor.

A: Können Sie heute noch etwas länger bleiben? (I)
B: (fühlt sich ausgebeutet:) Ich habe zu Hause noch etwas zu tun. (K)
A: Können Sie das denn nicht verschieben? (I)
B: (fühlt sich bedrängt:) Das geht sehr schlecht, meine Frau fühlt sich nicht wohl. (K)
A: Bleiben Sie doch wenigstens eine halbe Stunde, dann haben wir das Wichtigste geschafft! (I)
B: Warum können Sie nicht mal einen anderen fragen. Immer ich! (Konflikt)
A verkennt hier total die Antworten von B. Sie signalisieren eine Kommunikationsstörung. Wenn A zum Ziel kommen will, wird er auf die Dauer diese Störung beseitigen müssen.

(3) Sprechen Sie stets den emotionalen Bereich des Partners positiv an.

Es ist nahezu unmöglich, einen Menschen zu überzeugen, wenn er sich emotional gegen den Überzeugen-Wollenden oder gegen das sperrt, von dem er überzeugt werden soll. Es kommt also darauf an, die emotionale Schicht des Partners zu erreichen. Gelingt das nicht, spricht man allenfalls von »Überreden«. Begegnen sich zwei Menschen, dann interagieren nicht zwei Datenverarbeitungsanlagen miteinander, sondern vor allem zwei Wesen mit ihren Sehnsüchten, Bedürfnissen, Erwartungen, Interessen, Stimmungen... Wer das nicht berücksichtigt, wird kaum überzeugen. Folgende Skizze mag das Gemeinte veranschaulichen:

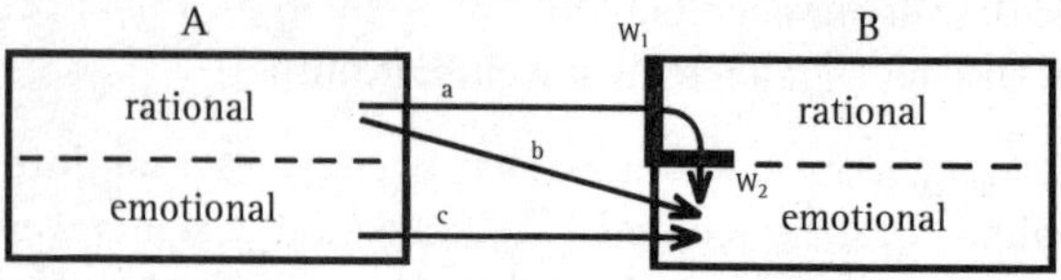

- Wiederum sind die beiden Schichten i. a. gegeneinander durchlässig. Die rational abgehandelten Inhalte beeinflussen den emotionalen Status (und umgekehrt).
- Prinzipiell gibt es drei Möglichkeiten, die Fremdemotionalität zu erreichen (und gegebenenfalls zu beeinflussen):

a) über die rationale Sphäre (Dialektik),
b) mittelbar, doch von meiner Rationalität gesteuert (Demagogie),
c) unmittelbar (emotionale Zuwendung mit Sprache in Sekundärfunktion als bloßer Ausdrucksträger).

A will B bewegen, ihn zu heiraten. Er kann dazu folgende Strategien verwenden:

a) »Wir lieben uns doch! Ist es da nicht vernünftig zu heiraten!«
b) »Wenn du mich nicht heiratest, bringe ich mich um!«
c) »Schnucki-Putzi . . . !«

Es sei zugegeben, daß die Strategie a) in dieser Situation nicht unbedingt optimal ist.

- Liegt ein personenbezogener (W_1) oder ein sachbezogener Widerstand (W_2) vor, muß A zunächst versuchen, diese Widerstände zu beheben, wenn er dialektisch verfahren will.
- Jedes erfolgreiche dialektische Spiel führt zu einer emotionalen Umstimmung des Partners. Diese Umstimmung erreicht und betrifft keineswegs nur die Sache, sondern auch die Person.
- Offensichtlich zielt Dialektik, die überzeugen will, immer auf eine Verhaltensbeeinflussung ab. Diese ist manipulativ, wenn sie auf den Nutzen des Beeinflussenden oder eines Dritten abzielt; sie ist edukativ, wenn sie auf den Nutzen des Beeinflußten zielt; sie ist solidarisch, wenn sie auf den Nutzen beider aus ist.

Sicherlich kann man dialektische Techniken verwenden, um fremdes Verhalten zum eigenen Nutzen (Manipulation) oder zum Nutzen des Beeinflußten (Edukation) zu verändern. Doch nicht jede Verwendung dialektischer Techniken macht schon Dialektik aus, wie ja auch die Verwendung wissenschaftlicher Methoden noch keine Wissenschaft macht (vgl. Astrologie, Alchimie . . .). Für die Dialektik ist wesentlich die Zielvorstellung des gemeinsamen Nutzens:
Dialektik ist solidarisch motiviert.

Exkurs: Wahrheit und Gewißheit

An den Anfang des Exkurses stelle ich eine Übersicht, die zu erläutern Aufgabe dieser »Abschweifung« ist.

semantisch	psychologisch
Wahrheit	Gewißheit (Sicherheit)
Realität	Wirklichkeit
Eigenerfahrung	Glauben – Vorurteile
»Wissenschaft«	»Ideologie«
Informationsprimat	Kommunikationsprimat

Es folgen einige Definitionen:
Semantik: *Lehre von der Beziehung zwischen Zeichen und Bezeichnetem.*
Wahrheit: *Eigenschaft einer Aussage, die als Zeichen zutreffend den ausgesagten Sachverhalt als Bezeichneten wiedergibt.*
Realität: *das von der Menge aller möglichen wahren Sätze Bezeichnete.*
Gewißheit: *Eigenschaft einer Erkenntnis, nicht sinnvoll bezweifelt werden zu können. Was »sinnvoll« bedeutet, entscheidet der Erkennende.*
Wirklichkeit: *das von der Menge aller gewissen Erkenntnisinhalte Dargestellte.*
Glauben: *Vollzug oder sein Ergebnis, der etwas für wahr halten läßt, weil es ein anderer behauptet.*
Vorurteil: *emotionalbesetzte erkenntnisartige Inhalte, die den rational verantworteten Urteilen vorausliegen und in der Regel durch rationale Argumente nicht in Frage gestellt werden können. (Meistens werden sie durch sie eher verstärkt.)*
Ideologie: *Menge aller gewissen Sätze.*

Die übrigen Begriffe der tabellarischen Übersicht werden umgangssprachlich verwendet.

1. Wahrheit und Gewißheit haben schon insofern grundsätzlich nichts unmittelbar miteinander zu tun, als Wahrheit im Semantischen spielt, während Gewißheit eine psychische Befindlichkeit ist. Ich behaupte nicht, daß die gegebene Definition von »Wahrheit« vollständig sei. Man kann sie unter mancherlei Rücksicht ergänzen. (So kann man eine Aussage für wahr halten, wenn sie zudem noch grundsätzlich verifizierbar ist und in einem definierten Sprachspiel handelt, oder man kann als weitere Bedingung hinzufügen die Kompetenz des Aussagenden ...). Auch soll nicht behauptet werden, daß man einer wahren Aussage nicht gewiß sein kann. Nicht selten wird man es sein. Andererseits sind sicherlich sehr viele Aussagen, an deren Wahrheit wir aufgrund unserer Sicherheit nicht zweifeln, semantisch falsch (irrig). An manchen Inhalten vermögen wir gar nicht mehr zu zweifeln, weil sie ein integraler Bestandteil unserer Person geworden sind. So sind für nicht wenige Menschen Inhalte ihres Über-Ich (konventionelles Gewissen, Ichideal) über allen Zweifel erhaben. Was aber »über allen Zweifel erhaben« ist, ist im Regelfall nicht wahr, denn Wahres läßt sich prinzipiell bezweifeln.

2. Die mangelnde Unterscheidungsfähigkeit zwischen Wahrheit und Gewißheit führt zu einer Identifikation zwischen Wahrheits- und Gewißheitsbereichen, zwischen Realität und Wirklichkeit. Wirklichkeit (= das, was wirkt) ist nun keineswegs ohnmächtig oder für die reale Welt unerheblich. So wissen wir, daß »soziale Tatsachen« unabhängig von ihrer Realität wirken (Thomassches Theorem, selffulfilling prophecies). Wenn nur genügend viele Leute von einem Sachverhalt überzeugt sind, hat dieses Überzeugtsein ganz ähnliche soziale Konsequenzen, mag der Inhalt der Überzeugung der Realität oder der Wirklichkeit angehören. Selbst Marx, keineswegs des Idealismus verdächtig, erkannte, daß eine Idee, wenn sie einmal von den Massen aufgenommen wurde, zur materiellen Gewalt wird. Eine Vernachlässigung der Sicherheitsbereiche (der eigenen oder/und der fremden) zahlt sich kaum aus.

3. Die Wirklichkeit ist das Reich der Vorurteile. Man kann – etwas zynisch, aber durchaus zutreffend – einen Menschen weitgehend definieren durch die Inhalte und emotionalen Besetzungen seiner Vorurteile. Vorurteile sind nun weder psychologisch, soziologisch oder moralisch etwas Schlechtes. Sie sind unvermeidbar. Ohne Vorurteile wäre zwischenmenschliches Verstehen erheblich erschwert, denn Vorurteile ziehen den Referenzrahmen aus, innerhalb dessen wir das Wahrgenommene verstehen und interpretieren. Je ähnlicher die Vorurteilsstrukturen zweier Menschen sind, um so leichter fällt zumeist die Aufnahme von Sozialkontakten gleich welcher Art. Manche Gruppen oder Gesellschaften sind sogar zu definieren durch die Vorurteilsstrukturen, die ein Mitglied zu haben hat, wenn er der Gruppe oder Gesellschaft angehören will. Wer Vorurteile in Frage stellt, fällt nicht selten aus bestehenden Kommunikationsgemeinschaften heraus, insofern Kommunikation meist einen bestimmten Vorrat an gemeinsamen Vorurteilen voraussetzt. Psychische Normalität kann durch das Fehlen ungewöhnlicher Vorurteile bestimmt werden. Wer sehr ungewöhnliche Vorurteile hat, gilt den anderen als Outsider. Stört die Abweichung gar die Kommunikation erheblich, gilt er ihnen als wahnkrank. Die Psychologie des sozialkonformen Verhaltens hat sich diesem Aspekt vermutlich noch nicht zureichend gewidmet. Für konkrete Führungssituationen hat das u. a. diese Konsequenzen:

- Ein Mitarbeiter wird sich auf die Dauer nur dann in die Betriebseinheit zureichend integrieren, wenn seine Vorurteilsstruktur der der meisten anderen (vor allem aber der seiner Vorgesetzten) nicht allzu erheblich widerspricht.
- Ein dialektischer Prozeß gegen eine vorhandene Vorurteilsstruktur ist in nahezu allen Fällen sinnlos.
- Die Vorurteile sind, weil wirklichkeitskonstituierend, in jedem Fall ernst zu nehmen. Oft werden sie zu einem Teil der Realität.
- Vorurteile sollen nicht leicht in Frage gestellt werden. Vor allem das Verunsichern in einem für die Persönlichkeitsstruktur eines Menschen grundlegenden Vorurteilsbereich kann zu einer lebhaften Demotivation führen, die kaum mehr reparabel ist.

- Die meisten Menschen verstehen unter »Selbstverwirklichung« die Verwirklichung ihres Ich-Ideals, das weitgehend durch die Vorurteilsformationen der (primären) Sozialisation (Über-Ich) in den ersten fünf Lebensjahren geprägt ist. »Bestätigung« ist im Regelfall nicht die Bestätigung einer bestimmten Leistung, sondern die eines bestimmten Vorurteils. Kaum ein Mensch ist dankbarer als der, dessen Vorurteile bestätigt werden.
- Treten Konflikte auf, sollte zunächst einmal geprüft werden, ob sie in verschiedenen Vorurteilsstrukturen ihren Grund haben. Ist das der Fall, ist eine Konfliktschlichtung - etwa durch kommunikative Techniken oder Metakommunikation - nur sehr begrenzt möglich. Ausnahme: Die beiden Partner erkennen und erkennen an, daß der Konfliktgrund in abweichenden Vorurteilen liegt und daß Vorurteile nicht wahr oder falsch, sondern für ein konkretes Individuum für seine psychischen Bedürfnisse nützlich oder schädlich sind.

4. Tendenziell wächst der Bereich des Glaubenswissens gegenüber dem Erfahrungswissen. Da die Glaubensinhalte nicht wertfrei vermittelt werden, übernimmt der »Gläubige« auch meist die Wertungen des Lehrers. Selbst im Bereich wissenschaftlicher Forschung kann man davon ausgehen, daß mehr als 90 % des Gewußten nicht auf Eigenerfahrung zurückgehen, sondern irgendwem geglaubt werden. So glaube ich, daß Australien 7,7 Mio km^2 mißt. Ich habe es nicht nachgemessen und könnte es selbst dann nicht nachmessen, wenn ich ein perfekter Landvermesser wäre. Zu der Zahl kann ich nur gelangen, wenn ich anderen Menschen glaube. Nun wird aber keineswegs alles Glaubenswissen so wertfrei vermittelt wie das geographische. Oft sind mit dem Wissen Wertungen verbunden wie beim religiösen oder weltanschaulichen Wissen. Je intensiver der Wertungsanteil, um so intensiver wird - nach Aneignung des Wissens - die Vorurteilshaftigkeit, um so geringer ist die Chance, durch kritische Erfahrungen oder rationale Argumente solche Wissensinhalte in Frage zu stellen. Die emotionale Bindung kann dabei durchaus negativer Art sein. Es gibt Menschen, die vor Mäusen Angst haben (negative emotionale Bindung) und das Vorurteil besitzen,

daß Mäuse bösartige Tiere seien. Während ich diese Zeilen schreibe, spielt in meinem Zimmer eine junge Feldmaus. Als ich gestern abend Musik hörte, hat sie recht interessiert mitgehört. Manche Leser werden das für abwegig halten. Warum? Offensichtlich haben sie gegenüber Mäusen irgendwelche Ängste, die ich nicht verstehen kann, selbst wenn ich mir Mühe gebe. So können wir über das Thema kaum in ein sinnvolles Gespräch kommen. Mancher Leser wird mir meine Einstellung zu »meiner Maus« nicht abnehmen und sie nicht glauben. Glauben gegen Vorurteile ist ebensowenig zu erwarten, wie Argumente gegen Vorurteile sinnvoll sind. Meistens werden sogar Eigenerfahrungen (also Realitätsbegegnungen) verdrängt oder uminterpretiert, wenn sie Vorurteilen widersprechen. Kommt es zu einem tatsächlichen Konflikt zwischen Realität und Wirklichkeit, siegt zumeist die Wirklichkeit. Das gilt sogar – nach Th. S. Kuhn – für den Bereich eigentlicher Wissenschaft oft genug. Nur in »Revolutionen«, krisenartigen Umwälzungen, kann sich (muß nicht) der Anspruch der Realität gegen den der Wirklichkeit vorübergehend durchsetzen.

Das tendenzielle Wachstum des Glaubenswissens gegenüber dem Erfahrungswissen hat u. a. folgende Konsequenzen:

- Vorurteile werden mengenmäßig mehr. Ideologien haben leichteres Spiel. Die kritischen Abwehrkräfte nehmen ab.
- Kollektivreaktionen werden bedrängender und allgemeiner. Soziale Konformität und Bindungsfähigkeit werden übermäßig hoch geschätzt. Nichtkonformes Verhalten gilt eher als verdächtig.
- Sprache und Ansprache werden unverbindlicher, da das Engagement, das aus Eigenerfahrung stammt, nur unzureichend ersetzt werden kann durch jenes, das aus der emotionalen Besetzung von Vorurteilen kommt. Solche »kommunikative Unverbindlichkeit« kann sich in Floskeln niederschlagen. Hierzu gehören:

– Ich möchte meinen, ... (statt: Ich bin der Ansicht, ...)
– Darf ich Sie bitten, ... (statt: Bitte ...)
– Ich würde sagen, ... (statt: -)

Solche Wendungen zeigen entweder eine Kommunikationsunsicherheit oder eine Kommunikationsstörung an. Selbst wenn und wo sie zu festen Wendungen zementiert wurden, ist eine habituelle oder verborgene Störung nicht auszuschließen. Im Gegenteil.

5. Falsch ist es jedoch, den Bereich der Vorurteile oder Sicherheiten aus den zwischenmenschlichen Abläufen heraushalten zu wollen. Das bedeutete eine Kastration der Sprachfunktion. Sie würde als bloßes Informationsinstrument betrachtet werden müssen. Das aber ist sie nicht. Sprache dient an erster Stelle der Aufnahme, der Verstärkung, der Bewahrung von Sozialkontakten. Diese aber lassen sich nur herstellen, verstärken, bewahren, wenn die Gewißheiten und Sicherheiten des Partners zureichend berücksichtigt werden. Er bedarf seiner »strokes« (»Streicheleinheiten«). Die aber erhält er keineswegs durch bloße Information.

Was ist Führen?

Der zweite Teil der Einleitung beschäftigt sich mit dem Thema *Führen.* Nun werden Sie sicherlich dieses Buch nicht lesen, um zu erfahren, *was* Führen bedeutet, sondern um sich zu informieren, *wie* man optimal durchs Wort führt. Haben Sie Geduld! Ehe man weiß, wie zu führen ist, sollte man wissen, was Führen ist. Es ist schwierig, etwas gut zu tun, von dem man gar nicht weiß, was es eigentlich ist oder soll.

1. Führen

»Führen« beschreibt eine bestimmte Funktion in einer Gruppe, mit der grundsätzlich folgende Aufgaben verbunden sind:

- Organisation und Kontrolle der Gruppenaktivitäten,
- Aufrechterhalten des Zusammenhalts der Gruppenmitglieder,
- Steuerung der Zusammenarbeit mit anderen Gruppen,
- mitunter auch: Festlegung der Ziele der Gruppenaktivitäten.

Die Wahrnehmung dieser Funktionen setzt voraus, daß der Funktionsinhaber fähig ist, sein Rollenverhalten den jeweiligen Bedürfnissen anzupassen. Vor allem muß er sich einstellen können auf

- die Ziele der Gruppe,
- die Ansprüche (Bedürfnisse, Erwartungen, Interessen ...) der Geführten,
- die Einwirkungen von außen auf die Gruppe.

Wegen der Pluralität und Plastizität der erforderlichen Rollenspiele ist es kaum möglich, ein allgemein gültiges »Führerprofil« zu zeichnen. Dennoch gibt es einige Eigenschaftskomplexe, die bei Führenden nicht unterentwickelt sein sollten.

- Selbstvertrauen und Selbstsicherheit,
- Autonomie und Initiative,
- Organisationsfähigkeit,
- Fähigkeit, Informationen richtig zu werten, zu verarbeiten und in Weisungen, Vorschläge ... zu übersetzen,
- Kontakt- und Kommunikationsfähigkeit,
- Durchsetzungsvermögen und Überzeugungskraft.

Auf einige dieser »Fähigkeiten und Fertigkeiten« werde ich noch zu sprechen kommen.
Die geführte Gruppe kann sehr verschieden aussehen: Sie kann ein Team sein, ein internationaler Konzern, ein Verein oder eine politische Partei, ein Betrieb, eine Gewerkschaft, eine Familie ...
Die Grundregeln sind stets dieselben.
Im engeren Sinn ist hier jedoch zumeist *Menschenführung* gemeint. Das Wort bezeichnet eine beabsichtigte und zielgerichtete Einflußnahme auf das Verhalten anderer Personen in der Gruppe. Diese Verhaltensbeeinflussung geschieht zumeist im Rahmen einer Organisation (d. h. einer institutionalisierten Gruppe). Solche Organisationen entwickeln zumeist relativ feste Regeln, nach denen Gruppenmitglieder in ihrem und für ihr Verhalten belohnt oder bestraft werden. Die damit verbundene »Rechtsprechung« sowie die Durchführung von Belohnung und Bestrafung gelten als eine typische Führungsaufgabe.
Damit berühren wir das Thema:

2. Führen und Gewalt

»Gewalt« meint die Anwendung von Zwängen, um einem Individuum oder einer Gruppe Schaden zuzufügen, es (oder sie) der Herrschaft zu unterwerfen oder im Bereich der Herrschaft zu halten, oder um fremder Gewaltausübung zu begegnen. Die Anwendung von Gewalt hat stets den Zweck, ein bestehendes System zu erhalten oder es zu zerstören. Während die Ausübung physischer Gewalt (Einsperren ...) dem Staat vorbehalten ist (oder doch sein sollte),

kennen andere Gruppen zahlreiche Sanktionsverfahren, um die Stabilität der Gruppe (Betrieb, Familie, Partei, Verein, Kirche...) zu sichern.
Das Verhängen negativer Sanktionen (Strafen) ist oft mit der Anwendung von Gewalt verknüpft.
Die Bindung von Führen und Gewalt ist nun keineswegs unproblematisch. Vor allem anarchistisch Denkende fordern entweder

- Führen ohne Gewalt oder, falls oder weil dies nicht möglich ist,
- Entinstitutionalisierung aller Führung, die dann nur noch in freien Gruppen (etwa solchen, die durch emotionale Bindungen zusammengehalten werden) realisiert werden kann.

Die Ablehnung jeder Herrschaft des Menschen über den Menschen (anarcho = »ich herrsche nicht« und/oder »ich lebe ohne Grund«) und deren Ablösung durch »Verwaltung von Sachen« ist – obzwar abstrakt utopisch – dennoch keine schlechte Idee. Wir wissen heute zureichend sicher, daß die Ausübung von Gewalt (oder der mit ihr verbundenen Herrschaft) beide, den Herrschenden wie den Beherrschten psychisch korrumpiert und sie keineswegs zu einer optimalen humanen Entfaltung ihrer Anlagen und Fähigkeiten disponiert. Wir wissen zureichend sicher, daß das Bedürfnis zu herrschen *stets* eine Kompensationserscheinung ist, die meist früh erworbene Mindergefühle abdecken soll. Wir wissen auch, daß Institutionalisierung zumeist Fixierung oder gar Erstarrung bedeutet und so individueller und gesellschaftlicher Fortschritt gebremst wird. Das alles wissen wir sehr wohl. Und dennoch sind die meisten von uns keine Anarchisten. Warum nicht? Wir wissen eben auch, daß menschliches Beisammensein institutionell geregelt werden *muß*, wenn die Gruppe mehr als etwa 10 erwachsene Mitglieder hat und sie nicht bald auseinanderfallen soll. Über psychosoziale Mechanismen stellt sich dann über zunächst funktionale Autorität bald Herrschaft ein.
Es scheint zu den wesentlichen Widersprüchen des Menschlichen zu gehören, daß der Mensch einerseits (individuell) durch Herrschaft korrumpiert wird und andererseits (sozial) Herrschaft benötigt. Diesen Widerspruch aufzulösen ist bislang niemandem gelungen. So

arrangieren wir uns dann, indem wir Herrschaftsräumen herrschaftsfreie Räume beiseite stellen. Es ist für alle Menschen wichtig, solche herrschaftsfreien Räume (auch im eigentlichen Wortsinn) nutzen zu dürfen. So ist dringend zu empfehlen, daß jeder Betrieb Räume hat (Kantine, Gänge ...), in denen keine Herrschaft ausgeübt wird, in denen der Mitarbeiter völlig sicher sein kann, nicht betrieblich beansprucht zu werden. In manchen Schulen sind oft die Toiletten die einzig herrschaftsfreien Räume, so daß nicht wenige Schüler diese »repressionsfreien Räume« aufsuchen, um für kurze Zeit nicht Schüler, sondern Menschen sein zu können.

3. Führen und Herrschaft

»Herrschaft« bezeichnet die Ausübung von Führungsfunktionen, deren Mißachtung durch den Geführten zur Anwendung von Machtmitteln führt. Ebenso wie Führung ist Herrschaft nicht genötigt, sich ausdrücklich zu rechtfertigen. Sie ist zureichend durch ihre Existenz legitimiert. Kann Macht durch die Verwendung von Machtmitteln ausgeübt werden und führt dies zur Stabilisierung des ökonomischen, politischen ... Systems, in dem Herrschaft ausgeübt wird, ist sie schon legitimiert. Diese pragmatische Legitimierung führt nicht selten zur Ausbildung »struktureller Gewalt«. In Herrschaftssystemen kann es dazu kommen, daß sich Gewalt von Führung löst und sich unmittelbar an das System bindet. Übt nicht mehr ein Mensch Gewalt aus, sondern übt das System selbst Zwänge auf Menschen aus, deren sie sich nur erwehren können, wenn sie bereit sind, ihre politische, ökonomische, soziale, familiäre ... Existenz aufs Spiel zu setzen und ernsthaft zu gefährden, sprechen wir von struktureller Gewalt. Solche Systeme werden dann weitgehend apolitisch und amoralisch, weil in ihnen nur sehr beschränkt sittliche oder politische Entscheidungen getroffen werden können. Ein spezieller Fall von Herrschaftssystemen, die bestimmt sind durch das Überwiegen struktureller Gewalt, sind sog. »Sekundärsysteme«. »Sekundärsysteme« sind ökonomische oder politische Systeme, in denen Entscheidungen technisch optimal gefällt werden müssen,

wenn der Bestand des Systems nicht gefährdet werden soll. Die Herrschaft der Technik (Technokratie) verdrängt aus solchen Systemen Moral und Politik, die zur Voraussetzung haben, daß (technisch etwa) gleichwertige Alternativen zur Verfügung stehen.
Man kann sich darüber streiten, ob der Schwund eigentlicher Alternativen irreparabel ist oder nicht. Eines scheint unbestreitbar zu sein: Sekundärsysteme (mit ihrer strukturellen Gewalt) sind tendenziell im Vormarsch. In der Politik spielt Politik eine immer unerheblichere Rolle. Es gilt *technisch* optimale Lösungen zu suchen. Was die technologisch optimale Lösung ist, entscheiden nicht Politiker (sie können das auch nicht), sondern Fachleute, Polittechniker etwa. Der Versuch Jimmy Carters, wieder etwas Politik und Ethik in die Politik zu bringen, löste größte Verwirrung aus. Offensichtlich halten es nicht wenige für völlig verfehlt, aus dem Teufelskreis technokratischer Zwänge ausbrechen zu wollen.
Ganz Ähnliches, wie für die Politik gesagt, gilt auch für viele Unternehmens- und Führungsentscheidungen. Oft genug überspielen technische Notwendigkeiten ethische Forderungen. So kann man sich denn durchaus fragen, ob nicht die Ausübung von Herrschaft letztlich doch jede Führung als technokratischen Vollzug denunziert, wenn sie in einem institutionalisierten System spielt. Sollten die Anarchisten sehr viel mehr recht haben, als sie selbst wissen? Können wir uns mit dem Wachsen von Sekundärsystemen abfinden? Werden wir dann irgendwo anders enden, als in einer nach Art eines Bienenstockes oder in einer nach Art von A. Huxleys *Neuer schöner Welt* organisierten Einheitsmenschheit, die über ihrem Glück ihre Menschlichkeit vergißt?
Doch nicht alles Führen beruht auf Herrschaft. Zunächst einmal ist Führen gebunden an Autorität.

4. Führen und Autorität

»Autorität« bezeichnet ein soziales Beziehungsgefüge, in dem Personen (oder Institutionen) eine Führungs- oder Vorbildrolle übernehmen und mit der (wenigstens stillschweigenden) Zustimmung der Gruppenmitglieder Ziele und Normen setzen. Autorität kann auf mancherlei Eigenschaften des Autoritätsträgers ruhen: Alter, Erfahrung, Geschlecht, Intelligenz, Überzeugungskraft, körperliche Fähigkeiten, Bildung, Fachwissen, Titel... Legitimiert sich der Autoritätsträger selbst, spricht man zumeist von »funktionaler Autorität«. Geschieht die Legitimation durch eine Fremdinstanz, nennt man die so begründete Autorität »formale Autorität«. Auch sie kann durchaus im eigentlichen Sinne Autorität sein, solange und insofern ihre Funktionsausübung (Normen und Ziele repräsentieren und durchsetzen) von der Zustimmung der Gruppenmitglieder abhängig bleibt.

Offensichtlich sollte jeder, der führt, versuchen, seine Führung auf Autorität (möglichst auf funktionale) zu gründen. In allen anderen Fällen wird Führung autoritär, wird zur Macht. Jede Autorität steht in Gefahr, zur bloßen Macht zu entarten, wenn sie entweder formal ist oder aber hierarchisch institutionalisiert wird. Die Legitimation der Ausübung von Autorität durch die Delegation von unten fällt dann fort. In Macht wird Autorität zum Selbstzweck mit eigenen Schutzmechanismen, die sich durchaus gegen das Interesse der Gruppe richten können. Solche entfremdete (weil ihrem Ursprung fremd gewordene) Autorität nimmt nicht selten ein Eigenleben an und versucht, sich durch ihr bloßes Funktionieren zu legitimieren. Sie wird zur Herrschaft (mit all den Problemen von entarteter Autorität). Anstelle von solidarischem Verhalten tritt manipulatives. »Motivation« geschieht auch gegen die Interessen der Motivierten. Insofern sie bewußt außer acht gelassen oder sogar bewußt und gezielt verletzt werden, ist ein solches Herrschaftssystem unsittlich. Alle Autorität ist stets zum Nutzen der von ihr geordneten Menschen da. Richtet sie sich gegen deren Nutzen und Interessen – das vielleicht über strukturelle Nötigungen und langdauernd –, darf sie beseitigt werden. Das heißt: Die zu Untertanen degradierten Mitmenschen haben das Recht, die Autoritätsträger ihres Amtes zu entheben. Daß dabei die Regel von der Verhältnismäßigkeit der Mittel gewahrt werden muß, sollte selbstverständlich sein. Verliert Führung ihre genuine Autorität, ist die Revolte gegen solche Führung oft durchaus angebracht. Revolten können in der Praxis sehr verschieden aussehen: Von »Nur seine Pflicht tun«, über destruktives Meckern, Beschweren, Arbeitsverweigerungen, Täuschung, Informationsausschluß bis hin zur Anwendung von Psychoterror reicht die Palette der Farbtupfer, die der Untertan seinem Herrscher aufsetzen darf, um wieder gesunde Führungsverhältnisse herzustellen.

5. Führen und Macht

»Macht« wird seit Max Weber zumeist definiert als »die Chance, innerhalb einer sozialen Beziehung den eigenen Willen auch gegen Widerstreben durchzusetzen, gleichviel, worauf diese Chance beruht«.

Macht ist also keineswegs an eine mittelbare oder unmittelbare Zustimmung der Untergebenen gebunden. Sie konstituiert und institutionalisiert Verhältnisse von Über- und Unterordnung zwischen Personen, Organisationen, Staaten ..., die von der Anerkennung der Betroffenen unabhängig sind. Sie unterscheidet sich also deutlich von Autorität (die der Anerkennung bedarf) und Herrschaft (die der Anerkennung nicht widerspricht).

Typisch für Machtinhaber ist ihre Fähigkeit, Widerstandsverhalten durch Gewalt zu brechen.

Begegnen wir in einem Menschen dem Wunsch oder dem Bedürfnis, Macht auszuüben, werden wir zunächst an eine psychische Störung denken. Ethologie und Individualpsychologie können überzeugend demonstrieren, daß *nur* das Bedürfnis nach Selbsterhöhung (eventuell durch Fremderniedrigung), das stets von einer Urbeleidigung, die nicht verarbeitet wurde, herrührt, solche Machtgelüste auslöst. Im Jesuitenorden gibt es da eine vernünftige Regelung: Keiner, der nach Macht strebt (auch wenn sie sich als Führungswille kaschiert), darf Vorgesetzter werden. Dahinter steht die jahrhundertelange Erfahrung christlicher Orden, daß die Pathologie des nach Macht Strebenden ihn ungeeignet macht, Herrschaft auszuüben oder auch nur formale Autorität zu realisieren. In Politik und Wirtschaft haben sich solche Kenntnisse und Erfahrungen offensichtlich noch nicht herumgesprochen. Sonst würden Formeln wie »An die Macht kommen«, die eher in Heilanstalten gehören, nicht die Reden mancher Politiker »zieren«, die sich doch »in Freiheit« befinden.

6. Führen und Funktion

Verschiedentlich sprachen wir von »Funktion«. Was ist damit gemeint? Zunächst einmal - ganz funktional - eine Leistung oder ein Beitrag eines sozialen Elements (etwa eines Gruppenmitglieds) für den Aufbau, den Erhalt, die Veränderung... eines bestimmten Zustandes des gesamten Systems (etwa der Gruppe), zu der das Element gehört, wobei vorausgesetzt wird, daß sich Leistung oder Beitrag nicht gegen den Bestand oder das Wohl des Systems richten. Solche Leistungen werden beurteilt nach dem Maß des Nutzens für das System. Im Regelfall geschieht die Belohnung eines Elements nach Maßstab des manifesten Nutzens. Das ist innerhalb von Betrieben etwa der Marktwert der Arbeitserfolge (nie aber die »Leistung«).
In der neueren Soziologie stellt man bei der Festlegung der Bewertungsmaßstäbe des Nutzens oft nicht mehr den Systemnutzen in den Vordergrund, sondern die Folgen einer Leistung für andere Systemelemente. Früher oder später wird diese veränderte Sicht vermutlich auch in die Führungstheorien Einzug halten.
Gemeinhin unterscheidet man »manifeste Funktionen« von »latenten«. Manifest sind Funktionen, wenn sie von den (führenden) Mitgliedern eines Systems beabsichtigt und wahrgenommen werden. Latent sind sie, wenn sie zumindest so nicht beabsichtigt waren und dennoch wirken. Es ist nun eine nahezu triviale Erkenntnis, die die Bedeutung nahezu aller »innerbetrieblicher Führungsrichtlinien« relativiert, daß oft die für den Systemnutzen erheblichsten Funktionen latent sind (wie auch Dysfunktionen, die einen Betriebsschaden verursachen). Führung und Führungsverhalten lassen sich viel weniger normieren, als oft angenommen zu werden scheint, wenn man einmal solche Richtlinien aufmerksam liest. Techniken sind sekundär. Die Persönlichkeit ist das Primäre, nicht immer die charis-

matische, sondern sehr viel häufiger die gebildete. Somit ist Dialektik als Führungsverhalten stets immer mehr Sache der Persönlichkeit als der Verwendung oder Verwertung von Techniken. Es gilt:
Für das Überzeugungsvermögen ist die Überzeugungskraft wichtiger als die Beherrschung von Überzeugungstechniken!
Dialektik-Training ist also sehr viel mehr Persönlichkeitsbildung als Drill von Techniken. Man muß schon ziemlich naiv oder geldgierig sein, wenn man verspricht, Dialektik zu lehren, und nur Techniken vermittelt.
Doch hat der Begriff »Funktion« noch eine andere – Ihnen sicher vertrautere – Bedeutung: Er bezeichnet dann eine Aufgabe oder einen Aufgabenkomplex, der über bestimmte Regelmechanismen einer Person übertragen wird, insofern folgende Bereiche definiert werden:

- Tätigkeit (was habe ich wann zu tun?),
- Zuständigkeit (welche Entscheidungen kann ich treffen?) und
- Verantwortung (für welche Entscheidungen, Kontrollen, Zielsetzungen ... bin ich verantwortlich?).

Dieser betriebstechnische Begriff bezeichnet gleichsam die institutionalisierte Außenseite des vom soziologischen Gesagten. Mit der betrieblichen Funktion ist im Regelfall die Nötigung verbunden, verschiedene Rollen zu spielen (Vorgesetztenrolle, Kollegenrolle ...).

7. Führen und Rolle

Eine Rolle ist bestimmt durch ein Bündel von Verhaltensnormen, deren Einhaltung oder Nichtbeachtung positiv oder negativ sanktioniert wird. Die Verbindlichkeit der Normen kann verschieden streng sein und auch von Person zu Person und von Situation zu Situation wechseln. Man spricht von Kann-, Soll- und Muß-Normen. Das Beherrschen von Rollen ist für jedes Mitglied einer Gruppe wichtig, denn Rollen garantieren ein gewisses Maß von Stabilität und Berechenbarkeit des Verhaltens, die für jede feste Gruppenbindung und jeden langwährenden Gruppenbestand erheblich sein können.

Die in einer Rolle zusammengefaßten Verhaltensmuster sind nicht angeboren, können aber auch nicht beliebig an- oder abgelegt werden. Zum Teil sind sie geprägt von Verhaltensweisen früherer Funktionsinhaber. In manchen Rollen verdichtet sich das Verhalten von Funktionsinhabern über lange Jahrhunderte. Rollenverhalten hat also stets eine gewisse konservative Funktion. Verstöße gegen rollengebundene Verhaltenserwartungen werden dann auch nicht selten als progressiv, ja revolutionär empfunden und bei konservativer Grundstimmung von Personen oder Gruppen als Bedrohung erlebt.

Zwischen Rollenspiel und Rollenerwartung bestehen nicht selten enge Bindungen. Fast unmerklich »wächst« mitunter ein Mensch in die Erwartungen seiner Mitwelt hinein. Zwar ist bislang der Grund der Tendenz zu sozialkonformem Verhalten strittig, doch ist sie selbst unbestreitbar (oft unbewußt) vorhanden. Nicht wenige Menschen wachsen in das Kleid hinein, das ihnen andere schneiderten. Wir alle neigen dazu, den Erwartungen anderer Menschen zu entsprechen. Über diesen Mechanismus erlernen wir rollenartige soziale Verhaltensmuster.

Man unterscheidet zumeist primäre Rollen von sekundären. Zu den primären rechnet man gemeinhin: Altersrollen, Familienrollen, Geschlechterrollen. Sie können – einmal erworben – im Regelfall nicht mehr wesentlich geändert werden, es sei denn, die Bedingungen (Alter, Familienstand...) ändern sich. Sekundäre Rollen sind dagegen an ein bestimmtes Milieu gebunden (Berufsrollen, Freundschaftsrollen...). Dennoch sind sekundäre Rollen nicht beliebig erlernbar:

- Geschieht die primäre Sozialisation personenorientiert (und nicht statusorientiert), dann ist die Fähigkeit, leichter und häufiger sekundäre Rollen zu lernen und zu übernehmen, statistisch deutlich ausgeprägter (vgl. Seite 262 ff.).
- Bestimmte sekundäre Rollen setzen Dispositionen voraus, die in pri-

mären festgemacht sind. So scheint die Rolle »katholischer Priester« mit der Rolle »Frau« nicht vereinbar zu sein.

Allgemein empfiehlt es sich, bei jenen Personen die Rollenerwartung zumindest zunächst nicht zu enttäuschen, die

- konservativ orientiert sind oder
- statusspezifisch sozialisiert wurden (meist erkenntlich am syntaktisch einfacheren Sprachstil; (vgl. Seite 256 ff.).

Noch eine andere Rollenunterscheidung hat sich als wichtig erwiesen: Ein psychisch gesunder Erwachsener beherrscht drei Basisrollen: die Kindrolle, die Elternrolle und die Erwachsenenrolle. In Führungssituationen können (und werden häufig) alle drei Rollentypen realisiert.
Das Wort »Rollensatz« bezeichnet die Gesamtheit aller Rollen, die eine Person beherrscht (oder: repräsentiert).
Zu Rollenkonflikten kann es kommen, wenn

- an einen Menschen in einer Rolle zwei verschiedene, einander widersprechende Erwartungen gestellt werden. (Wenn etwa von einem Arzt erwartet wird, das Leben so lange wie möglich zu erhalten und *zugleich* durch lebenszeitverkürzende Medikamente Schmerz zu lindern.)
- an einen Menschen in einer Situation zwei verschiedene Rollenerwartungen gestellt werden. (Wenn etwa ein guter Freund als Geschäftsmann Schulden anmahnen muß.)

Solche Rollenkonflikte sind vor allem für recht junge Menschen mitunter nicht unproblematisch. Dauern sie lange an, kann es zu psychischen Schäden kommen. Selbst die psychische Gesundheit Erwachsener kann durch lang währende Rollenkonflikte beeinträchtigt werden. So gilt denn die allgemeine Regel:
Rollenkonflikte sollen – wenn möglich – vermieden werden.
Wichtig ist in solchen Situationen (aber auch generell), daß die Identifikation mit *einer* Rolle nicht zu stark wird. Eine Kompartpamentalisierung signalisiert nicht selten eine psychische Störung, die

in der zweiten Lebenshälfte nicht ganz selten ist. Eine gewisse Rollendistanz ist also stets zu empfehlen. Die Dialektik fordert sie geradezu ein, denn

Dialektik ist stets Spiel um Gewinn mit dem Mittel des Worts.

Hauptteil

In vier Kapiteln werde ich versuchen, einige wichtige Informationen über die Kunst des Führens durch das Wort zu vermitteln. Dabei soll stets der Praxisbezug im Vordergrund stehen – zumindest aber niemals außer acht gelassen werden. Die theoretischen Beiträge sind stets mit praktischen Hinweisen »durchsetzt«. Das letzte Kapitel ist sogar weitgehend unmittelbar praktisch orientiert.
An zwei Stellen werden praktische Übungen vorgestellt werden, die es Ihnen ermöglichen sollen, zu checken, ob Sie das Vorhergehende zureichend aufmerksam gelesen haben oder bestimmte Techniken schon ausreichend beherrschen. Auflösungshinweise zu diesen Übungen finden Sie – zusammen mit einer Zusammenstellung von Definitionen, die Ihnen mühseliges Nachschlagen ersparen und als Stichwortverzeichnis dienen soll, neben einer Skizze über ethische Fragen des Führens in Betrieben – im Anhang.
Dieser Hauptteil ist so gegliedert:
Im *ersten Kapitel* werden Ihnen die Probleme der Fremd- und Eigensteuerung nahegebracht. Führen ist ja zunächst eine Form von Außensteuerung. Um sie human zu realisieren, wird man einiges über Steuerungsmechanismen beim Menschen wissen müssen.
Im *zweiten Kapitel* werde ich Sie einzuführen versuchen in einige Fragen der Motivationstheorie und -praxis. Da Führen zumeist über eine Form von Motivation abläuft oder doch ablaufen kann, ist auch dieses Kapitel wichtig.
Das *dritte Kapitel* wird versuchen, Sie über die verschiedenen Aspekte der verbalen Interaktion zu informieren, wie sie auch im Führen durch das Wort erheblich werden. Die Unkenntnis dieser Zusammenhänge kann zu problematischen Mißverständnissen und zu bedrückendem Führungsversagen beisteuern.

Das *vierte Kapitel* wird Ihnen die drei Grundregeln der Dialektik (vgl. Seite 21 ff.) praktisch ausfalten. Hier stelle ich Ihnen einige Verhaltensmuster vor, die Sie unbedingt beherrschen sollten, wenn Sie erfolgreich führen wollen durch das Wort.

1. Probleme von Fremd- und Eigensteuerung

Der Zusammenhang dieses Problemkreises mit unserem Thema ist vermutlich unmittelbar einsichtig:

- Führung bedeutet immer auch Fremdsteuerung.
- Das Gefühl, fremdgesteuert zu werden, ist oft ein erheblicher Demotivator.
- Eine humane Regulation von solchen Steuerungsfragen ist meist nur möglich und befriedigend, wenn alle Partner zureichend selbstbewußt sind.

Das Kapitel gliedert sich also sinngemäß in folgende Abschnitte:

- Gründe für Außensteuerung,
- Umfang der Außensteuerung,
- Folgen der Außensteuerung,
- Regulation von Außensteuerung (durch die ihrer selbst sichere Persönlichkeit).

Diese Gliederung scheint sich nur mit einem Aspekt unseres Problems zu beschäftigen: der Außen- (oder Fremd-)steuerung. Doch wird implizit auch immer von Eigensteuerung gesprochen, wenn Fremdsteuerung behandelt wird. Eigensteuerung, die verkannt wird, die sich wehrt, die heranreift...
Was ich mit einem anderen Menschen mache oder was durch mich in und mit einem anderen Menschen geschieht, verändert mich stets auch selbst. Der Außensteuernde (etwa der Führende) betrifft sich im Führen immer auch selbst und – wenn er gut führt – lenkt die Innensteuerungsmechanismen des Geführten in einer für beide vorteilhaften Richtung (wobei nicht nur der Betriebsvorteil gemeint sein kann).

Andererseits wird der Gesteuerte den Fremdanspruch kritisch prüfen. Wenn er ihn als nützlich (oder gar als notwendig) akzeptiert, wird er den gegebenen Impuls in das System seiner Innensteuerung integrieren. Kaum ein Mensch ist innerlich so festgelegt, daß er nicht freie Valenzen besitzt, die aufgrund neuer Einsichten zu wenigstens vorübergehend eindeutig orientiertem Verhalten führen. Die Absättigung solcher Valenzen muß jedoch bei einem Erwachsenen prinzipiell kritischer Kontrolle unterliegen können. Damit gleich die erste Einsicht:

Außensteuerung darf niemals die kritische Instanz des Gesteuerten ausschalten.

Der Versuch, sie auszuschalten, wird keineswegs belohnt: Entweder wird der Betroffene (oft unbewußt) in seiner Selbstsicherheit verletzt, oder aber er merkt den Versuch und reagiert – völlig normal – mit Abwehr. Der Versuch der Fremdsteuerung hat dann einen ganz anderen als den vom Steuernden gewünschten Erfolg. Solche Abwehrreaktionen gegen Versuche, die kritische Instanz eines Menschen auszuschalten oder zu mindern, dürfen keineswegs mit kindischem Trotz verwechselt werden. Es handelt sich um legitime Schutzmaßnahmen einer psychisch intakten Person. Das Fehlen solcher Maßnahmen läßt vielmehr auf einen defekten Charakter schließen.

Gründe für die Außensteuerung

Der wichtigste Grund für die Fremdsteuerbarkeit eines Menschen ist seine *wesentliche Sozialität.* Die sozial und psychisch gesunde Person hält die Ansprüche der Individualität und Sozialität im Gleichgewicht, weil sie sich in ihrer Individualität und Sozialität in gleicher Weise und gleichwesentlich gegründet weiß. Insofern ein Mensch also niemals »bloß« Individuum ist, sondern stets auch Sozialwesen, ist er nicht nur niemals mit seiner Individualität identisch (dahin streben allenfalls bestimmte Psychopathen), sondern auch prinzipiell offen für andere: ihre Ansprüche, Ansichten, Vorlieben, Interessen. Ein nicht von außen zu steuernder Mensch ist gleichsam akosmisch, ahistorisch, asozial – er ist ein Nicht-Mensch. Somit kann die Minderung der Außensteuerung auch nicht unbedingtes Bildungsziel sein. Es kommt vielmehr darauf an, ihr nicht hilflos und unkritisch ausgeliefert zu sein.

Der mündige Bürger – sagt man – sei kritisch und keineswegs hilflos. Das stimmt. Nur wie viele mündige Bürger gibt es? Wer ist vor allem an der Existenz mündiger Bürger tatsächlich (und nicht nur dem Gerede nach) interessiert? Der unmündige, unkritische Zeitgenosse, der sich unkritisch den auf ihn einströmenden Informationen ausliefert und den Konformitätsansprüchen von Gruppen in seinem emotionalen Erleben und seinen Ansichten, Interessen, Meinungen, Wünschen, Bedürfnissen, Wertungen gehorcht, scheint doch nicht nur der bessere Bürger, sondern auch oft der bessere Mitarbeiter zu sein. Führende, die sich solche Mitarbeiter gezielt oder unbewußt wählen, sind keineswegs sonderlich gut für ihren Job qualifiziert. Führungspersönlichkeiten bilden sich nur heraus im Umgang mit Persönlichkeiten. Sage mir, wen du führst – und ich sage dir, wer du bist!

Ein zweiter Grund für die oft übermäßig starke Fremdbeeinflußbarkeit ist die *unbeherrschte Freiheit*. Nur wenige Menschen wollen frei sein (wollen das Vermögen entwickeln, ihr Selbst zu verwirklichen). Die weitaus meisten – es sind die schon erwähnten Unmündigen – suchen das *Gefühl* von Freiheit, das sich immer dann einstellt, wenn äußere oder/und innere Zwänge fehlen oder nicht bemerkt werden. Freiheit wird dann nicht als menschliche Qualität begriffen, sondern als animalische. Jeder streunende Kater ist dann freier als der freieste Mensch. Diese Pervertierung des Freiheitsverstehens ist sicher uralt. Sie verhindert aber auch zugleich, daß nicht wenige all die Zwänge nicht bemerken, die das Gefühl der Freiheit nicht beeinträchtigen. Hier werden vor allem die Zwänge erheblich, die vom Haben ausgehen. Man hat so vieles: materielle Güter, Rechte und Pflichten, Wissen und Verstand, Gefühle und Neigungen... Alles das ist gut und nützlich. Doch in allem Haben lauert eine Gefahr: Man kann von ihm gehabt, man kann von seinem Besitz (gleich welcher Art) besessen werden. Und da solches Besessenwerden anfangs kaum bemerkt wird, können hier ganze Hierarchien von Zwängen aufwachsen. Werden sie bemerkt, hat sich der Betroffene meist schon damit abgefunden. Er hat nicht mehr die Kraft, sich von seinen Herrschern zu befreien. Im Laufe der Jahre kann diese Knechtschaft solche Ausmaße annehmen, daß für Freiheit im eigentlichen Sinn des Wortes nicht mehr die geringste Chance besteht, denn sie setzt Befreiung voraus. Der Besessene ist nun nicht nur ein völlig unfreier Mensch, sondern er ist auch kaum mehr fähig zur Eigensteuerung. Er wird nahezu völlig bestimmt von Mächten, die er nicht beherrscht und oft nicht einmal kennt.

Eine besondere Form des Besitzens, das beginnen kann, den Besitzenden zu besitzen, sind Wissensinhalte. Werden sie nicht (mehr) kritisch beherrscht, sondern beginnen sie das Denken und Fühlen und Werten eines Menschen – ihn also selbst – zu beherrschen, sprechen wir von Vorurteilen. Nicht selten sind sie als invariante und invariable Größen so in die Persönlichkeitsstruktur eingelagert, daß sie zu deren integralen Teilen werden. Vorurteile sind ein typisches Beispiel für Fremdsteuerung bei scheinbarer Eigensteuerung in Freiheit. Es gibt nur wenige Menschen, die sich unter dem Spruch ihrer Vorurteile geknechtet fühlen, obschon sie es sind. Wer solche Knechtschaft spürt, ist auf dem besten Weg, sich den Pfad in die Freiheit zu bahnen.

Wer aber will das? Gesellschaften sind oft bestimmt und definierbar durch die Gleichartigkeit der Vorurteile ihrer Mitglieder. Gibt jemand solche kollektiven Vorurteile auf, ja erkennt er sie und fühlt er sich von ihnen gefesselt, dann wird er zur Gefahr für jede Gesellschaft. Sie wird versuchen, ihn zu bekehren, ihn zu bestrafen oder ihn auszustoßen.

Führen heißt auch: Erkennen der eigenen und fremden Vorurteile, um sie kritisch zu akzeptieren oder fallen zu lassen. Führen setzt immer ein gewisses Maß an Freiheit voraus: beim Führenden wie beim Geführten. Mitunter aber geschieht »Führung«, indem ein neuer Inhalt in die bestehende Vorurteilsstruktur eingelagert wird. Das hat jedoch weniger mit Führen zu tun. Wer führt, sollte stets sich selbst und den Geführten in dem Führungsgeschehen – wenigstens

langfristig gesehen – zu verwirklichen suchen, sich und ihn – nicht aber die eigenen und fremden Vorurteile. So wird Führung dann durchaus zur Hilfestellung zur Freiheit.
Ein dritter Grund für überstarke Außensteuerbarkeit ist nicht selten die Erfahrung oder das Gefühl von Sinnlosigkeit. Das eigene Leben erscheint sinnlos, auch die eigene Arbeit. »Was soll's« wird zur Lebensmaxime. Man kann diese Positionen existentialistisch oder anarchistisch veredeln. Problematisch bleiben sie immer, denn Sisyphus ist eben kein Glücklicher.
Für fast alle Menschen ist Glücklichsein und ein sinnvolles Leben führen nahezu dasselbe. Der Anspruch des Unsinns, der sicher manches in uns und um uns beherrscht, widerspricht unserem Ordnungsdenken und unserem Selbstwertgefühl. Wenn alles sinnlos ist, dann ist ein Mensch nicht wichtiger als eine Birke oder ein Stück Quarz. Nun vermittelt dieses Gefühl (oder gar die reflektierte Einsicht) der Sinnlosigkeit keinerlei Antrieb für irgendwelche Eigensteuerung auf irgendwelche idealen Ziele hin. Die Eigensteuerung erschöpft sich im Herbeiführen von Situationen, die Bedürfnisbefriedigung erlauben. Der zweite erhebliche Motivationsbereich, der der Erwartung, erscheint vordergründig und unbedeutend. Die Motivation aber über die Bedürfnisbefriedigung öffnet jeder Fremdbeeinflussung Tor und Tür. Es gibt sogar ganze Motivationstheorien, die offensichtlich davon ausgehen, daß der Mensch sich selbst für etwas sehr Sinnloses hält, und ein nahezu reines Bedürfniswesen ist, das man über diese Bedürfnisse und das Angebot, sie zu befriedigen, zu so ziemlich allem bewegen kann, wenn nur kein Bedürfnis verletzt wird. Sicherlich ist die Frage nach dem Sinn des Lebens nicht zureichend verbal zu beantworten, doch das sagt noch nicht, daß es keinen Sinn hat. Menschliches Verhalten unterscheidet sich vom tierischen vor allem darin, daß der Mensch in der Lage ist, sich frei Sinn zu geben und danach zu leben. Für den psychisch Gesunden ist die Frage nach dem Sinn unproblematisch. Wer sie (als Erwachsener) radikal stellt (Hat mein Leben einen Sinn?), dürfte psychisch krank sein. Wer fragt, was das Leben denn für einen Sinn habe und darauf eine wohlklingende und erschöpfende Antwort

weiß oder erwartet, ist unglaublich dumm oder naiv. Aber all das macht noch keine Sinnlosigkeit oder Sinnleere aus.
Sinnbegabung ist also das Fundament jeder Eigensteuerung. Wer sie verweigert, wird übertrieben offen für manche Formen von Fremdsteuerung. Das ist um so bedenklicher, wenn die Kritikfähigkeit bestenfalls formal ausgebildet ist, doch die materialen Inhalte (Normen) durch die Sinnlosigkeitsannahme radikal relativiert werden.

Umfang der Außensteuerung

Der Umfang der Außensteuerung kann kaum überschätzt werden. Ein wesentliches psychisches Strukturelement, das Über-Ich, ist während der Zeit der primären Sozialisation (in der Hauptsache bis zum fünften Lebensjahr) von der frühen sozialen Umwelt (vor allem von den Eltern) eingebildet worden. In der späten Kindheit wurde dieses Sammelsurium von Wertungen, Idealen, Geboten, Verboten, Befürchtungen... internalisiert. Der Betroffene »hört« jetzt etwa die Stimme des Über-Ichs in Imperativen des Man-Typs (Das tut man! Das tut man nicht!) zu sich sprechen. Er internalisierte auch die Ideale und faßte sie zum Ichideal zusammen. Ichideal und konventionelles Gewissen sind die wichtigsten Funktionen dieses Über-Ichs. Im pathologischen Fall kann es auch eine weitere Elternfunktion übernehmen: Es straft (statt zu verbieten). Konventionelles Gewissen und Ichideal bestimmen nun aber weitgehend unser aller Verhalten, orientieren maßgeblich unsere Wertordnung, sagen uns, was wichtig und erheblich, was gut und böse, was nützlich und schädlich... ist. Das Über-Ich geht mit uns um wie eine Mutter mit ihrem unmündigen Kind. Vor dem Anspruch ihres Über-Ichs sind fast alle Menschen unmündig. Das aber bedeutet, daß sie in ganz wesentlichen Bereichen ihres Verhaltens dispositional fremdgesteuert sind.
Sieht man die Triebforderungen gar als eine Art »animalische Fremdheit des Personalen«, dann bleibt nur ein winziger Spielraum eigengesteuerten Verhaltens. Er kann nur geweitet werden, wenn es gelingt, eine kritische Instanz auszubilden, die die Ansprüche aus

dem Antriebsbereich (etwa Sexualität oder Aggressivität), dem Über-Ich und der sozialen Mitwelt kritisch prüft und koordiniert. Diese Koordinationsinstanz nenne ich in Anlehnung an die Terminologie Sigmund Freuds »Ich«. Mangelnde Ichstärke ist nun eines der verbreitetsten psychopathologischen Symptome. Sie ist oft der Grund für

- Selbstunsicherheit,
- destruktive Konflikte,
- Orientierungsschwächen (bis hin zur Desorientierung).

Ein ich-schwacher Mensch ist nicht selten auf sehr verschiedene Weise außengesteuert. Zunächst einmal wirkt sein Über-Ich als ursprünglicher Außenfaktor auf sein Verhalten ein. Das ist vor allem dann nicht unerheblich, wenn ins Über-Ich eine Autorität eingebaut wurde, die sich jede Kritik verbietet. Religiös ungebildete Menschen nennen diesen jede Kritik ausschließenden Übervater im Über-Ich »Gott« (das hat selbstverständlich nichts mit Theismus zu tun). Sie werden durch anscheinend religiös verbrämte Forderungen extrem leicht außensteuerbar. Doch auch ich-schwache Personen, denen solches Schicksal erspart bleibt, neigen dazu, infantile Verhaltensmuster zu zeigen, wenn es ums Gehorchen (oder anders Verhalten, bei dem Autorität irgendeine Rolle spielt) geht. Für eine minderwertige Führungskraft sind sie die optimalen Untergebenen. Im Regelfall genügt es, das klassische und weitgehend normierte Elternverhalten zu beherrschen, um aller Probleme ledig zu sein.
Sicher gibt es Zorn, Haß, Rebellion, Weigerung – aber deren emotionaler Anteil ist recht infantil geblieben. Gelingt es mit dem sachlichen (rationalen) fertig zu werden – und dazu gehört letztlich »bloß« mehr Kompetenz –, sind im übrigen die elterlichen Erziehungsmethoden zur Krisenbewältigung völlig ausreichend. Man muß sie nur kennen. Ich habe diese Technik gezielt während der Unruhen 1968/69 im Umgang mit rebellierenden Studenten eingesetzt. Der Erfolg war für mich verblüffend.
Der Umfang der Außensteuerung ist zweitens abhängig von der Art der schulischen und nachschulischen Bildung. Es ist in unseren Kin-

dergärten, Schulen und Hochschulen durchaus üblich, daß bestimmte Wissensbereiche so vermittelt werden, daß

- der Umfang der Eigenerfahrungen klein bleibt und
- mit dem vermittelten Wissen Wertungen verbunden werden.

Wenn ich darüber nachsinne, wieviel Prozent meiner physikalischen Kenntnisse, die ich auf der Universität erwarb, Glaubenswissen sind, komme ich leicht auf 99 %. Wenn ich bedenke, wieviel historisches Wissen mir während meiner Schulzeit wertfrei vermittelt wurde, erschrecke ich. Fast alles wurde gewertet. Es war *gut*, daß der Pharao Menes (um 2880) Ober- und Unterägypten einigte, es war gut, daß die Hunnen nicht in Europa einfielen, es war *gut*, daß »unsere« Soldaten in den Weltkriegen so tapfer kämpften. Es war *schlecht*, daß Cäsar ermordet wurde, es war *schlecht*, daß die Reformation die Glaubenseinheit des Mittelalters störte, es war *schlecht*, daß Hitler an die Macht kam. So wurde ständig gewertet. Nicht von mir, sondern von meinen Lehrern. Und sie forderten, daß man ihre (das sind meist die jeweils offiziellen) Wertungen übernahm. Ich habe z. B. bis zum heutigen Tag nicht einsehen können, worin objektiv der Vorteil des allgemeinen Wahlrechts liegt. Ich werde mich aber hüten, das zu bekennen, weil »man« der Meinung ist, es sei gut und menschlich und wichtig und... So gibt es im Bereich handlungsleitenden und -orientierenden Wissens nur Weniges – sieht man einmal von Trivialitäten des Typs ab, daß das Signal »rote Ampel« Halten bedeutet –, das nicht irgendwie mit Wertungen gekoppelt vermittelt wird. Über diese Wertungen führt eine starke Schiene zu nahezu jedem Menschen. Wer hat schon den Mut, objektive Inhalte emotional oder wertend anders zu besetzen als die Mitwelt? Wer hat schon den Mut, nicht das schon für wahr zu halten, was die meisten anderen, vor allem die sympathischen Menschen für wahr halten? Unser Bildungssystem ist ganz darauf abgerichtet, sozialkonformes Verhalten zu verstärken. Das ist unter anderem wohl der Grund, warum kreatives Denken (= Denken gegen Regeln) bei uns so selten geworden ist.

Führungstechnisch bedeutet das: Man kann nicht beides haben:

sozialkonforme und kreative Mitarbeiter. Da sozialkonformes Verhalten – stets verbunden mit großer Bereitschaft zur Außensteuerung – normalerweise in unseren Betrieben (aber auch Schulklassen, Seminarien...) nach wie vor eher gefördert als bestraft wird, müssen wir für kreative Mitarbeiter nicht selten eigene Sanktionsmechanismen ersinnen, die dieser »Ausnahmesituation« gerecht werden.
In meinem Erfahrungsbereich (Studenten und Manager) begegnen mir immer wieder Menschen, die jeden auf Eigensteuerung zurückgehenden Impuls außerordentlich mißtrauisch betrachten, um Rat fragen, sich ihn leicht ausreden lassen, ihn nur unter Angst realisieren. Es muß da irgendwo ein übler Holzwurm im Sarg unseres Bildungssystems nagen. Wenn das so weitergeht, müßte es eigentlich nach den Regeln der Statik zu einem Zusammenbruch kommen. Gilt das auch für Ihren Betrieb (oder Ihre Schulklasse, oder Ihren Verein, oder Ihre Bundesrepublik)?

Folgen der Außensteuerung

Sicherlich gibt es auch positive Folgen der Fremdsteuerung. Ohne fremdsteuernde Einflüsse wären Erziehung und kooperatives Solidarverhalten unmöglich. Alle sozialen Interaktionen beruhen *auch* auf der Chance der wechsel- oder einseitigen Fremdbeeinflussung. So ist die Bedingung der Möglichkeit von Führen die zur Fremdsteuerung, wenngleich sich Führen keineswegs mit Fremd- oder Außensteuerung identifizieren läßt.
Die eher positiven Folgen von Außensteuerung interessieren hier weniger, kommt es doch jetzt darauf an, die Gefahren übermäßiger oder kritikausschaltender oder -beschränkender Außensteuerung auszumachen, wie sie auch für jedes Führen erheblich sein oder werden können.
Eine *erste* Folge kann eine gründliche Verunsicherung sein: vor allem wenn die sozialen Forderungen im Widerspruch stehen zu denen des Über-Ichs. Konflikte Mitwelt – Über-Ich sind oft kaum zu lösen, da zum einen das Über-Ich eine relativ starre und wenig be-

einflußbare psychische Instanz ist, und zum anderen die Forderungen der Mitwelt für gewöhnlich nicht individuelle Varianten von Über-Ich-Inhalten berücksichtigen. Solche Konflikte sind nur dann nicht destruktiv und auf die Dauer pathogen, wenn eine zureichend starke Ichsteuerung den Konflikt bereinigen oder doch neutralisieren kann. Aber mit solcher Ichsteuerung steht es nicht immer zum besten. Entweder ist sie zu schwach (Ichschwäche), oder aber sie ist nicht an die konkreten Konkurrenzprobleme zwischen Antrieben, Über-Ich und Mitwelt angepaßt (Desorientierung). Versuche, die Fremdsteuerung gegen Ichideal und konventionelles Gewissen (den wichtigsten Funktionen des Über-Ichs) einzusetzen, können zwar vorübergehend zum »Sieg« der fremdsteuernden Instanz führen, doch um welchen Preis?

- Das konventionelle Gewissen des Geführten wird ständig zum Verbot eingefordert – ein Verbot, das dann doch übertreten wird. Das hat Schuldgefühle zur Folge. Diese aber sind nahezu die stärksten Demotivatoren, die wir kennen.
- Das Ichideal wird ständig gekränkt. Das führt zur Selbstunsicherheit (bis hin zur Selbstverachtung). Die dauernde Beleidigung des Ichideals wird als meist nur unvollkommen bewußtes Frustrationserlebnis (mit Zustandscharakter) erfahren. Die klassischen Reaktionen sind Aggressivität oder Depressivität. Nun aber ist ein niedergeschlagener und/oder aggressiv gestimmter Mitarbeiter sicher nicht ideal. Zwar gibt es Personen, die es gelernt haben, Forderungen, Ansprüche, Vorstellungen, die im Ichideal ihren Grund haben, zu relativieren. Es sind das jene, die erkannt haben, daß Ichideal und Ichrealität zwei sehr verschiedene Dinge sind. Selbsterkenntnis ist oft gegen die Ansprüche und Vorstellungen des Ideals gerichtet. Nur wer im Konflikt Außenanspruch und Ichideal eine fruchtbare Quelle sieht, die ihn der Selbsterkenntnis näher bringen kann, wird durch Kränkungen des Ichideals nicht permanent frustriert und so demotiviert.

Allgemein gilt die Regel:
Führe nicht gegen den Anspruch des Über-Ichs des Geführten.

Die Regel kann nur durchbrochen werden, wenn es *sicher* ist, daß

- der Geführte ichstark und ausreichend orientiert ist,
- der Geführte sich ernsthaft um Selbsterkenntnis gegen die Ansprüche des Über-Ich (und hier vor allem des Ichideals) bemüht. Daraus leitet sich für *anspruchsvolle Führung* mittelbar ein weiteres Postulat ab: »Führe stets so, daß du dem Mitarbeiter auf dem Weg zu orientierter Ichstärke und zur Selbsterkenntnis hilfreich bist.«

Daß die konkrete betriebliche Führungspraxis diesen Gesichtspunkt nicht einmal von den üblichen Führungstheorien nahegelegt erhält, spricht nicht unbedingt für die Qualität solcher Theorien. Unsere Systeme, in denen geführt wird (Schulen, Betriebe, Kirchen, Parteien ...), sind zumeist auch gar nicht daran interessiert, die kritische Ich-Instanz ihrer Mitarbeiter zu fördern. Ebensowenig sind sie daran interessiert, den Geführten bei der Selbsterkenntnis zu helfen, begäben sie sich doch damit eines der stärksten Pseudomotivatoren: der »Anerkennung« und der »Selbstverwirklichung«. Fast alle Menschen verstehen nämlich unter Anerkennung einen Spruch, der ihrem Ichideal schmeichelt, der die Übereinstimmung von Ichideal und Ichwirklichkeit (die nur wenig mit der Ichrealität zu tun haben muß) bestätigt. Ebenso sind die weitaus meisten Geführten ausgesprochen positiv motiviert, wenn sie bemerken, daß sie ihr Ichideal verwirklichen können. Sie sind der völlig irrigen und gefährlichen Meinung, Selbstverwirklichung sei die Anpassung der Ichwirklichkeit an das Ichideal. So versuchen sie zeitlebens etwas zu verwirklichen, das es real gar nicht gibt: ihr Ichideal. Ich kenne nicht wenige Menschen, die in der Nähe ihres Lebensendes vor einem Scherbenhaufen stehen, weil sie durch lange Jahrzehnte einem Phantom nachliefen: der Verwirklichung des Ichideals – einer ihnen während ihrer primären Sozialisation – und zwar über Außensteuerung – vermittelten Fiktion von dem, was sie sein oder werden sollen. Die Verwendung der Motivatoren »Anerkennung« und »Selbstverwirklichung« in dem hier dargestellten Sinn ist nichts als bare unmenschliche und verunmenschlichende Ausbeutung – Manipulation zum Schaden des Geführten.

Doch hat diese Technik der Fremdsteuerung eine weitere fatale Konsequenz: Sie fällt auf den Führenden zurück. Nicht nur, daß er auf die Dauer gesehen seine Mitarbeiter recht gründlich demotiviert und entmenschlicht, sondern er macht sich selbst die Regeln seines Führens so zu eigen, daß er sie für wahr hält und auf die Eigenbildung anwendet. Er wird Ichstärkung und Selbsterkenntnis bald kleinschreiben und auch in seinem Selbstverwirklichungsbemühen illusionären Zielen nachzujagen beginnen. Wie falsch die Motivationsversuche über diese »Anerkennung« oder diese »Selbstverwirklichung« sind, sollte eigentlich schon ihr recht kurzzeitiger Erfolg demonstrieren. Wer einmal von solch süßem Gift – dem Opium unserer modernen Arbeitswelt – genossen hat, wird sehr bald süchtig und benötigt immer mehr von diesen Drogen, wenn sie wirksam bleiben sollen. Das Träumen in süßen Scheinwelten, das Leben in Illusionen, ist heute sehr viel verbreiteter als in den hohen Zeiten der (mißbrauchten) Religiosität. Menschen machen sich selbst zu »Göttern« und erwarten, daß man ihnen huldigt durch Lob, Anerkennung, Bestätigung. Und für einen solchen »Gott« ist halt Selbstbestätigung eine zwingende, unaufgebbare Notwendigkeit.
Es soll nun keineswegs geleugnet werden, daß die Bedürfnisse vieler Menschen Anerkennung, Fremd- und Selbstbestätigung einfordern. Es sei nicht geleugnet, daß ein Führen gegen diese Bedürfnisse bald scheitern würde. Es sei aber behauptet, daß gute – und langfristig gesehen – erfolgreiche Führung die Relativität solcher Motivatoren erkennt und diese Erkenntnis in Praxis umsetzt. Das setzt oft voraus, daß zunächst die kritischen Fähigkeiten des Mitarbeiters und sein theoretischer Wissensstand erweitert werden. Das zu leisten ist nun keineswegs primäre Aufgabe eines Wirtschaftsunternehmens, sondern von Elternhäusern, Schulen, Kirchen … Daß diese in grundlegenden Bildungsfragen so häufig und so grundsätzlich versagen, liegt sicher auch am sozialen Klima. Alle wollen »brauchbare Menschen« heranbilden. Was aber brauchbar ist, entscheidet nicht selten die betriebliche Praxis. Hier gilt es, die »Brauchbarkeitsvorstellungen« langfristig zu revidieren, dann werden vielleicht auch früher oder später die klassischen Bildungsinstitutionen den veränderten

Erwartungen der politischen und ökonomischen Sozialgebilde zu entsprechen versuchen.

Hier mag deutlich werden, wie falsch es ist, ein Unternehmen »atomar« zu sehen. Es ist durch viele Bezüge angebunden an nahezu alle Institutionen seiner Außenwelt. Von diesen sollten besonders die der Bildung Verpflichteten beachtet werden.

Eine absolute Perversion bedeutet die Forderung ökonomischer und politischer Gruppen oder Institutionen nach einer praxisnahen Ausbildung. Die praxisnahe Ausbildung sollte allemal Sache der ökonomischen und politischen institutionalisierten Gruppen (Betriebe, Parteien, Vereine ...) selbst sein. Was not tut, ist im Bereich der Bildungsinstitutionen vom Elternhaus bis zur Universität, von Kirchen bis zu Gewerkschaften die Verwaltung der Bildung. Und Bildung ist zunächst und an erster Stelle nicht die Vermittlung von fachbezogenem Wissen, sondern die Schaffung von guten Dispositionen zur orientierten Ichstärke und Selbsterkenntnis.

Es sei zugegeben, daß diese Institute, solange sie sich nicht ihrer Bildungsaufgabe widmen und ihren Bildungsauftrag verleugnen, statt dessen sich weitgehend auf Wissensvermittlung (mit zweifelhafter Wertbindung, die meist Über-Ich-Inhalte noch verstärkt und Vorurteile einbaut oder gar zementiert) beschränken, dieses sehr viel praxisbezogener tun sollten. Wenn sie schon nicht das Notwendige tun, sollten sie wenigstens Nützliches leisten.

Wie sehr alle sog. Bildungsinstitutionen versagen, mag auch daraus hervorgehen, daß sie zumeist nicht erkennen, daß das Problem unserer Zeit nicht primär die Grenzen oder die Begrenzung des *äußeren* Wachstums ist, sondern die Grenzen des *inneren* Wachstums. Wir sind nicht in der Lage, unser Wachstum verantwortet, ethisch und sinnvoll zu regulieren. Diese Regulation zu erreichen, ist kein Ausbildungsproblem, sondern ein Bildungsproblem. Das verkennt die sog. Bildungspolitik nicht nur der Parteien, sondern auch die der Kirchen und Gewerkschaften beharrlich und durchaus erfolgreich.

Bildungsziel muß also sein, die Fähigkeit zur kritischen und realitätsorientierten Innensteuerung zu entwickeln und zu stärken. Nur

so wird die Fremdsteuerung (nicht nur die individuelle, sondern auch die strukturelle) in humanen Grenzen zu halten sein.
Neben der Beleidigung der Über-Ich-Funktionen (konventionelles Gewissen und Ichideal) kann starke und unkritisch angenommene Fremdsteuerung auch den genauen Gegeneffekt haben: Sie kann Ichideal und konventionelles Gewissen verstärken. Auf einige Konsequenzen solcher Verstärkung habe ich schon verwiesen. Hier sei noch eine wesentliche nachgetragen: Es kommt dabei oft nicht nur zum Ausschluß jeder Selbsterkenntnis (durch Bestätigung des Ich-Ideals), sondern auch zur wachsenden Unfähigkeit, ein ethisches Gewissen und sinnvolle Religiosität auszubilden. Im Gegensatz zum konventionellen Gewissen, das als Gehorsamsforderung gegenüber dem Spruch des Über-Ich bestimmt werden kann, ist das ethische Gewissen eine Funktion der kritischen und koordinierenden Instanz »Ich«.
Sittlichkeit wird nicht konstituiert durch funktionierendes Über-Ich, sondern allein durch funktionierendes und realitätsorientiertes Ich. Die verbreitete Ichschwäche wie auch die nicht selten realitätsfremde Wirklichkeitsorientierung des Ich führen zu einem schnellen Niedergang ethischen Verhaltens, das zumeist in der allgemeinen Überzeugung auf sozialkonformes und/oder Über-Ich-reguliertes Verhalten begrenzt wird. Schon scheint unsere Zeit radikal unsittlich zu werden. Dies zwar nicht im Sinne wachsender Unmoral, wohl aber im Sinne amoralischen Verhaltens, das sich um Sittlichkeit (es sei denn um die öffentliche) nicht mehr kümmert und sich begeistert den so viel weniger menschlichen Einsatz erfordernden technologischen Problemlösungen widmet. Sekundärsysteme sind gerade dadurch gekennzeichnet, daß in ihnen Gewissen (im Sinne eines ethischen) keine Rolle mehr spielt, sondern ausschließlich die Kriterien technischer Optimalität oder des äußeren Erfolges. Daß eine so geführte Struktur radikal unsittlich ist, bedarf keiner Diskussion. Effizienz und Sittlichkeit sind zwei sehr verschiedene Kategorien. Es kann durchaus vorkommen, daß man nur eine von beiden realisieren kann. Welche dann realisiert wird, demonstriert allgemein sichtbar die menschliche Qualität des Führenden oder des Systems.

Dabei gilt es keineswegs einer Michael-Kohlhaas-Mentalität das Wort zu reden. Ganz sicher wird auch das Problem der Güterabwägung eine Rolle spielen. Steht sehr hoher technischer Nutzen gegen einen vergleichsweise geringen sittlichen Wert, kann man sich für den Nutzen und gegen den Wert entscheiden, solange

- damit kein Unwert gesetzt wird und
- der Wertaspekt für erheblich und beachtenswert gehalten wird.

Doch auch die Religiosität geht bei einer Verstärkung des Über-Ichs im wahrsten Sinn des Wortes zum Teufel. Eigentliche Religiosität wird abgelöst durch »Man-Religiositäten«, als da sind Verehrung von Stars aus Sport und Schlager, Verehrung (die mitunter kultisch werden kann) von Erfolg, Leistung, Konsum, Ausweichen in alle möglichen Irrationalitäten – als da sind Astrologie, Jugendreligionen, Meditationskulte..., Flucht in wahnähnliche Wirklichkeiten durch Drogen (Alkohol, Tranquilizer, Rauschgifte...). Vor allem wenn das Opium Anerkennung und »Verwirklichung« des Ichideals ausbleibt oder nur unzureichend geliefert wird, kommt es zu solchen Fluchtreligiositäten. Typisch dafür ist, daß »Gott« als infantile Über-Ich-Instanz zumeist konserviert wird. Das Wesen der ekklesiogenen Neurose besteht oft darin, daß gegen einen übermächtigen »Gott« im Über-Ich keine kritische Instanz, kein realitätsorientiertes Ich ausgebildet werden kann. Religiosität im eigentlichen Wortsinn jedoch kommt bloß zustande, wenn die *Ich*-Orientierung religiös geschieht.
Die Verstärkung von Über-Ich-Ansprüchen im konkreten Führen, zusammen mit der Aufforderung zu höchster technischer Rationalität, auf die hin zu orientieren oftmals wichtiges Führungsziel ist, macht zunehmend eigentliche Religiosität unmöglich und verstärkt die Tendenz zur Flucht in pseudoreligiöse Welten. Das mag vordergründig für das Thema betriebliche Führung nebensächlich erscheinen. Tatsächlich aber bedeutet es eine Instrumentalisierung des Geführten und eine zunehmende Entmenschlichung. Ich bezweifle, daß dies das Ziel (wenn auch nicht das gewollte, so doch das zugelassene) von Führung sein darf. Dieses »Nicht-dürfen« ist kei-

neswegs nur ethisch gemeint, sondern – auf die Dauer – auch durchaus wirtschaftlich. Ich bestreite, daß langfristig ein Betrieb optimale wirtschaftliche Erfolge haben wird, wenn er mit entmenschlichten Mitarbeitern agieren muß. Gewissen, Ichstärke, religiöse Rückbindung sind nicht nur menschliche Werte, die zur psychischen Gesundheit nötig sind, sondern auch positive Merkmale in betriebswirtschaftlichem Sinn. Es gibt heute nur wenige Firmen, die das theoretisch bestreiten. In der Praxis sieht dann alles oft ganz anders aus.
Eine *zweite* Folge überstarker oder unkritisch akzeptierter Außensteuerung ist das Schwinden der Autonomie und der Selbstsicherheit des Mitarbeiters. »Autonomie« bezeichnet die Fähigkeit, innerlich unabhängig die Gesetze und Ziele des Handelns (vor allem des sittlichen) selbst zu bestimmen. Bei psychisch Kranken ist die Autonomie meist sehr eingeschränkt. Die Selbstorientierung wirkt begrenzt. Der psychisch und sozial Gesunde besitzt jedoch die Fähigkeit zur Selbststeuerung in ausgeprägtem Maß. Zwar ist sie auch ihm durch Erziehung und soziale Zwänge begrenzt (und kann deshalb nicht absolut und uneingeschränkt gelebt werden), doch weiß der »autonome Mensch«, daß er allein das Recht hat, seine Gedanken, Gefühle, sein Verhalten (sittlich) zu bewerten, wenn er bereit ist, dafür die volle Verantwortung zu übernehmen. Er wird sich diese Verantwortung von niemandem abnehmen lassen.
Offensichtlich sind Autonomie und Eigensteuerung nahezu identisch. Das aber bedeutet auch, daß in der gleichen Weise und im gleichen Umfang, in dem Autonomie durch Heteronomie abgelöst wird, die Person nicht nur anfällig gegen Fremdsteuerungen wird, sondern gar Fremdsteuerungen benötigt, um sich in ihrer sozialen Welt zureichend sicher und konfliktfrei bewegen zu können.
Der heteronome Mensch fürchtet sich sehr viel mehr vor Konflikten als der autonome. Er wird versuchen, ihnen aus dem Wege zu gehen, selbst wenn er einen hohen Preis dafür zahlen muß. Soziale Ängste kennzeichnen nicht selten heteronom gesteuerte Menschen.
Es ist kaum bestritten, daß vorwiegend heteronom gesteuerte Personen zum Führen nicht sonderlich geeignet sind. Sie erscheinen nicht

selten zwar gut angepaßt, sind aber kaum in der Lage, Konfliktsituationen durchzustehen und optimal aufzuheben. Sind sie nicht aber »gute Mitarbeiter«? Für einen schwachen Führenden sicher über einen beschränkten Zeitraum. Ihre neurotische Disposition (vor allem, wenn die Störung der Autonomie auf das 2. oder 3. Lebensjahr zurückgeht), ihre Disposition zu sozialen Ängsten, oft auch ihre ängstliche Sorge, nicht (unangenehm) aufzufallen, ihre meist auf Routinefälle beschränkte Entscheidungssicherheit, ihr ausgeprägter Wunsch, sich möglichst »nach oben« abzusichern... machen sie auch auf die Dauer zu schlechten Mitarbeitern.

Die Förderung und Entwicklung von Autonomie und Eigenverantwortlichkeit (bzw. der Dispositionen dazu) ist ein wichtiges Führungsziel. Ein Vorgesetzter, der dazu nicht bereit ist, ist zum Führen durch das Wort (zur unmittelbaren Menschenführung) ungeeignet. Er mag in Planungs- und Finanzfragen ein guter Fachmann sein – aber eine Führungskraft stelle ich mir anders vor.

Sicherlich gibt es »strukturelle Zwänge«, die die Ausbildung und Förderung der Autonomie der Mitarbeiter weitgehend unmöglich machen. Aber nicht selten ist das Wesentliche entfremdeter Arbeit gerade in der Unmöglichkeit zu sehen, Autonomie zu verwirklichen und zu entfalten. Regelmäßige Fließbandarbeit schränkt Autonomie wie Initiative vermutlich grundsätzlich und unaufhebbar weitgehend ein. Damit ist die Persönlichkeitsentfaltung weitgehend gehemmt. Sicherlich gibt es Menschen, denen an Autonomie und deren Realisation wenig oder nichts gelegen ist. Sie *wollen* heteronom gesteuert werden. Doch solche Menschen sind psychologisch und soziologisch gesehen Krüppel. Eine Ordnung oder ein System, die solche Verkrüppelungen fördert, wird auf die Dauer um seine Existenz bangen müssen. Soweit bekannt, haben sich Menschen früher oder später gegen neurotisierende und entmenschlichende Zwänge aufgebäumt, mögen sie nun von Menschen oder von Strukturen ausgehen. Meistens hatten sie dabei Erfolg. Wer also eine Entwicklung unseres politischen und ökonomischen Systems wünscht und seine Aufhebung über revolutionäre Aktionen ablehnt, wird aus diesem Wunsch, wenn er nicht wirkungslos abstrakt bleiben soll, auch Konsequenzen ziehen. Eine davon heißt:

Führen heißt, Autonomie und Initiative der Mitarbeiter zu entfalten und zu fördern.

Mangelnde Autonomie gefährdet aber bestehende Strukturen auch über andere Kanäle. Der heteronom bestimmte Mensch ist extrem ideologieanfällig. Wegen mangelhaft ausgeprägter Kritikfähigkeit hält er alles Einsichtige, Plausible auch für wahr. Da nun aber nahezu jeder Unsinn plausibel gemacht werden kann, wird er leicht von heteronom bestimmten Menschen als wahr akzeptiert. Die Anfälligkeit vieler Deutscher etwa gegenüber der unsinnigen Ideologie des Faschismus (»Der Staat ist sich selbst höchstes zu schützendes Rechtsgut!«) während der frühen Dreißiger – und nicht nur damals – ist sicherlich zurückzuführen auf ein Bildungssystem, in dem Bildung zu autonomem Verhalten kleingeschrieben, ja oft ganz unterlassen wurde. Kollektive Normen, ebenso kollektiv akzeptiert, ersetzen die mit der Autonomie gegebenen Fähigkeiten und jene Mühsal, die mit der Realisierung dieser Fähigkeiten notwendig verbunden ist.

Ein klassischer Mangel an Autonomie wird immer dann deutlich, wenn etwa das Wort »schuldig« im strafrechtlichen und ethischen Sinne als nahezu gleiche Sachverhalte abdeckend betrachtet wird. »Schuld« wird kollektiviert. Die Normierung sittlichen Verhaltens wird delegiert. Die Außensteuerung wird nahezu perfekt in allen Angelegenheiten, die den Menschen als Menschen betreffen.

Autonomie ist übrigens zwingende Voraussetzung aller Freiheit. Bedeutet »Freiheit« die Fähigkeit, sich selbst zu verwirklichen, dann ist dieses »Selbst« in der Definition mit Heteronomie einfachhin nicht zu vereinbaren. Nur der weitgehend autonome Mensch kann ein freier Mensch sein. Nicht zufällig verstehen manche Autoren unter Freiheit und Autonomie ganz das gleiche.

Autonomie will sich nun nach außen hin auch realisieren. Das geschieht nur, wenn ein Mensch initiativ werden kann. Beschränkung der Initiative bedeutet also auch stets Beschränkung der Realisationsmöglichkeit von Autonomie. Initiative kann sich aber nur entwickeln, wenn die Freiheitsräume (das heißt die Bereiche, die nicht beherrscht werden von Zwängen) zureichend groß sind. Initiative realisiert sich vor allem im Entscheiden.

Nun mag man einwenden, daß ein Wirtschaftsunternehmen nicht erststellig die Funktion hat, die Humanisierung seiner Mitarbeiter zu fördern. Das mag beschränkt richtig sein. Doch ein Mitarbeiter mit Willen und Wunsch, seine Autonomie und Initiative zu entwikkeln und zu realisieren, wird – falls man ihn aus welchen Gründen auch immer daran hindert – ein demotivierter Mitarbeiter sein. Auch sollte nicht vergessen werden, daß Fähigkeiten, die nicht praktiziert werden, verkümmern. Selbst wenn infolge solcher Verkümmerung der Wunsch nach Autonomie und Initiative nicht mehr besteht und daher scheinbar der Entzug von Realisationsmöglichkeiten beider nicht mehr demotivierend wirkt, ist das keineswegs beruhigend. Abgesehen davon, daß das Verfahren unmenschlich und pathogen ist, das »Unbewußte« eines so verstümmelten Mitarbeiters wird protestieren. Und dessen Protest wird sich in latenter Unzufriedenheit äußern, die ihn zum leichten Opfer mancher Ideologen macht, deren Ziel es unter anderem ist, neue und andere Führungsgrundsätze und -praktiken durch andere Führende durchzusetzen.

Mangelnde Autonomie (und Initiative) führen aber auch zu wachsender sozialer Abhängigkeit und Bedürftigkeit. Die Außensteuerung wird zum existentiellen Bedürfnis, mitunter gar zur existentiellen Notwendigkeit, da ein sozial und psychisch verkrüppelter Mensch (Heteronomie und Antriebslosigkeit signalisieren solche Defekte) der fremdsteuernden Sorge bedarf, um sozial und psychisch überleben zu können. Die »Gesellschaft«, der Staat oder wer auch immer wird dann für einen Menschen sorgen müssen, der es niemals lernte (oder wieder verlernte), für sich selbst zu sorgen. Das Ende ist ein Wohlfahrtsstaat mit seinen Mängeln und seiner – letztlich – politischen Instabilität und ökonomischen Ineffizienz.

Nur wenn wir das alles wollen, können wir in Ökonomie und Politik die zweifelhafte Praxis beibehalten, die Bildung und Entwicklung zu Autonomie und Initiative kleinschreibt oder gar als lästig und

überflüssig empfindet. Führen ist also keineswegs nur ein Hinführen von Menschen zu ökonomisch oder politisch im Augenblick und in diesen Bereichen wünschenswerten Zielen.
Eine *dritte* Folge unkritischer und übertriebener Fremdsteuerung ist ein deutliches Schwinden der Fähigkeit, mit Realität beherrscht umzugehen. Der Quotient aus Realitätsanteilen und Wirklichkeitsanteilen in Entscheidungs- und Planungsverfahren wird kleiner. Die Fähigkeit, Realität sinnvoll und gegebenheitsgerecht zu beherrschen, nimmt ab, so daß man durchaus von einer Art kollektiver Paranoia sprechen kann, die nur dann auffällig und manifest wird, wenn sich zwei Menschen (oder Gruppen) mit anderen kollektiven Wirklichkeiten begegnen. Das Unverständnis und die hermeneutischen Probleme zwischen beiden ähneln ganz denen, die ein Psychiater aus dem Umgang mit schwerkranken Patienten kennt.
Menschen aber, die den Kontakt mit der Realität weitgehend verloren haben, lassen sich auch nicht durch Realität in ihrem Verhalten steuern. Ebenso wie ein Paranoiker auf eine nicht verständliche und auffällige Weise eigengesteuert erscheint, weil er aus mangelndem Realitätsbezug kein Korrektiv mehr an dieser Realität findet, so auch der Kollektivparanoiker, der jetzt extrem vom Kollektiv und dessen Wünschen, Erwartungen, Normen... gesteuert wird, nur als Korrektiv die wahnkranke Gesellschaft mit ihren gestörten Realitätsbezügen vorfindet, nicht aber die Realität selbst. Oft werden deren Ansprüche nicht einmal wahrgenommen. Wenn sich das aber nicht vermeiden läßt, werden sie entweder abgewehrt oder als unerheblich abgetan.
Es ist nur schwer vorstellbar, daß eine Gruppe, eine Gesellschaft, ein Verband... längere Zeit in dieser (doch nicht nur sozialen) Welt überdauern wird, wenngleich es nicht in ihr zu erheblichen sozialen Konflikten kommen muß. Es ist nicht leicht vorstellbar, daß in dieser Welt eine kollektive wahnhafte Verschiebung auf die Dauer einen Selektionsvorteil bedeutet im »struggle for life«. Somit wird es auf längere Sicht denn wohl dazu kommen, daß sich die Gesellschaft, Gruppe... durchsetzt, deren kollektive Bewußtseinsinhalte am wenigsten realitätsfremd sind.

Es kommt also darauf an, kritisches Bewußtsein nicht nur in der Bildung von Individuen, sondern auch von Gruppen, Gesellschaften ... zu fördern, denn eine Gruppe von an sich kritischen und realitätsorientierten Mitgliedern muß nicht schon selbst kritisch und realitätsorientiert sein. Gruppenverhalten ist nicht bilanziertes Individualverhalten.

Eine überstarke Außensteuerung erschwert auch sinnvolles und befriedigendes Kommunikationsverhalten. In Sprachbereichen, in denen die Eigenerfahrung gering oder das Engagement schwach ist, kommt es zumeist auch nur zu ungenügender sprachlicher Beherrschung in der Darstellung des Gemeinten. Andererseits wächst das Desinteresse an einer sprachlich nicht beherrschten Welt. Das »Neugierverhalten«, Motor vielen Erkenntnisfortschritts und manchen Mühens um Eigenerfahrung, wird unattraktiv in einer Welt, die man »sowieso nicht versteht«.

Der Rückzug des erkenntnisleitenden Interesses und des sprachlichen Bemächtigungswillens aus immer mehr Bereichen menschlichen Wissens hat nicht nur seinen Grund in einer überstarken Außensteuerung und den Versuchen, sie abzuwehren, sondern ermöglicht geradezu erhebliche Außensteuerungen in Bereichen, in denen – wegen mangelnder Kenntnis und Sprachbeherrschung – die Kritik nicht mehr sachlich, sondern nur mehr polemisch sein kann. Die pseudopolitischen Auseinandersetzungen etwa über den Bau von Atomreaktoren, über die Stationierung bestimmter Waffensysteme, über Fragen der Außen- und Wirtschaftspolitik entbehren – selbst wenn sie von Leitartiklern großer Tageszeitungen geführt oder gelenkt werden – oft jeder Sachkompetenz. Diesen Mangel zu verschleiern, fällt nicht schwer bei einem Publikum, dessen fehlende Sachkompetenz ebenfalls durch emotional besetzte Schlagworte kompensiert wird.

Wer sich also einen kritischen Partner wünscht, wird dafür sorgen müssen, daß die eigene und die Kompetenz des Partners zu einer kritischen Auseinandersetzung ausreichen. Es gibt nichts Erstaunlicheres als die Diskussion zwischen zwei Partnern über einen Sachverhalt, den sie beide nicht genügend beherrschen. Meist bringen beide Emotionen ein. Und dem ist der Sieg, der die meisten emotionsbesetzten Phrasen an der richtigen Stelle plaziert. Mitunter nennt man solches Verhalten demokratisch. Sollte Platon die Demokratie abgelehnt haben, weil er die Herrschaft der Inkompetenten oder des Geschwätzes befürchtete?

Für das Führungsverhalten hat das eine wichtige Konsequenz:

Der Bereich der Eigenerfahrung der Mitarbeiter ist möglichst zu dehnen und zu intensivieren. Neugierverhalten ist zu fördern.

Sicherlich werden hier ganz die gleichen Einwände erheblich, wie sie schon auf den vorhergehenden Seiten zur Sprache gekommen sind. Das macht sie aber nicht besser. Und weil die Abwehr der Einwände fast die gleiche ist, soll sie nicht wiederholt werden.

Fassen wir also zusammen:

Führen verlangt eine Beschränkung von Fremdeinflüssen auf den Mitarbeiter auf ein Minimum.

Führen verlangt Stärkung des kritischen Bewußtseins des Mitarbeiters.

Nicht der blindgläubige Befehlsempfänger, sondern der kritisch Mitdenkende ist der optimale Partner in einer Führungssituation.

Training der Eigensteuerung

Im Regelfall ist die Fähigkeit zu eigengesteuertem, kritischem und autonomem Verhalten bei den meisten von uns unterentwickelt. Ob wir nun Führende oder Geführte oder beides sind: Ein Training der Fähigkeit zu eigengesteuertem Verhalten wird uns allen nützen – für viele sogar notwendig sein, um sich gegen ungerechtfertigte soziale Ansprüche durchzusetzen und ihre psychische Stabilität und Gesundheit zu erhalten. Die folgenden Trainingshinweise sind nun keineswegs für Menschen gedacht, die psychisch erheblich gestört oder gar krank sind. Bei ihnen könnte solches Training die Symptome eher verstärken als beheben. Doch der »normal« psychisch und sozial beschädigte Mensch wird nicht unerheblichen Nutzen ziehen können.

Das Training der Eigensteuerung muß zwei Aspekte umfassen, die durchaus miteinander verbunden werden können und sollen:

- die Stärkung der Kritikfähigkeit und
- die Abwehr von unerwünschten Fremdsteuerungsversuchen.

a) Stärken der Kritikfähigkeit

Um die Kritikfähigkeit zu stärken, ist zunächst einmal vonnöten, sich seiner eigenen Vorurteilsstruktur nach Intensität, Umfang und Inhalt wenigstens im Groben bewußt zu werden. Unkritisches Verhalten ist nicht selten durch fremdinduzierte Vorurteile bedingt.
Fragen Sie sich, was Sie alles für wahr halten, ohne es überprüft zu haben.
Einen solchen Katalog zu erstellen ist keineswegs einfach. Um ein zureichendes Maß an Vollständigkeit zu erreichen, sind zumeist wochenlange Bemühungen und Überlegungen notwendig - und noch nach Jahren werden Sie neue und andere Vorurteile entdecken, die Ihr Kritikvermögen erheblich beschränken. Schon das ernsthafte und ehrliche Bemühen hat einen erheblichen kathartischen Effekt.
Nun sollten Sie keineswegs alle diese aufgefundenen Vorurteile ablegen und gar durch andere - etwa gegenteilige - ersetzen wollen. Sie sollten einige jedoch kritisch prüfen und *genau* bedenken, welche Folgen es für Sie und andere hätte, wenn Sie das eine oder andere aufgäben.
Gehen Sie bei Ihrer Suche von der Annahme aus, daß Sie wenigstens 100 Ihrer Vorurteile erkennen und prüfen können. Tatsächlich sind es erheblich mehr. Zu vielen ist Ihnen jedoch der Zugang verschlossen, weil psychische Abwehrmechanismen Sie daran hindern, sie sich bewußt zu machen.
Es gibt nun eine Reihe von Hilfen, die es uns erlauben, unseren Vorurteilen auf die Spur zu kommen. Einige will ich Ihnen nennen, weil sie sich in der psychologischen Praxis recht gut bewährt haben. Es geht zumeist darum, zunächst Abwehrreaktionen festzustellen, um dann ihre Auslöser kritisch zu prüfen. Sie können davon ausgehen, daß bei nahezu allen heftigen Abwehrreaktionen ein oder mehrere Vorurteile im Spiel sind. Was löst nun heftige Abwehrreaktionen aus? Was stärkt die Kritikfähigkeit?

- Lesen Sie regelmäßig Zeitungen, deren Grundtenor Ihrer Ansicht völlig widerspricht. Nehmen Sie das Gelesene ernst.
- Fordern Sie zur Kritik auf, selbst wenn Sie »Schlimmes« erwarten.
- Setzen Sie sich bewußt Situationen aus, die zu einem Ihnen nicht unbedingt schmeichelnden Feedback führen können.
- Fragen Sie sich, welchen Menschen, welche gesellschaftliche Gruppe, welche Partei, welche Ideologie... Sie am heftigsten ablehnen, und machen Sie sich mit deren wesentlichen Zielsetzungen vertraut.
- Halten Sie die Anordnungen, Gebote und Verbote, Anweisungen... niemals schon allein deshalb für vernünftig, weil sie von einer Autorität gegeben wurden, die Sie prinzipiell akzeptieren.
- Verschließen Sie sich jedem Prestigedenken – vor allem wenn es um Prestigekonsum geht. Erwerben Sie also niemals etwas, weil ein anderer es auch hat.
- Nehmen Sie sich gelegentlich vor, nichts anderes zu kaufen, als Sie vor Ihrem Kaufgang kaufen wollten – und befolgen Sie diesen Vorsatz.
- Vertrauen Sie Ihrem eigenen Urteil mehr als dem anderer – selbst wenn Sie sich gelegentlich täuschen.
- Halten Sie niemals Strafentlassene, Marxisten, Anarchisten, Hilfsarbeiter, Neger... (oder andere Menschengruppen, denen sie nicht zugehören) für minderwertiger oder moralisch verwerflicher als sich selbst.
- Akzeptieren Sie niemals eine Ideologie (Marxismus, Liberalismus, Christentum...) nur, weil sie Ihnen plausibel zu sein scheint. Plausibilität hat nichts mit Wahrheit zu tun.
- Wenn Sie einen Beweis fordern wollen, lassen Sie sich niemals von Ihrer Forderung abbringen und lassen Sie sich niemals durch Plausibilitätsargumente abspeisen.

Ein Teil dieser Verhaltensweisen wird weniger Ihre als die Vorurteilsstrukturen Ihrer Mitmenschen betreffen und zu erheblichen Abwehrreaktionen führen.

Lassen Sie sich niemals von vorurteilsbestimmter Abwehr anderer beeindrucken.

Das soll nicht heißen, daß Sie um jeden Preis den auf Widerstand beruhenden Konflikt mit Ihrer Mitwelt suchen sollen. Aber Sie dürfen ihm auch nicht ängstlich ausweichen – wie unter psychischem Zwang stehend. Sie sollen diese Hinweise zur Stärkung Ihrer Kritikfähigkeit stets befolgen *können*, ohne sie stets befolgen zu müssen oder auch nur befolgen zu wollen. Wie für die Anwendung aller sozial bezogener Trainingsmethoden gilt als oberste Regel:

Handeln Sie vernünftig!

Unvernünftig wäre es, ein Trainingsprogramm so durchzuführen, daß es dabei zu *destruktiven* Sozialkonflikten kommt oder daß Sie durch Ihr Verhalten einen Schaden erleiden, der deutlich größer ist als der Gewinn an Kritikfähigkeit und der damit verbundenen Stärkung Ihres (gesunden) Selbstbewußtseins.

b) Abwehr unerwünschter Außensteuerung

Kritikunfähigkeit und starke Außensteuerung haben zumeist die gleiche Ursache. Um unsere primäre Sozialisation (das ist unser kindliches Hineinwachsen in gesellschaftliche Struktur- und Interaktionszusammenhänge und das Erlernen elementarer Rollen durch die Übernahme bestimmter Normen und Regeln) zu erleichtern, hatten unsere »Erzieher« einen nahezu genialen, wenn auch pathogenen Einfall: Sie lehrten uns, Angst-, Schuld- und Unterlegenheitsgefühle zu haben, wenn wir den vermittelten Normen, den an uns herangetragenen Rollenerwartungen, nicht entsprachen oder die uns beigebrachten Kommunikationsmuster nicht beachteten. Zeigten wir solche Gefühle, fiel die Strafe für Übertretungen meist geringer aus. So wurden wir gleichsam darauf »konditioniert«, bei Übertretungen von Über-Ich-Imperativen oder auch späteren Anordnungen irgendwelcher Autoritäten oder bei Verletzungen der üblichen Interaktionsregeln ... Angst-, Schuld-, Scham-, Mindergefühle zu haben, selbst wenn keine Strafe mehr gemildert werden konnte oder sollte. Zusammen mit den »Normen« unseres Über-Ichs internalisierten wir die Emotionen, die mit Verstößen gegen diese Normen verbunden waren.

Die meisten psychisch Gesunden kennen Angst-, Schuld-, Scham-, Unterlegenheitsgefühle, die sie auch ohne jeden *objektiven* Grund überkommen. Der subjektive Grund liegt in der im Erziehungsprozeß eingebauten psychischen Instanz »Über-Ich«, das u. a. auch oft die Strafpraxis unserer primären Autoritätspersonen (Eltern zumeist) verewigt.

Um zu einem mündigen, autonomen (d. h. erwachsenen) Menschen zu werden, müssen wir uns von solchen, von jeder Realität abgezogenen und dennoch außerordentlich wirklichen und wirksamen Gefühlen emanzipieren. Zwar werden sie uns in Resten unser Leben lang begleiten, doch sie werden nicht mehr unser Verhalten bestimmen oder erzwingen. Es wird nicht mehr möglich sein, uns über diese Emotionen gegenüber Außensteuerung empfänglich zu machen (wie wir es einmal als Kinder recht wohl auch zu unserem Nutzen waren, obschon diese Sensibilität für Fremdsteuerungsversuche zumeist mit Mitteln erreicht wurde, die, obzwar vermutlich schon der pädagogischen Mottenkiste unserer äffischen Ahnen entstammend, keineswegs zu verantworten sind). Wir werden lernen, mit Ängsten, Scham, Schuld, Unterlegenheitsgefühlen zu leben, wenn es uns gelungen ist:

- ihre Intensität zu mindern, ihre Gründe zu durchschauen und
- unser Eigenwertgefühl und unsere Selbstsicherheit für höhere Werte zu halten als das Vermeiden solcher Emotionen.

Zunächst einmal soll sich jeder,

- der ein Übermaß an Außensteuerung vermeiden will und
- der die Schwelle der Negativemotionen, die sich im Fall des Über-Ich-Ungehorsams einzustellen pflegen, heben möchte,

über einige *Rechte* klar sein, die er unbedingt hat, wenn er sie auch nicht unbedingt ausüben wird (Klugheit!).

Dennoch wird der, der Selbstsicherheit und rechtes (nicht auf Kompensation beruhendes) Selbstbewußtsein und damit eine verstärkte

Eigensteuerung lernen möchte, einige dieser Rechte gelegentlich auch realisieren.
Anfangs sollte man sich die Situationen ausmalen, in denen die Rechte in Anspruch genommen werden sollen – im weiteren Trainingsverlauf wird man schon im rechten Augenblick auf die Notwendigkeit verwiesen werden, hier und jetzt von seinen Rechten als autonomer Mensch Gebrauch zu machen.
Welches sind nun diese Rechte, die jedem Erwachsenen zustehen und deren Durchsetzung er beherrschen soll (M. S. Smith)?

- **Sie allein haben das Recht, Ihre Gedanken, Vorstellungen, Wünsche, Interessen, Erwartungen, Bedürfnisse... (sittlich) zu bewerten, wenn Sie bereit sind, die aus diesen Gedanken... folgenden Handlungen zu verantworten.**

Umgekehrt: Niemand hat das Recht, Ihre Handlungen sittlich zu verurteilen, wenn Sie für die Handlungsfolgen einstehen. Geben Sie grundsätzlich niemandem das Recht, unaufgefordert Ihnen zu sagen, welche sittliche Qualität Ihr Handeln hat. Eltern mögen das Recht, vielleicht gar die Pflicht haben, das Verhalten ihrer Kinder sittlich zu werten. Erwachsene untereinander haben es nicht. Das Jesuswort: »Richtet nicht, damit ihr nicht gerichtet werdet!« (Mt 7,1) verbietet nicht nur das Richten, sondern gibt zugleich einem jeden das Recht, die Folgen dieses Verbots in Anspruch zu nehmen. Sicherlich wird damit nicht *jedes* Richten verboten. Bei zuständiger Kompetenz kann ein Richter feststellen, daß ein Verstoß gegen geltendes Recht vorliegt, und gegebenenfalls dafür strafen. Ein Vorgesetzter kann einem Mitarbeiter durchaus deutlich machen, daß bestimmte Verhaltensweisen gegen Bestimmungen, Usancen... verstoßen, daß sein Verhalten, sein Entscheiden technisch falsch oder unangebracht waren...
Aber das Recht, über die *sittliche* Qualität einer Handlung anderer zu richten, hat kein Mensch. **Sie sollen das Recht, fremdes Verhalten sittlich zu werten, auch nicht für sich in Anspruch nehmen!**

- **Sie haben das Recht, sich nicht zu rechtfertigen oder zu entschuldigen, wenn Sie es nicht wollen.**

Als Kindern hat man uns die Pflicht zur Erklärung und Entschuldigung eingebleut. Die Verweigerung beider wurde meist negativ sanktioniert, die Verwendung beider meist belohnt. Man lehrte uns, daß Entschuldigen oft Straffreiheit oder doch Strafmilderung bedeutet und somit Angst und Schuldgefühle mindert. Man lehrte uns, daß man vieles tun und sagen kann, wenn man es nur zu rechtfertigen weiß. Kinder haben oft den Eindruck, daß Erwachsene nahezu alles dürfen, wenn sie nur zureichende Rechtfertigungsgründe anführen. So lernten wir, uns über Vorbild und Sanktionsmechanismen zu rechtfertigen, selbst wenn eine Rechtfertigung völlig unangebracht ist. Wir entschuldigen uns für die läppischsten Dinge (etwa, wenn wir versehentlich einen Menschen berühren, wenn wir unser Recht auf freie Meinungsäußerung gebrauchen...), nur um den anderen zu beschwichtigen, seine Aggressivität zu dämpfen, weil wir vor ihm und seinen Reaktionen (meist völlig unangebrachte) Angst haben.
Sicherlich sollte man die Kunst der Erklärung und Entschuldigung beherrschen. So ist Entschuldigung stets angebracht, wenn man einem Menschen in Wort oder Tat Unrecht tat. So ist Erklärung durchaus angebracht, wenn man damit unnötige Konflikte vermeiden oder einen Menschen überzeugen will. Aber der Zwang, beides in völlig überflüssigen Situationen tun zu müssen, um sich seiner Angst-, Schuldgefühle, Scham oder Unterlegenheitsgefühle zu beheben, ist eines autonomen erwachsenen Menschen unwürdig. Rechtfertigen oder entschuldigen Sie sich also nur, wenn Sie es für richtig halten. Versuchen Sie ganz allgemein, spontane Rechtfertigungen und Entschuldigungen zu reduzieren und diese Bereiche reflektiert zu entwickeln.

- **Sie haben das Recht, Ihre eigenen Angelegenheiten für wichtiger zu halten als die anderer Menschen oder Institutionen.**

Es geht hier nicht darum, Egoismus oder Egozentrik das Wort zu reden. Das hier formulierte Recht steht auch keineswegs im Widerspruch zum Postulat der Alterozentrik der Dialektik. Gemeint ist vielmehr die Wahrnehmung eines Rechts, das uns als kleinen Kindern zumeist verweigert wurde: das Recht, die eigenen Bedürfnisse nicht zu unterdrücken, selbst wenn eine unwillige Reaktion der Mitwelt vermutet wird. Als Kinder lernten wir unsere eigenen Wünsche, Interessen, Bedürfnisse zu verleugnen, wenn sie mit denen der Erwachsenen kollidierten. Es gilt das kindliche Mindergefühl abzubauen, das die Entscheidung für die eigenen Bedürfnisse im Bedürfniskonflikt mit anderen durch Schuldgefühle bestraft.

Nicht wenige Menschen sind kaum in der Lage, eine Bitte abzuschlagen, obschon deren Erfüllung den eigenen Bedürfnissen entgegensteht. Sie reagieren, wie sie es als Kinder gelernt haben: Entweder folgen sie mehr oder weniger unwillig, oder sie verweigern die Erfüllung und haben Schuldgefühle. Zumeist verbindet sich damit noch die Angst um Verlust von Hochschätzung, von Freundschaft... Also eine Pluralität infantiler Reaktionen. Die wenigsten wissen, daß ein vernünftiger Mensch ebenso die Fremdwünsche und -bedürfnisse respektiert wie sie selbst. Warum respektieren Sie zumeist sehr viel leichter eine Abweisung Ihrer Einladung (»Ich habe heute abend keine Lust. Ich möchte mit mir allein sein!«), als daß Sie den Mut haben, sie selbst auszusprechen?

Nun, vielleicht ist das bei Ihnen nicht so. Dann haben Sie zumindest die erste Stufe der Emanzipation erklommen. Aber vielen, allzu vielen Menschen geht das so. Sie müssen lernen, nein zu sagen, wenn aus irgendwelchen nichtigen Gründen eine Bitte, ein Wunsch, eine Empfehlung... an Sie herangetragen wird, die zu erfüllen Sie keine Lust haben. Und Sie müssen lernen, Ihr Nein richtig und wahr zu begründen – ohne faule Ausreden. Wenn man zu etwas keine Lust hat, soll man den Mut haben, es zu sagen, und sich nicht der Strafen erinnern (meist werden sie unbewußt repräsentiert und wirksam), die man als Kind auf solche Weigerungen zu befürchten hatte. Man wird lernen müssen, nicht falsche Entschuldigungen zu suchen und zu sagen.

Sicher gilt auch für die Realisierung dieses Rechtes die höhere Regel der Klugheit. Aber man sollte nicht immer allzu klug sein wollen. In meiner Praxis habe ich es verschiedentlich erlebt, daß Menschen, die den Mut fanden, solch meist unerhebliche Bitten abzuschlagen, zumindest vorübergehend nicht etwa von Schuldgefühlen geplagt wurden, sondern eine eigenartige, selten erlebte Hochstimmung des Sieges, des Selbstwerts, der Selbständigkeit und Autonomie die psychische Grundstimmung ausmachte.

Der Mut, »nein« zu sagen gegenüber den Erwartungen und Wünschen anderer, der Mut, sich anders zu kleiden als »man« es erwartet, weil man sich in dieser »anderen« Kleidung wohler fühlt, den Mut, anders zu denken, als man es von Ihnen erwartet, weil solches Denken Ihren Wünschen und Bedürfnissen besser entspricht . . ., solchen Mut muß man lernen. Er ist uns in unserer Kinderzeit gründlich ausgetrieben worden.

Haben Sie Mut, Ihre eigenen Bedürfnisse wahrzunehmen, ernst zu nehmen und falschen Großmut zu verlernen.

Solcher Großmut ist ein Zeichen von Schwäche. Gutmütigkeit ist, im Gegensatz zur Güte, keineswegs das Zeichen eines optimal gebildeten Charakters. Oft signalisiert sie vielmehr Charakterschwäche.

Besonders blödsinnig kann solcher Großmut werden, wenn er nicht einzelnen Personen gilt, sondern Institutionen, deren positiv emotionale Besetzung man uns von Kind an eingebleut hat. So kann es zu geradezu perversen Mandaten des Typs kommen:

- Gemeinnutz geht vor Eigennutz,
- Süß und ehrenvoll ist es, für das Vaterland zu sterben (Horaz).

Dabei sollte jeder nicht gerade zu kollektivistischen Ideologien tendierende Mensch wissen, daß es darauf ankommt, Gemein- und Eigennutz in Balance zu halten und keinen von beiden absolut zu setzen. Auch das Sterben fürs Vaterland kann nur für den süß sein, für den das Sterben überhaupt eine süße Sache ist. Menschen aber, die in ihr eigenes Sterben verliebt sind, sollten sich auf eine schizoide Störung hin prüfen lassen, wenn es sich nicht gerade um einen depressiven Anfall handelt. Da macht das Sterben für das Vaterland gar keine Ausnahme. Es fällt mir schwer, einzusehen, daß der Tod

auf dem Schlachtfeld irgendwie ehrenvoller sein sollte als der unter dem Messer eines Chirurgen.
Wenn Sie anderer Meinung sind, sollten Sie durchaus einmal prüfen, woher Sie eigentlich wissen, daß das eine Sterben süßer ist als das andere.

- **Sie haben das Recht, Ihre Meinung zu ändern, ohne irgendwelche Gründe dafür anzugeben.**

Von Konrad Adenauer wird der klassische Satz überliefert: »Was kümmert mich mein dummes Geschwätz von gestern!« Genau diese Haltung ist hier angesprochen. Auch Sie haben ein Recht darauf. Als Kinder lehrte man uns, daß man seine Meinung nur ändern dürfe, wenn man zugleich lange Begründungsketten, die hieb- und stichfest sein sollen, mitliefert. Nach außen hin unbegründeter Meinungswechsel wurde identifiziert mit unbegründetem Meinungswechsel schlechthin. So brachte man uns dazu, es für charaktervoll zu halten, seine Meinung möglichst selten zu wechseln – wenn es aber doch einmal zu einem solch peinlichen Vorfall kommen sollte, sei man es »den anderen« schuldig, sich auch zureichend zu erklären. Wer das nicht tat, sank mit Sicherheit in der sozialen Wertschätzung rapide ab. Das kann sicherlich auch noch in der Erwachsenenwelt geschehen, deren Funktionieren in concreto oft darauf beruht, daß die meisten ihrer Mitglieder sich nach wie vor infantil verhalten und jede Form von Emanzipation und Autonomie als asozial verketzern.
Dabei wird ein autonomer Mensch verstehen, daß ein anderer seinen Meinungswechsel nicht begründet oder die Frage nach einer Begründung à la Adenauer abweist (oder höflicher: »Ich habe halt meine Ansicht in dem und dem Punkt geändert!«).

- **Sie haben das Recht, sich neu zu entscheiden, ohne sich zu rechtfertigen.**

Es scheint eine der Grundstützen einer infantilen Gesellschaft zu sein, daß der Gebrauch dieses Rechtes meist negativ sanktioniert wird. Das Recht, sich neu zu entscheiden, etwa weil die Bedürfnis-, die Erkenntnis-, die Mitweltsituation sich geändert haben, ist nur theoretisch in einem demokratischen System nicht bestritten. Das ändert aber nichts daran, daß nicht wenige eine Rechtfertigung für eine neue Entscheidung erwarten, vor allem, wenn sie auch andere Menschen betrifft. In diesem Fall wird zwar oft eine Erklärung (das ist keineswegs dasselbe wie eine Rechtfertigung) angebracht sein können. In allen anderen Fällen aber sollte man sich in der Trainingsphase jeder Rechtfertigung enthalten, damit endlich Rechtfertigungszwänge überwunden werden. Die infantile Angst, Zuwendung zu verlieren, wenn man neue Entscheidungen (vor allem, wenn sie alte außer Kraft setzen) nicht rechtfertigt, steckt vielen von uns tief in den Knochen. Sie ist im Regelfall völlig unangebracht. Sicherlich gibt es Situationen, in denen es verboten sein kann, dieses Recht zu realisieren – wenn etwa der andere einen Rechtsanspruch auf Rechtfertigung haben sollte. Solche Rechtskollisionen zwischen einem Persönlichkeitsrecht und dem Gesetz sind jedoch seltener, als viele meinen.

- **Sie haben das Recht, Fehler zu machen und sich für nicht schuldig zu halten, wenn Sie bereit sind, die Verantwortung für die Fehler zu übernehmen.**

Auch dieses Recht ist uns zumeist in der Kindheit nicht nur verweigert, sondern auch abdressiert worden, so daß wir uns schuldig oder ängstlich oder beschämt oder minderwertig fühlen, wenn wir einen Fehler gemacht haben. Für solche Gefühle besteht selten Anlaß. Zwar vermeinten einmal unsere Erzieher, daß sie uns mit dem Einflößen solcher Gefühle dazu bringen können, Fehler (genauer: das, was sie für Fehler hielten) zu vermeiden oder zu korrigieren – und das meist mit einigem Erfolg. Doch die damit besorgte Überanpassung, die kaum eine größere Angst kennt, als irgendwo irgendeinen Fehler zu machen, ist nichts anderes als das Fortbestehen der elterlichen Tyrannis, wie sie uns unser Über-Ich zeitlebens zu konservieren versucht. *Nichts gegen* eine starke Über-Ich-Steuerung. Sie hilft uns in normierten und gewöhnlichen sozialen Situationen und Konflikten zu sinnvollem Verhalten, ohne dabei einen erheblichen psychischen Aufwand treiben zu müssen, wie er mit einem Rückbezug auf die Ichstruktur oft gegeben ist. *Alles aber gegen* eine tyrannische Über-Ich-Struktur, die eine kritische Gegenposition nahezu unmöglich macht und die die *strafenden* Eltern repräsentiert und gegenwärtig hält.

Nun hat Schuld nichts mit Fehlern zu tun. Diese beiden Sachverhalte aneinander zu koppeln ist einer der berühmtesten demagogischen Kunstgriffe, die wir kennen. Und viele Eltern scheinen nicht Pädagogen, sondern Demagogen zu sein, wenn es ihnen nur gelingt, damit ihr Ziel zu erreichen, einen angepaßten, »brauchbaren« Menschen nach ihrem Bild und Gleichnis zu züchten. Die prometheische Versuchung ist nach wie vor oft das Grundübel praktizierter Erziehung:

> Hier sitze ich, forme Menschen nach meinem Bilde,
> Ein Geschlecht, das mir gleich sei
> Zu leiden, zu weinen und zu freuen sich ...

Die Reproduktion der Erziehungsziele und -inhalte ist der sicherste Garant für die Stabilität gesellschaftlicher Strukturen, die zunehmend mehr jeder geplanten und verantworteten Entwicklung unfähiger werden. Zwar rebellieren in Pubertät und Adoleszenz nicht wenige junge Menschen gegen solche Übel – doch stehen sie selbst einmal in elterlicher Erziehungsverantwortung, greifen sie auf das ihnen bekannte Repertoire zurück.

Schuldig kann man – wenn das Wort irgendwie ethisch verstanden wird – nur sein, wenn man den Fehler grob fahrlässig oder bösartig gegen besseres Wissen beging, um Schaden zu stiften. Solche Fehler sind aber recht selten. Ich kann mich nicht entsinnen, in den letzten Jahrzehnten so gefehlt zu haben. Dennoch stellen sich bei mir gelegentlich Schuldgefühle ein, weil ich etwas falsch gemacht habe, ohne es zu wollen. Ich denke, Ihnen geht es mitunter ähnlich. Das ist ein Beweis dafür, daß es mit unserer Autonomie, unserem Erwachsensein noch nicht allzuweit her ist. Zwar pflegt das Über-Ich Ungehorsam gegen seine Anordnungen und Weisungen mit solchen Schuldgefühlen zu ahnden – und das Über-Ich soll keineswegs totgeschlagen werden –, doch sollte es nach den Regeln der Lernpsychologie möglich sein, die fatale Bindung: Fehlermachen –

Schuldgefühl abzubauen. Mir ist es für mich noch nicht gelungen. Vielleicht haben Sie besseren Erfolg.
Zunächst kommt es einmal darauf an, Schuldgefühl nicht mit Schuld oder Schuldbewußtsein zu verwechseln. Der Begriff »Schuld« sollte nur verwandt werden, wenn es sich um objektive Vergehen handelt. Schuldbewußtsein ist angebracht als Reaktion auf solch objektives Schuldigsein. Letztlich aber gibt es für jeden Menschen nur einen Typ von (sittlicher) Schuld: das Sichversagen gegenüber den Inhalten und Forderungen des eigenen Lebensentwurfs. Solches Versagen kann unmittelbar, aber auch mittelbar geschehen. Nur wenn ich ich-ungehorsam bin, kann ich schuldig werden.
Sicherlich ist auch zu fragen, in welcher Sphäre Schuld denn eigentlich spielt: in der der Wirklichkeit oder in der der Realität. Pseudoschuld, die zu bloßem Schuldgefühl führt, ist sicher immer Schuld und Versagen gegenüber den Ansprüchen der Wirklichkeit. Weil wirklich das ist, was wirkt, ist es falsch, solche Schuld zu verniedlichen oder zu verharmlosen. Es kann durchaus subjektiv sittliche Schuld gegeben sein. Objektives Schuldigwerden muß dagegen stets einen grundsätzlichen Bezug zur Realität haben. Deshalb sind meines Erachtens Menschen mit starker Realitätsablösung auch kaum objektiv schuldig, wenngleich sie nicht selten von starken Schuldgefühlen geplagt werden. Und das zu Recht. Sie machen den einzigen Fehler, für den die Schuldbindung angebracht zu sein scheint. Sie mühen sich nicht, aus dem Getto ihrer Vorurteile auszubrechen, und beharren darauf, Wirklichkeit sei Realität, Sicherheit sei Wahrheitskriterium.
Kann man aber nicht doch schuldig werden, wenn man aus Fehlern nichts lernt? Man kann. Ich vermute, ein solcher Mensch nimmt es nicht ernst mit dem Verfolgen seines Lebensentwurfs. Andererseits werden Wiederholungsfehler meist nicht mit Schuldgefühlen, sondern eher mit Scham- oder Unterlegenheitsgefühlen bestraft. Das »Du sollst dich was schämen« ist seit unserer Kindheit tief in unsere Psyche eingegraben – vor allem, wenn wir als Kinder zu »Wiederholungstätern« wurden. Diese Scham transponieren wir auch auf ana-

loges Erwachsenenverhalten. Dabei wäre Schuldbewußtsein mitunter durchaus angemessener. Doch wer gibt sich schon Mühe, seinen Lebensentwurf zu finden und zu realisieren? Das aber ist doch wohl die Voraussetzung, sich ihm freiwillig versagen zu können.
Doch objektiv schuldig kann man auch durchaus werden, wenn man nicht bereit ist, für die Folgen seiner Fehler einzustehen. Nicht wenige Menschen neigen dazu, Fehler zu vertuschen, wenn es unauffällig möglich ist. Das signalisiert oft einen schwerwiegenden Charakterfehler. Auch hier wieder ein durchaus regressives Verhalten. Um der Strafe, dem Schuldspruch zu entgehen, wurden wir gezwungen, Fehler entweder zu vertuschen oder abzuleugnen. Daß man uns damit zu allem anderen als zu ehrlichen und mündigen Menschen erzog, wird unseren Eltern und Lehrern kaum klargeworden sein. Und wenn es ihnen klar war, haben sie sich – den Weg des geringsten Widerstandes gehend – nicht darum gekümmert. Der Versuch, Fehler zu vertuschen, zu verschleiern oder abzuleugnen, wenn keine Gefahr der Entdeckung erkannt wird, macht nicht selten menschliches Beisammen schwer. Es ist hier keineswegs jener »bedingungslosen Offenheit« das Wort geredet, die jedes Fehlverhalten mehr oder weniger öffentlich preisgibt. Das wäre oft sehr unklug. Jeder hat das Recht, seine Privatsphäre zu schützen. Hier geht es nicht um den Schutz der privaten Bereiche, sondern um den der sozialen und öffentlichen.

- **Sie haben das Recht, eine Frage nicht zu beantworten.**

Kinder lehrt man, daß sie Fragen, die ihnen Erwachsene stellen, zu beantworten haben. Verweigert ein Kind eine Antwort, hat es mit Strafen zu rechnen. Solches pädagogisches Fehlverhalten kann sich verdichten zu einer Praxis, die mit der Phrase: »Kinder sprechen nur, wenn sie gefragt werden!« charakterisiert werden kann. Es gibt auch durchaus noch vereinzelt Vorgesetzte, die es vorziehen würden, wenn – der Routinefall vorausgesetzt – ihre Mitarbeiter nur zu ihnen sprechen würden, wenn sie gefragt werden.
Während die Antwortverweigerung für ein Kind meist streng verboten wird, sollte sie einem Erwachsenen als eine Möglichkeit, auf eine

Frage zu reagieren, durchaus geläufig sein. Doch das ist nicht immer so. Aufgrund kindlicher Erfahrungen führen unbeantwortete offene Fragen zu einem Psychostreß, den viele deutlich erleben und wenige gelassen durchstehen können. Es kommt nun darauf an, diesen Psychostreß soweit als möglich abzubauen. Zwar kennt nahezu jedes Über-Ich den Imperativ: »Fragen müssen beantwortet werden!«, doch läßt sich zumindest die Angst vor den Folgen der Antwortverweigerung erheblich senken, wenn man einmal über einige Zeit hin trainiert, Fragen, die man nicht gerne beantworten möchte, nicht zu beantworten.

- Fragen, die aus Neugier gestellt werden, und deren Antwort den Fragenden nichts angeht.
- Fragen, die private Inhalte betreffen, die man schützen sollte.
- Fragen, die uns in Verlegenheit bringen.
- Fragen, auf die wir im Augenblick keine entsprechende Antwort wissen.

Während der Trainingsphase können Sie davon ausgehen, daß etwa 50 % der Fragen, die Ihnen im nichtdienstlichen Bereich gestellt werden, zu dieser Kategorie gehören. Trainingsmöglichkeiten gibt es also genug.
Wie aber reagiert man auf solche Fragen? Man mag etwa antworten:

- Darauf möchte ich nichts antworten.
- Das weiß ich nicht (genau).
- Darüber will ich nicht sprechen.
- Das ist meine private Angelegenheit.
- Das geht Sie nichts an.
- Da dürfen Sie nicht mich fragen.
- Darauf kann ich Ihnen keine Antwort geben.
- Seien Sie nicht so neugierig.

Wichtig ist, daß die Reaktion möglichst auch zu Ihren »normalen« Verhaltensmustern paßt. Nicht jeder kann jede Abwehr in gleicher Weise verwenden. Zusätzlich trainieren sollen Sie aber auch die

Abwehr unliebsamer Fragen durch die Technik der offenen oder verschleierten Gegenfrage. Nicht zu empfehlen sind – zumindest in der Trainingsphase nichtausweichende Antworten, da sie durchaus zum kindlichen Abwehrrepertoire gehören, das Sie ja gerade ablegen wollen. Unrichtige Antworten sind zudem ethisch nur zu vertreten, wenn man ein höheres sittliches Gut als das der Wahrhaftigkeit nur so verteidigen kann (etwa eigene oder fremde Geheimnisse). Es handelt sich dann keinesfalls um »Lügen«.

Andererseits sollen Sie sich auch abgewöhnen, Fragen zu stellen, deren Beantwortung dem anderen peinlich oder unangenehm ist und Sie nichts angeht. Bloß neugierige Schwätzer neigen dazu.

Vor allem Unwissenheit sollte Sie niemals dazu verleiten, eine Frage dennoch zu beantworten, obschon Sie sich der Stimmigkeit der Antwort keineswegs sicher sind. Mit solchen Antworten ist schon viel Schaden gestiftet worden, obschon der Antwortende sittlich durchaus schuldlos war. Der ihm andressierte Antwortzwang war so stark, daß er nicht mehr in der Lage war, eine Vermutung als Vermutung zu etikettieren oder sein Unwissen zuzugeben.

Wenn Sie ein Kind im »Trotzalter« beobachten, werden Sie feststellen, daß es ganz lakonisch und kompromißlos »nein« sagt, wenn ihm etwas nicht paßt. Die Erwachsenen halten das natürlich für unpassend und sprechen von Trotzen (etwas durchaus Negativem). Ein Kind in diesem Alter spielt aber seine sozialen Möglichkeiten durch. Dazu gehört auch das einfache »Nein!«. Erst langfristige Erziehungs-(sprich Bestrafungs-)prozesse bringen es zum Lügen. Es wird dressiert, etwas anders zu antworten, wenn es »nein« meint. Warum das so ist, kann kaum erklärt werden, denn in der Verweigerung des Ja im Nein liegt, wenn es ernst gemeint ist, keinerlei soziale Gefahr. Eher im Gegenteil.

Nun haben also die meisten Erwachsenen es verlernt, »nein« zu sagen, ohne dabei Schuld-, Angst- oder Schamgefühle zu entwikkeln. Diese Fähigkeit muß also wieder neu trainiert werden. Daß sie durchaus menschlich ist, mag das Verhalten nicht verzogener Kinder zeigen. Daß sie sozial irgendwie schädlich ist, bedarf eines Beweises.

Es kann im Einzelfall angebracht sein, eine negative Antwort in eine Klausel zu verpacken – zugegeben. Doch die Regel muß das nicht sein. In meinen Trainingsseminaren habe ich es bislang noch niemals erlebt, daß es ein Teilnehmer bei einem einfachen »Nein« bewenden ließ. Wenn er schon den Mut aufbrachte, »nein« zu sagen, ließ er stets eine Erklärung folgen. Infantile Zwänge auch hier – selbst in gespielten Situationen.

- **Sie haben das Recht, sich vom guten Willen anderer unabhängig zu machen, ehe Sie sich näher mit ihnen einlassen.**

Das Verwiesensein auf den guten Willen ist ebenfalls ein Inhalt, den man Kindern in Elternhaus und Schule einbleut. »Wenn wir dir nicht gut wollen, dann bist du aufgeschmissen!« lautet eine so oder ähnlich formulierte pseudopädagogische Formel. Die Folge: Wir versuchen erst den guten Willen eines Menschen herauszufinden oder herzustellen, ehe wir uns in irgendeiner Weise mit ihm einlassen und so – wie wir vermuten – von ihm abhängig werden. Soziales Sich-aufeinander-Einlassen wird heute noch oft als eine Art des Sich-in-Abhängigkeit-Begebens verstanden. Und Abhängigkeitsverhältnisse sind nur dann für uns von Nutzen – so lehrte uns unsere frühkindliche Erfahrung –, wenn der andere uns gut ist.
Diese Erfahrung ist in die Erwachsenenwelt nicht übertragbar. Im Gegenteil, wer soziale Beziehung auf der Ebene des »Einander-gut-Seins« aufbaut (Ehe, Kameradschaft und ähnliche primäre Gruppen sind hier nicht jemand), wird früher oder später enttäuscht sein. Freundschaft und Geschäft vertragen sich nicht, weiß schon eine alte Volksweisheit, die nicht schon deshalb falsch ist, weil nicht von der modernen Sozialpsychologie entdeckt.
Es empfiehlt sich dringend, in allen geschäftlichen Situationen die emotionale Unabhängigkeit beider Partner zu wahren. Darüber hinaus sollte man eher, ehe man in geschäftliche (oder sowie geartete nichtprivate) Beziehungen mit irgendeinem potentiellen oder realen Verpflichtungscharakter eintritt, die emotionale Bindung lokkern, um sich von ihr unabhängig zu halten. Geschieht das nicht, kommt es nicht selten zu erheblichen psychischen Belastungen, da

wir aus unserer Kindheit »wissen«, daß man einen Menschen, der einem gut ist, nicht hart, nicht einmal gerecht und Gerechtigkeit fordernd (eventuell gar mit Rechtsmitteln einfordernd) angehen darf. Neben den sich einstellenden Schuld-, Angst- und Schamgefühlen kann zudem aus solchen nicht auf der Ebene emotionaler Unabhängigkeit aufgebauten geschäftlichen oder dienstlichen Verhältnissen eine lebenslange Feindschaft werden, wenn die Partner (beide!) nicht die Techniken der sozialen Konfliktbewältigung beherrschen. Das aber ist recht selten.

Ist der geschäftliche oder dienstliche Vorgang *endgültig* zu beider vollen Zufriedenheit abgeschlossen, kann man sich durchaus um eine emotionale Bindung bemühen.

Doch noch ein Zweites ist hier zu erwähnen. Nicht wenige Menschen identifizieren soziale Bindung mit emotionaler Abhängigkeit. Das gilt für die Zwangsbindungen (Kinder – Eltern, Staat – Bürger, Vorgesetzter –Untergebener, Lehrer – Schüler) schon nur sehr viel beschränkter, als die meisten Menschen annehmen. Gar nicht gültig aber sollte diese Kopplung sein, wenn es sich um freie Bindungen handelt.

Damit ist das sog. »Paradox der Autonomie« formuliert:

Sie werden nie voll akzeptiert werden, wenn Sie nicht bereit sind, das Risiko zu tragen, abgelehnt zu werden.

Autonomie ist nur dann möglich, wenn man sich nicht schon im vorhinein um jene Streicheleinheiten kümmert, die man erhalten oder auch nicht erhalten könnte.

Man kann durchaus um Autonomie und das Vermögen, sie menschlich zu füllen, beten. Wenn Sie nicht mehr religiös beten können, mag Ihnen das »Gestaltgebet« von Fritz Perls helfen:

> »Ich lebe mein Leben und Du lebst Dein Leben,
> ich bin nicht auf der Welt, um Deine Erwartungen zu erfüllen,
> und Du bist nicht hier, um Dich nach mir zu richten.
> Du bist Du selbst und ich bin ich.
> Sollten wir einander begegnen, so ist es schön -
> wenn nicht, so kann man es nicht ändern.«

Wer so wahrhaftig sprechen kann, wird das in diesem Abschnitt vorgestellte Trainingsprogramm ruhig anderen überlassen. Es ist

nicht für ihn geschrieben. Wer dieses »Gebet« für sich erfüllt sieht, wird darum wissen, daß Zuwendung am ehesten erlangt wird, wenn man sich nicht von vorhinein darum müht.
Natürlich ist es leicht, von unkritischen Mitmenschen Streicheleinheiten zu beziehen. Man muß nur recht nachgeben, selbst möglichst viele glaubwürdige austeilen, allgemein: einen guten Eindruck machen, dann wird man schon bald sein Eigenbedürfnis an Streicheleinheiten gestillt erhalten. »Er ist ein netter Kerl«, werden alle sagen, »aber führen kann er nicht.«
Es wäre selbstverständlich verfehlt, wenn man die Basisrolle »Erwachsener« immer spielen *müßte*. Jeder Mensch wird auch die Unmittelbarkeit der Kindrolle und die Leitung der Elternrolle gelegentlich übernehmen. Aber er muß die Erwachsenenrolle beherrschen können, und darf nicht in jeder Schwierigkeit in Kind- oder Elternrolle schlüpfen müssen. Wenn Sie auf die Dauer die Achtung vor sich selbst aufbauen und entwickeln wollen (Grundlagen für Selbstsicherheit und Selbstverwirklichung), dann gilt auch für Sie das Gebot:
Tun Sie niemals etwas ausschließlich, um sich beliebt zu machen.
Handeln Sie mitunter durchaus so, daß Sie sich sagen können: Hier kommt es nicht darauf an, ob ich mich beliebt oder unbeliebt mache. Ich tue es, weil ich es für richtig halte.

- **Sie haben das Recht, »logische Argumente« abzulehnen, wenn es um die Lösung Ihrer eigenen Probleme geht.**

Als Kinder hat man uns gelehrt, daß Denken logisch sein müsse, um »richtig« zu sein. Das stimmt nicht. Die wichtigsten Dinge des Menschen wie Liebe und Haß, Freude und Leid, Hoffnung und Verzweiflung ... haben gar nichts mit Logik zu tun und sind auch nicht durch noch so logisch stimmige Argumente erheblich zu beeinflussen. Mit logischen Argumenten können Sie einen Menschen überzeugen, der sich noch keine Meinung bildete oder seine Meinung noch nicht an eine Emotion gebunden hat (was meist sehr bald nach einer Entscheidung geschieht). Einen Menschen, der unter dem Primat emotionaler Ansprüche steht, kann man nur auf der Ebene der Emotionalität begegnen - vielleicht auch überzeugen. Niemals aber über Logik. »Das ist doch logisch!« heißt einer der beliebten Erzieherausreden, wenn sie zur Sache nichts mehr sagen können oder wollen. Da die Ehrfurcht gegenüber der Logik (oder das, was man dafür auszugeben pflegt) meist recht groß ist, ist die Abwehr »logischer Argumente« in emotionalen Situationen keineswegs einfach. Manche Menschen lassen sich in sinnlose rationale Diskussionen ein, die - wenn überhaupt - nur scheinbar die Sache, den Konflikt... treffen. Versuchen Sie also selbst niemals eine Konfliktsituation mit bloß logischen Argumenten zu entschärfen! Versuchen Sie niemals, einen emotional stark beanspruchten Menschen mit den Mitteln der Logik umzustimmen (etwa einen Trauernden mit Vernunftgründen zu trösten, einem Liebenden seine Liebe auszureden...). Lassen Sie aber auch nicht zu, daß andere solches Spiel mit Ihnen treiben.

Im Bereich Ihrer Emotionalität, ja in allen Bereichen, die andere Menschen nichts angehen, haben Sie das Recht, sich unlogisch zu verhalten und sich gegen jede logische Argumentation zu wehren. Diese Abwehr ist deshalb empfehlenswert, weil am Ende solcher logischen Gespräche oder Diskussionen beide Partner frustriert sind. Der eine, weil er keinen Erfolg hatte, der andere, weil er sich mißverstanden, belästigt oder unerwünscht in eine Kindrolle gedrängt sah. Erwachsene pflegen sich nämlich gegenüber Kindern (Vorgesetzte gegenüber Untergebenen, Mächtige gegenüber Untertanen...) auf die Logik ihrer Rede zu berufen, um ihr den Schein des Erhabenen und Unangreifbaren zu geben.

Das darf nun nicht heißen, daß Sie die Logik verachten sollen. Sie hat in der Informationsweitergabe und -verarbeitung ganz bedeutende Funktionen und ist eine Hilfswissenschaft der Überzeugungsdialektik. Die einwandfreie logische Form eines Arguments *kann* die Plausibilität des vorgetragenen Sachverhalts ganz erheblich erhöhen. Aber im Kommunikationsbereich hat Logik keine hoch zu qualifizierende Funktion.

Logik ist immer unwesentlich, wenn es um bloße Kommunikation, um Emotionalität oder um Vorurteile geht. Sie kann jedoch erhebliche und gute Dienstfunktion leisten in den Bereichen, in denen überzeugende Informationsvermittlung wichtig ist. Falsch ist es, die Logik gleichsam als Herrscherin über alle menschlichen Vollzüge zu erheben, wie es der Rationalismus einmal wollte. Seit wir aber wissen, daß im Handlungsbegründungsbereich eines Menschen die Ratio nur eine sekundäre Rolle spielt (sie kommt nicht einmal gegen Bedürfnisse und Erwartungen, erst recht nicht gegen Emotionen und Vorurteile an), werden wir uns hüten, die Rolle der Logik überzubetonen.

- **Sie haben das Recht, auf Ansprüche oder Bedürfnisse anderer Menschen nicht zu reagieren.**

Ein »gutes Kind« würde so etwas natürlich nicht zu tun wagen. Es versucht, anderen ihre Bedürfnisse und Wünsche von den Augen abzulesen und zu erfüllen. Zwar wird der sozial sensible Erwachsene ebenfalls Bedürfnisse, Erwartungen und Wünsche anderer bald erkennen – aber er wird sich nicht automatisch auf sie einlassen. Und er wird sich weder ängstlich noch schuldig fühlen, wenn er sich ihnen verweigert. Die wichtigsten Verweigerungsgründe sind Interessenkollisionen. Im Konfliktfall zwischen eigenen und fremden Erwartungen, Wünschen, Bedürfnissen, kann man sich – Vergleichbarkeit sei hier einmal vorausgesetzt – völlig frei sowohl für den Primat der eigenen oder der fremden entscheiden.

Nicht selten fühlen sich Menschen schuldig, wenn sie nicht »helfen«, d. h. Fremdansprüche und -bedürfnisse nicht »zureichend« berücksichtigten. Sie haben Probleme mit dem »Zureichend«. Nicht selten fragen sie sich halb bewußt: »Was würde ein gutes Kind hier tun? – Was die Mutter wünschen?« Solche Fragen sind im allgemeinen töricht, es sei denn, man wolle über diese Fragen das Verstehen der Mutter prüfen.

Dieses Schuldgefühl kann sogar so ausgeprägt sein, daß es zu Zwangshandlungen kommt, um dem »Schuldigwerden« auszuweichen. Man macht einen Bogen um Bettler, Hilfsbedürftige ... Es ist mitunter erheiternd zu sehen, wie erwachsene Männer unruhig werden, wenn sie in der Bahn eine Frau stehen sehen, obschon sie selbst vielleicht total erschöpft sind. Ihr Über-Ich befiehlt ihnen: »Steht eine Frau, dann hast du deinen Sitzplatz anzubieten!« Ein solcher Befehl ist an sich völlig blödsinnig. Der Erschöpftere sollte sitzen. Dennoch gibt es nicht wenige Frauen, die an dieses latente oder offene Schuldgefühl bei Männern appellieren, indem sie sich einen solch unsicheren Kandidaten aussuchen und sich genau in seinem Blickfeld postieren. Es lohnt sich, einmal über dieses Thema nachzusinnen: Der allgemeineren Überzeugung nach leben wir in einer Männergesellschaft. Sollten sich die Männer wegen ihrer Dominanzrolle schuldig fühlen, und dieser Schuldgefühle wegen Frauen die merkwürdigsten Privilegien einräumen, solange sie nichts mit Führen zu tun haben? Ich habe den Eindruck, daß manche Mütter die Rolle »kleiner Kavalier« bei Jungen verstärken, weil sie ihrem Geschlecht damit einen Dienst erweisen: Schuldgefühle bei dem, der sich nicht dem Comment fügt.

Sicher ist die Mutter-Sohn-Bindung für die Intensität des Mühens, Fremdbedürfnissen nachzukommen, von einiger Bedeutung. Ich fand mutterkomplexähnliche Störungen nicht selten gebunden an solche »Philanthropie«. Manche Mütter scheinen ihre Söhne so zu bilden, daß sie in jeder Frau ihre Mutter wiedersehen und ihr entsprechend begegnen. Solche Männer kommen in der Begegnung mit Frauen nur selten aus der Kindrolle heraus. Ziemlich oft sprechen sie über ihre Erwartungen auch der Frau Elternrolle (meist: Mutterrolle) zu.

Ein Erwachsener kann und wird gelegentlich auf die Bedürfnisforderungen des anderen sagen: »Das verstehe ich nicht!« – »Das ist mir gleichgültig!« Nicht aus mangelnder sozialer Sensibilität, sondern weil er – inzwischen erwachsen – in der Lage ist, die objektive Dringlichkeit des Fremdbedürfnisses nach Befriedigung zu erkennen und eine Wertabwägung zwischen den Eigen- und Fremdansprüchen zu leisten.

Niemand hat das Recht, Ihnen mit seinen Ansprüchen und Bedürfnissen lästig zu fallen.

Voraussetzung für das allgemeine Gelten dieses Imperativs ist:

- Das Fremdbedürfnis betrifft nicht unmittelbar die Fremdexistenz (ein Ertrinkender darf Ihnen durch seine Hilferufe durchaus »lästig« fallen).
- Es handelt sich nicht um die Wahrnehmung von ethisch oder legal ausgemachten Rechten (so hat ein Lieferant durchaus das Recht, Ihnen lästig zu fallen, wenn Sie nicht pünktlich zahlen ...).

- **Sie haben das Recht, sich mit Ihren Charakterfehlern abzufinden, und das Recht, von Ihren Mitmenschen zu erwarten, daß sie das auch tun.**

Jeder Mensch hat Fehler, die er auch mit einigem Mühen nicht beheben kann. Solche Fehler nennen wir Charakterfehler. Nun wird man sehr wohl unterscheiden müssen zwischen Fehlern, die menschliches Beisammen erschweren (vielleicht gar unmöglich machen) oder den Betroffenen nahezu unfähig machen, einen Beruf auszuüben. Solche Charakterfehler sollen stets therapiert werden. Mit den anderen – obschon auch durch eine Psychotherapie zumindest zu mindern – *muß* man sich in der Regel arrangieren.
Das setzt zunächst voraus, daß man die ersten Stufen zur Selbsterkenntnis erklommen hat und weiß, welche Fehler Charakterfehler sind. Stören sie das private und berufliche Leben nicht und leidet man selbst darunter nur in erträglichen Maßen, wird man gut daran tun, nicht »dagegen anzukämpfen«, sondern seine psychischen Kräfte auf die Gebiete zu konzentrieren, in denen behebbare Fehler vorliegen. Ihre Charakterfehler sollten Sie bescheiden und objektiv akzeptieren. Darauf haben Sie ein Recht.
Aber Ihre Rechte gehen noch weiter. Sie haben auch einen Anspruch darauf, daß Ihre Mitmenschen Ihre Fehler akzeptieren. Das werden sie in der Regel aber nur, wenn Sie selbst sich über die Eigenart Ihrer eigenen Fehler klargeworden sind. Die Annahme der eigenen Fehler ist übrigens notwendige Basis jeder Toleranz. Nur wer im Umgang mit sich selbst Toleranz gelernt hat, wird tolerant sein können.

Nun aber sind keineswegs alle Menschen davon überzeugt, daß sie Fehler haben, die sie auch mit einiger Anstrengung nicht beheben können. Sie ähneln darin manchen Heroinsüchtigen, die stets behaupten: »Wenn ich nur wollte, dann...«, oder den Omnipotenzträumen von Pubertierenden, die ganz gleiche Inhalte haben. Nun sind Süchtige und Jugendliche durchaus Menschen - aber sie sind keine Erwachsenen. Ein erwachsener Mensch wird reif genug sein und erfahren genug im Umgang mit sich selbst, daß er weiß und akzeptiert: Ich habe eine ganze Reihe von Charakterfehlern.
Begegnet nun ein solch toleranter Mensch einem intoleranten (der seine Fehlerstruktur nicht akzeptiert und deshalb auch beim anderen für abstellbar hält - durch eignes Mühen), kann es zu einem klassischen Konflikt kommen. Konfliktgrund: Ich weiß etwas, was du nicht weißt oder nicht akzeptierst, ohne daß du dein Unwissen oder Unvermögen beheben könntest. In solchen Situationen verfährt ein kluger Mensch wie ein Psychiater mit seinem Patienten: Er hört ihn geduldig an, zeigt Verständnis für seine Lage, seine Ansicht..., läßt sich aber niemals in die pathologischen Spiele seines Patienten aktiv mit einbeziehen.
Zum Abschluß dieser Auflistung von Rechten, die Sie natürlich auch anderen zugestehen werden, sei noch ein Recht erwähnt, das Sie niemandem bestreiten sollten:
Jeder Mensch hat das Recht, eine Meinung von Ihnen zu haben, die von der, die Sie selbst von sich haben, deutlich abweicht.
Wer anderen Menschen dieses elementare Recht nicht zugesteht, wird stets versuchen, anderen das Bild nahezubringen, das er von sich selbst hat. Er wird darunter leiden, daß andere anders über ihn denken als er über sich selbst. Erst wenn Sie anderen das erwähnte Recht selbstverständlich zugestehen, werden Sie beginnen, ein freier Mensch zu werden. Dieses Recht hat durchaus seinen objektiven Grund. Sie selbst beurteilen sich weitgehend nach den Maßstäben Ihres Ichideals, andere nach Maßgabe ihrer Vorurteile und den Erfahrungen, die sie im Umgang mit Ihnen sammelten. Beide Bilder sind falsch. Warum halten Sie Ihres für weniger falsch?

Bislang habe ich von Rechten gehandelt. Es ist an der Zeit, daß Sie etwas erfahren von den Fähigkeiten, die man besitzen oder entwikkeln muß, wenn man diese Rechte wahrnehmen will.

Die weitaus meisten Menschen, die Angst haben, sich schuldig oder unterlegen fühlen, sich schämen . . ., neigen dazu – wenn sie überhaupt sprechen –, das Falsche zu sagen. Die Wahrnehmung der auf den vorstehenden Seiten beschriebenen Rechte ist aber eng verbunden mit der Fähigkeit, in solchen Situationen eben nichts Falsches zu sagen. Das hat – unter anderem – den Vorteil, daß mit jeder sprachlich gemeisterten Situation, in der an sich diese negativen Emotionen aufgerufen zu werden pflegen (Scham, Angst, Schuld . . .), das Selbstbewußtsein wächst und damit die Schwelle für das Auftauchen und schädigende Wirksamwerden dieser Emotionen angehoben wird, bis sie sie endlich nicht mehr überspielen können.

- **Geben Sie in Konfliktsituationen nur die freien Informationen, die Sie zuvor bedacht haben.**

»Konfliktsituationen« meint hier nicht an erster Stelle den sozialen Konflikt, sondern den psychischen, der zur Auslösung der erwähnten Emotionen führt. »Freie Information« ist eine Information, die man nicht genötigt ist zu geben. Ich werde fünf Techniken vorstellen, die solche freie Informationsgabe vermeiden. Sie sollen Sie unbedingt trainieren, wenn Sie zu unkontrollierten Reaktionen neigen. Diese Techniken setzen ein gewisses Maß an Beharrlichkeit, sprachlicher Geschicklichkeit und Courage voraus, trainieren sie aber auch zugleich.

Erstens: Die Ja-aber-Methode

Die Verwendung dieser Methode ist in allen anderen dialektischen Situationen zu unterlassen. Sie ist nicht nur töricht, sondern verweist auch bei natürlicher Neigung, sie häufiger anzuwenden, auf psychische Defekte, die zum Führen durchaus ungeeignet machen.

Die *hier* angesprochene Ja-aber-Methode versteckt das »Ja« ein wenig. Das »Aber« leitet eine dauernde Wiederholung ein.

Situation: Sie haben gestern ein Radio gekauft. Es gefällt Ihnen nicht mehr. Sie wollen es umtauschen, obschon Sie keinen Rechtsanspruch auf Tausch haben. Sie betreten den Laden, der Verkäufer kommt auf Sie zu, und es kommt zu folgendem Dialog:

A. Ich kaufte gestern bei Ihnen dieses Radio. Ich will es umtauschen.

B. Das geht leider nicht. Wir tauschen nicht um.

A. Ich verstehe Ihre Einstellung, aber ich will dieses Radio umtauschen.

B. Ich sagte Ihnen doch, daß wir grundsätzlich nichts umtauschen.

A. Da mögen Sie sicher recht haben, daß Sie grundsätzlich nichts umtauschen, aber ich will ein anderes Radio haben.

B. Haben Sie denn an diesem Gerät irgendwelche Mängel festgestellt?

A. Ja, es gefällt mir nicht, und deshalb will ich...

B. Das ist aber kein Grund, das Gerät umzutauschen!

A. Da mögen Sie recht haben, daß das für Sie kein Grund ist. Bei mir ist das anders. Ich will...

B. Da kann ich Ihnen nicht helfen.

A. Ich glaube Ihnen ja, aber dann will ich jetzt den Geschäftsführer sprechen, denn ich will...

B. Der Geschäftsführer ist nicht zu sprechen.

A. Da mögen Sie recht haben, aber ich will den Geschäftsführer dennoch sprechen.

B. Da müssen Sie aber warten. Es kann noch ziemlich lange dauern.

A. Ich warte gern, denn ich will unbedingt, daß mein Radio umgetauscht wird. Bitte melden Sie mich beim Geschäftsführer an.

Es ist einigermaßen unwahrscheinlich, daß Sie nicht ein anderes Gerät erhalten. Die weitaus meisten Verkäufer (ja Menschen über-

haupt) sind nur in der Lage, zwei oder drei stereotype Wiederholungen abzuwehren. Entweder reagieren sie dann sauer (Abwehr: höhere Instanz beanspruchen), oder aber sie werden langsam weich. Der Verkäufer in unserem Beispiel ist keineswegs untypisch. Ich habe diese Situation von vier Studenten durchspielen lassen. Drei von ihnen erhielten ein anderes Radio.
Einige Ja-aber-Floskeln sollten Sie beherrschen. Es kann unter Umständen nützlich sein, stets genau dieselbe zu wiederholen. Die auch verbale (und nicht bloß) inhaltliche Wiederholung kann den Widerstand vor allem von Personen brechen, die psychisch nicht ganz fit sind. Hier einige solcher Floskeln:

- Ich verstehe Sie ja, aber...
- Da mögen Sie recht haben, aber...
- Ich verstehe Ihre Einstellung, aber...
- Ich weiß, daß Sie da Schwierigkeiten (Probleme...) haben, aber...
- Ich habe mir schon gedacht, daß Sie das sagen würden, aber...
- Prinzipiell stimme ich Ihnen zu, aber...

Zweitens: Die Methode der »offenen« Selbstkritik

Alle Menschen machen immer wieder Fehler. Manche davon kommen unvermeidlich irgendwann zur Sprache. Dann kann es wichtig sein, wer unter welchen Umständen die Sache vorlegt. Sind Sie sicher, daß Sie einen Fehler gemacht haben, der mit Sicherheit früher oder später zur Sprache kommen wird, dann sollten Sie die Methode der »offenen« Selbstkritik wählen. Das hat wenigstens drei Vorteile:

- Sie behalten die Initiative,
- Sie bestimmen den für Sie günstigsten Zeitpunkt,
- Sie können sich auf scheinbare Offenheit beschränken (d. h., Sie sagen nur das, was Ihr Partner ohnehin schon weiß).

Wichtig ist aber, daß Sie sich so weit als möglich von der oft nahezu zwanghaften Vorstellung befreien, Fehler seien meist schuldhaft oder das auftretende Schuldgefühl sei irgendwie berechtigt. Befolgen Sie nun folgende Regeln:

- **Sie stellen den Sachverhalt so kurz und vollständig dar wie möglich und verzichten dabei auf alle Schönfärberei.**
- **Sie bitten nicht um Verzeihung** (es sei denn, Sie hätten Ihren Partner beleidigt oder ihm Unrecht getan).
- **Sie entwerfen eine praktikable Strategie, die künftig solche Fehler ausschließt, und teilen sie Ihrem Partner mit.**

Im Regelfall wird Ihr Partner den einen oder anderen Punkt als Vorwurf aufgreifen. Darauf reagieren Sie mit Bemerkungen wie:

- Ja, das war dumm von mir.
- Ja, das ist mir schon aufgegangen.
- Ja, aus der Sache habe ich viel gelernt.
- Ja, Sie haben recht, das habe ich falsch gemacht.
- **Erklären Sie nur dann Ihr Verhalten, wenn Sie**
  - **danach gefragt werden und**
  - **Sie Ihre Erklärung vorbereitet haben.**

Sagen Sie das und nur das, was Sie sagen wollen. Deshalb ist es nützlich, diese unangenehme Szene einigemal in Gedanken in verschiedenen Varianten durchzuspielen. Haben Sie geeignete Partner, können Sie das Spiel mit verteilten Rollen spielend einüben. Dadurch wird sich Ihre Angstschwelle heben, und Ihre Schuldgefühle werden abgebaut. Wenigstens soweit, daß sie Sie nicht mehr stören.

Drittens: Die Methode, Kritik anzunehmen

Kritik trifft uns alle. Wir sind besonders verletzlich in den Bereichen, in denen Ichrealität und Ichideal nicht miteinander übereinstimmen. Emotionen wie Zorn, Wut, Gekränktsein, Haß, Schuld, Angst... überschwemmen dann mitunter unsere Rationalität und führen dazu, daß wir uns völlig unvernünftig verhalten. Um Kritik recht anzunehmen, ist nicht selten eine psychische Umstellung erforderlich, die zu einer umfassenderen Identität von Ichrealität und Ichideal führt. Solange dieser Anpassungsprozeß noch nicht zureichend weit gediehen ist, sollten Sie sich an folgende Regeln halten:

- Hören Sie Ihrem Kritiker geduldig zu. Unterbrechen Sie ihn auf keinen Fall. Erwidern Sie erst, nachdem er wenigstens 5 Sekunden geschwiegen hat.
- Versuchen Sie, nichts abzustreiten oder abzuwehren, selbst wenn Ihnen die Kritik falsch, übertrieben oder böswillig zu sein scheint.
- Erklären Sie nur auf Anforderung.
- Vermeiden Sie jede Form von Gegenkritik.

Sie dürfen also keinerlei Widerstand bieten. Sie dürfen nichts zurückgeben. Sie müssen darin unbedingt beharrlich und konsequent sein. Seien Sie wie eine »Nebelwand« (M. J. Smith). Lassen Sie nicht in sich hineinschauen. An verbalen Reaktionen bieten sich Floskeln wie diese an:

- Da könnten Sie wohl recht haben. Da haben Sie ganz recht!
- Das gebe ich zu. Das ist wahr. Das ist richtig.
- Das verstehe ich sehr gut.
- Ja, das habe ich wohl falsch gemacht.
- Ja, darüber muß ich einmal nachdenken.
- Ich verstehe, daß Sie so denken.

Vermeiden Sie bei solchen Bemerkungen jeden zynischen Unterton. Lassen Sie nicht erkennen, daß Sie sich ärgern, daß Sie empört sind oder verletzt oder wütend. Seien Sie kalt wie ein Eisberg.
Vorausgesetzt ist hier immer, daß die Kritik bösartig oder ungerecht ist. Ist eine Kritik wohlwollend gemeint, dann sollten Sie anders verfahren.

- Hören Sie Ihrem Kritiker geduldig zu und unterbrechen ihn nicht.
- Wenn Sie überhaupt reagieren wollen, dann durch weiterführende Fragen.

In der Fortführung können Sie Redewendungen einsetzen, wie angegeben: »Da haben Sie wohl recht!«...
Mitunter können hier auch die Techniken der Transaktionsanalyse hilfreich sein. Nach der Meinung dieser psychopraktischen Schule besitzen wir alle drei Ichanteile: Kind-Ich, Eltern-Ich, Erwachsenen-Ich. In der »Anklagesituation« der Kritik – vor allem, wenn sie schematisiert und ungerecht (nach Inhalt und/oder Form) vorgebracht wird, wird durch das Erwachsenen-Ich des Kritikers unser Kind-Ich angesprochen. Dem ist es eigen, daß Emotionen absolute Herrschaft beanspruchen. Sie müssen lernen, Ihr Kind-Ich zu durchschauen. Es reproduziert eine Reaktion aus der Kindheit, in der emotionale Reaktionen die einzig möglichen waren. Diese Mechanismen: Auslöser und emotionale Überschwemmung sind in Ihrem Gehirn gespeichert und werden jetzt abgerufen und reproduziert. Durchschauen Sie diesen Mechanismus, können Sie ihn zum Teil – und nach einigem Training – weitgehend beherrschen und in seinen unerwünschten Folgen neutralisieren.

Viertens: Die Methode kritischer Befragung

Die Technik der kritischen Befragung hat zwei Ziele:

- Sie soll den Partner zur Präzision nötigen.
- Sie soll sein »kritisches Reservoir« erschöpfen.

Dazu bieten sich etwa folgende Formeln an:

- Ich verstehe nicht, daß Sie (sagen, meinen, glauben, behaupten..., daß...)!
- Ich verstehe Sie ganz einfach nicht!
- Wieso sind Sie (eigentlich) der Meinung, daß...?
- Wie kommen Sie dazu, zu behaupten, daß...?
- Was stimmt denn nicht an meiner Ansicht, nach der...?
- Haben Sie sich einmal überlegt, warum Sie das jetzt sagen?

Solche kritischen Befragungen sind durchaus dann angebracht, wenn eine latente Konfliktsituation aufgedeckt und bereinigt werden soll. Sie hilft, das aggressive Potential des Partners zu kanalisieren und zur gewünschten Zeit unter gewünschten Umständen zum Abfließen zu bringen.

- **Verwenden Sie die Methode kritischer Befragung nur, wenn Sie zureichend sicher sind, die durch sie ausgelöste Situation emotional bis zum Ende zu beherrschen.**

Das setzt schon einige Selbstsicherheit und ein weitgehendes Schwinden von Angstgefühlen voraus. Sie ist im Regelfall gegenüber Vorgesetzten weniger angebracht.
In allen anderen Situationen kann sie jedoch so nützlich sein, daß man sie beherrschen sollte.

Fünftens: Die Methode der gebundenen Selbstmitteilung

»Gebunden« ist eine Information, wenn sie nicht frei ist. Gebunden ist jede Selbstmitteilung, die unter dem Schein der Selbstoffenbarung von sich selbst berichtet, ohne daß etwas Erhebliches und für den Partner negativ Verwertbares ausgesagt würde. Die Verwendung der Methode ist dann angebracht, wenn

- der Partner irgendeine Selbstmitteilung erwartet,
- das Gespräch, das Sie gerade führen, nur so in Gang gehalten werden kann,
- der Partner zur offenen Selbstmitteilung gebracht werden soll,
- Sie das Thema wechseln wollen.

Formeln solch gebundener Selbstmitteilung sind etwa:

- Da bin ich aber etwas anderer Ansicht (ohne dieses »andere« zu erläutern).
- Ich habe halt Angst (als Antwort auf die Frage: »Wovor haben Sie denn eigentlich Angst?«). Das Eingeständnis von Negativemotionen dieser Art schließt vor allem aus, daß der Partner sich noch weiter mit rationalen Argumenten versucht. Entsprechendes gilt für
- Ich bin halt uninteressiert! Ich will eben nicht!

Diese fünf Techniken haben den Zweck, Ihr Selbstvertrauen zu stärken und eventuelle soziale Ängste zu mindern. Nun werden Sie vielleicht meinen, daß Sie keine Sozialängste haben. Deshalb stelle ich Ihnen einen Spiegel vor (einen Katalog von möglichen Ängsten dieser Art). Erkennen Sie sich nicht (sondern ausschließlich andere) in diesem Spiegel wieder, können Sie diesen Abschnitt weitgehend vergessen. Entweder sind Sie zureichend selbstsicher oder aber psychisch gestört.

Angst, anderen die Hand zu reichen. Angst, anderen frei in die Augen zu sehen. Angst, andere um Rat zu fragen. Angst, unerwartet Bekannten zu begegnen.	Ängste bei der Kontaktaufnahme
Angst, kritisiert zu werden. Angst, beleidigt zu werden. Angst, Zuwendung zu verlieren. Angst, mit anderen streiten zu müssen.	Ängste im Bereich der Enttäuschung
Angst, helfen zu müssen. Angst, sprechen zu müssen. Angst, sich auf andere einstellen zu müssen. Angst, anderen zuhören zu müssen.	Ängste im Bereich der Erwartung
Angst, von anderen Ratschläge zu erhalten. Angst, andere beteiligen zu müssen. Angst, Rücksicht nehmen zu müssen. Angst, Eigenständigkeit zu verlieren.	Ängste im Bereich der Selbständigkeit
Angst, im Beruf nicht weiterzukommen. Angst, etwas im Leben (Beruf...) versäumt zu haben. Angst, Freizeit zu verlieren. Angst, etwas tun zu müssen, das Ihnen verhaßt ist.	Ängste im Bereich des Zeitaufwands

Angst, sich mit anderen zu unterhalten. Angst, über eigene Gefühle oder Probleme zu sprechen. Angst, Informationen weiterzugeben. Angst, sich mit Gefühlen oder Problemen anderer zu befassen.	Ängste im Bereich der Mitteilung

Es ist sehr wichtig, daß Sie Ängste dieser Art erkennen. Mitunter verschleiern sie sich unter den emotionalen Stimmungen »ungutes Gefühl« – »Unlust« – »Ungeduld«. Kennen Sie einmal Ihren Angstbereich, dann sollten Sie die Situationen ausmachen, in denen solche Ängste auftreten können. Sie müssen lernen, Situationen nicht auszuweichen, nur weil sie mit solchen Angstemotionen verbunden sind oder sein können.

Eine entsprechende Überlegung gilt auch für den Bereich der Schuld.

Nach Ablauf des vorgestellten Trainingsprogramms dürften beide Emotionsbereiche erheblich weniger störend Ihr Gesamtverhalten bestimmen.

Vergessen Sie nie:

- **Sie wurden als Kind konditioniert, Zuwendung zu suchen und Ihren Eigenwert mit bestimmten kindhaften Techniken bestätigt zu erhalten. Als Erwachsener müssen Sie sich davon emanzipieren.**
- **Lassen Sie sich niemals durch Belohnungen (Komplimente, Lob, Versprechungen) oder Bestrafungen (Drohungen, Tadel) davon abbringen, das zu erreichen, was Sie erreichen wollen.**

Die einzige Ausnahme zur zweiten Regel: Sie können sie nicht befolgen, wenn dadurch Ihre Chancen, das angestrebte Ziel zu erreichen, *sicher* verringert würden. Vergessen Sie aber nicht, daß es meist zu teuer ist, wenn man Erfolg um den Preis der Selbstverachtung erkauft.

Haben Sie einmal zureichendes Selbstbewußtsein aufgebaut (das merken Sie daran, daß Ihre Sozialängste und Ihre Schuldgefühle im

Fall des vom Ich georderten Über-Ich-Ungehorsams deutlich geschrumpft sind), können Sie die Technik der »praktikablen Kompromisse« erlernen.

Diese Technik ist zu verwenden, wenn Sie mit den vorgenannten Ihr Ziel nicht erreichen können oder mit den Techniken zu scheitern drohen. Dann empfiehlt sich oft ein Kompromiß. Dieser will zumeist jedoch gründlich vorüberlegt sein. Vor jeder Verhandlung sollten Sie sich die absolute Grenze klarmachen, die zu überschreiten Sie unter *keinen* Umständen bereit sein werden. Diese Grenzfestlegung muß jedoch realistisch geschehen. Es dürfen dabei keine Wünsche oder Hoffnungen, sondern nur die eigenen Möglichkeiten bzw. Grenzen (Unmöglichkeiten) eine Rolle spielen.

Ein solches Kompromißgespräch sei in einem Beispiel erläutert:

Situation: Die auf Seite 93 geschilderte. Der Geschäftsführer kommt.

C. Guten Tag! Was ist denn los?

B. Der Kunde hat gestern ein Radiogerät bei uns gekauft und möchte es jetzt umtauschen.

C. Das geht nicht!

A. Guten Tag! Gestern kaufte ich bei Ihnen dieses Gerät. Hier ist der Kaufbeleg. Ich will es gegen ein anderes umtauschen.

C. Warum?

A. Es gefällt mir nicht, und deshalb will ich ein anderes haben.

C. Da kann ich Ihnen nicht helfen.

A. Doch, das können Sie. Sie können mir dieses Radio gegen ein anderes eintauschen.

C. Ich habe Ihnen doch gesagt, das ist unmöglich.

A. Ich bin bereit, Ihnen ein teuereres Gerät abzukaufen, wenn Sie dies hier zum Kaufpreis zurücknehmen. Behalten werde ich es auf keinen Fall.

C. Ja, das käme eventuell in Frage. Wir sind sehr daran interessiert, unsere Kunden voll zufriedenzustellen. An welches Gerät haben Sie denn da gedacht?

A. An das Modell X. Es kostet 20 Mark mehr. Die will ich gern zuzahlen.

C. Das können wir ausnahmsweise machen. Zufriedene Kunden sind uns wichtig.

Auch diese Situation haben wir einige Male in der Praxis durchgespielt. Zumeist erfolgreich.
Soviel zum Thema Fremd- und Eigensteuerung. Führen durch das Wort setzt die Fähigkeit zur Kontrolle von Fremdsteuerungen und zum gezielten Einsatz von Eigensteuerung voraus. Ohne beides geht nichts.

2. Einige Überlegungen zum Thema Motivation

»Motivieren können« ist seit einigen Jahren allgemein in den Katalog von Fähigkeiten aufgenommen worden, die eine Führungskraft unbedingt beherrschen sollte. Seminare zum Thema »Motivation« sind ebenso bald ausgebucht wie die zum Thema »Dialektik«. Und das nicht von ungefähr. Wie wir sahen, gehören beide recht eng zusammen.

Die Motivationsforschung ist vermutlich so alt wie die Psychologie. Schon Aristoteles bewegte die Frage, warum Menschen etwas tun oder unterlassen. Die – im heutigen Sinne – wissenschaftliche Motivationsforschung wurde vermutlich von William James (1842–1910) begründet. Er versuchte vor allem, Instinkte und Gewohnheiten, Lust und Schmerz als Gründe für das Handeln herauszuarbeiten. Der zweite Strang, der in modernen Motivationstheorien eine Rolle spielt, kommt von Sigmund Freud (1856–1939) her, der die Bedeutung des Unbewußten als Grund von Handlungen – und damit den Begriff der »unbewußten Motivation« in die Motivationstheorie einbrachte.

Heute gibt es vor allem zwei Typen von Motivationstheorien: eine »lerntheoretische« und eine »tiefenpsychologische«. Verbindungen zwischen beiden sind nicht sehr häufig.

Dieses Kapitel wird so verfahren: Zunächst sollen aus beiden Bereichen heute diskutierte motivationstheoretische Ansätze behandelt werden. Im zweiten Abschnitt sind einige Regeln über Motivation und Demotivation zu erheben, und endlich sollen einige Trainingsverweise zum Thema »Motivation« gegeben werden.

Zwei motivationstheoretische Ansätze

Alle Motivationstheorien bewegen etwa folgende Fragen:

- Warum beginnt ein Mensch eine Handlung? Warum verfolgt er ein Ziel? Warum beendet er eine Handlungsfolge?
- Wie hängen Handlungszwecke von Handlungsintensität und -dauer ab?
- Warum reagieren Menschen in verschiedenen Situationen auf dieselben äußeren Auslöser mitunter völlig verschieden?
- Wie kommt es dazu, daß ein und dasselbe Ziel über längere Dauer angestrebt wird?

Inzwischen wissen wir recht genau, was alles einen Menschen dazu bringen kann, etwas zu tun oder lassen:

- Bedürfnisse
- Erwartungen
- Wertorientierungen
- Erfahrungen
- Scham
- Wünsche
- Interessen
- Ideale
- Ängste
- Mindergefühle
- Hoffnungen
- Einstellungen
- Gewohnheiten
- Schuldgefühle
- Ehrgeiz
- Verwirklichungswünsche (Freiheit, Liebe ...)

Daß dem Handelnden dabei der eigentliche Handlungsgrund bewußt sein müßte, wird heute kaum mehr gelehrt. Vielmehr wissen wir recht genau, daß durch äußere (soziale) oder innere (unbewußte) Faktoren Motivationen zugeliefert werden können, die dem Motivierten nicht oder nicht mehr bewußt sind. Von unbewußten Motivationen handeln vor allem die verschiedenen Richtungen der »Tiefenpsychologie«. Die bewußten Motivationen erhielten ihre Theorie zumeist von der Lerntheorie.

a) Lerntheoretische Ansätze einer Motivationstheorie

J. W. Atkinson reduzierte die zahlreichen lerntheoretischen Ansätze zu einer umfassenden Motivationstheorie auf zwei Typen:

- die Trieb-Gewohnheit-Theorie und
- die Erwartung-Wert-Theorie.

Die Trieb-Gewohnheit-Theorie, von William James begründet, erhielt ihre klassische Form durch Kenneth W. Spence (1956). Eine ihrer zentralen Aussagen lautet: Das Reaktionspotential (E) ist proportional dem Produkt aus der Summe der nichtspezifischen Auslöser: Trieb (D) und Anreiz (K) und der Stärke der Gewohnheit (H). Formal gilt also:

$$E = (D + K) \times H$$

In Bereichen, in denen etwa bewußte Ängste eine erhebliche Rolle spielen, hat sich diese Theorie durchaus bewährt, wenn schon nahezu jeder Autor irgendwelche Modifikationen anbringt.

Die Erwartung-Wert-Theorie betont die bestimmende Rolle von Erwartungen für Handlungen oder Handlungsfolgen. Sie wurde vor allem entwickelt, um den Antrieb zu bestimmten Leistungen zu erklären.

Schon eine vorwissenschaftliche Überzeugung wird darum wissen, daß es nicht nur darum geht, Bedürfnisse zu befriedigen, sondern daß die Bedürfniserfüllung auch in einem bestimmten Zusammenhang mit der Erwartung der Art der Bedürfnisbefriedigung steht. Wenn jemand erwartet, daß ihm in einer bestimmten Bedürfnissituation auf eine bestimmte von ihm positiv besetzten Weise geholfen wird, dann sind meist alle anderen Methoden der Befriedigung weniger motivierend. Wenn also ein Mitarbeiter für eine besondere

Leistung ein öffentliches Lob erwartet, dann kann ihn eine finanzielle Entlohnung durchaus enttäuschen.
Die Erwartung-Wert-Theorie nimmt an, daß Belohnungs- und Bestrafungsereignisse einen selektiven oder leitenden Einfluß aufs Handeln haben (und nicht einen determinierenden). Der Wert einer Belohnungserwartung beeinflußt zunächst nur den Antrieb, die Handlung auszuführen, für die die Belohnung erwartet wird. Der Wert einer Belohnungserwartung hat somit die Aufgabe, den Handlungsimpuls zu verstärken.
In der Erwartung-Wert-Theorie übt also der Wert des erwarteten Ereignisses eine selektive Funktion auf die einzelnen Handlungen aus, von denen erwartet wird, daß sie zum Ziel führen. Die Trieb-Gewohnheit-Theorie behauptet den Wert als Ursache einer unspezifischen Aktivierung. Welche von diesen Theorien die bessere ist, soll hier nicht entschieden werden. Für beide sprechen recht gut bestätigte Prognosen. Dagegen muß einiges über den Bezugsrahmen ausgeführt werden, in den die Theorien einzuordnen sind. Dieser Bezugsrahmen ist der »Neobehaviorismus«.
Der Neobehaviorismus entwickelte die Lehre des klassischen Behaviorismus, der ausschließlich die beobachtbaren Größen Reiz und Reaktion zu Erklärung von Verhalten zuließ, weiter. Zwischen Reiz und Reaktion tritt der Organismus als teils variable, reizverarbeitende und reagierende Instanz. Reiz und Reaktion werden also durch »dazwischentretende Variable« (neurologische Daten, Triebzustände, Bewußtseinsinhalte...) aufeinander bezogen. Diese werden jedoch nicht als objektiv gegeben, sondern als theoretische Konstrukte behandelt.
Die wichtigsten Begriffe dieser Theorie sind:

- Konditionierung
- Antrieb
- Konflikt.

Eine Konditionierung ist klassisch, wenn ein unbedingter Reiz (etwa Nahrung anbieten) mit einem bedingten (etwa Läuten einer Glocke) zu einem bedingten Reflex (Speichelsekretion auf Läuten) verknüpft wird. Die *Konditionierung* ist *operant,* wenn ein Tun (Weinen) mit einer Reizbedingung (Hunger haben) verbunden wird. Solche operanten Konditionierungen kommen etwa über das Lernen aus Versuch und Irrtum oder auch durch Lernen aus Einsicht zustande. Wenn ein Säugling Hunger hat, probt er verschiedene Verhalten, bis er das herausfindet, das am schnellsten zur Bedürfnisbefriedigung führt (etwa: Weinen). Das Lernen über Einsicht führt dagegen über ein unmittelbares spontanes Erfassen eines Sachverhalts, indem etwa die Aufgabensituation in der Vorstellung neu strukturiert wird oder schon beherrschte Lösungsregeln auf neue Situationen übertragen werden.

Antrieb bezeichnet jedes Bedürfnis, das zureichend stark ist, um das Verhalten zu »energetisieren« (ohne es jedoch zu bestimmen). Das Verhalten wird solange energetisiert, bis die Bedürfnisspannung reduziert ist. So wird ein hungriger Säugling energetisiert durch seinen Hunger. Aber der Hunger veranlaßt ihn keineswegs, nach Nahrung zu suchen. Die Relation Hunger-Nahrungssuche muß erst erlernt werden. Sie wird erlernt, indem das Kind feststellt, daß der Hunger durch Nahrungsaufnahme reduziert wird. Die Spannungsreduktion wird Reaktionen (Weinen etwa) verstärken (= deren Wahrscheinlichkeit erhöhen), die dem Füttern unmittelbar vorangingen.

Von *Konflikt* spricht man, wenn einem Reiz gleichzeitig miteinander unvereinbare Reaktionen zugeordnet werden können. Besonders gefährlich sind Appetenz-Aversions-Konflikte. Sie treten auf, wenn ein Ziel sowohl erwünscht als auch gefürchtet wird. So mag sich ein junges Mädchen sowohl nach sexuellem Kontakt mit einem bestimmten jungen Mann sehnen – ihn aber zugleich auch fürchten. Sie werden erlernbar, indem ein Mensch etwa regelmäßig auf Auslöser falsch reagiert. Angst und Furcht sind Triebe, die durch Konflikt erregt und gelernt werden. Werden Angst und/oder Furcht mit Konflikten gekoppelt, sind die Voraussetzungen für Neurosen gegeben.

Der Neurotiker versucht seine Angst zu reduzieren, beherrscht aber nur Mechanismen, die solche Reduktion verbinden mit späterem Leiden.

Offensichtlich hat Motivieren durchaus etwas mit Konditionieren zu tun. Sehr oft ist es verbunden mit einer operanten Konditionierung. Ein bestimmter Reiz und ein bestimmtes Handeln werden miteinander verbunden. Das kann etwa über das »Effektgesetz« (Edward L. Thorndike) geschehen. Das Gesetz besagt, daß Handlungen, auf die ein befriedigender Zustand (Erfolg, Belohnung ...) folgte, gut behalten werden (positiver Nacheffekt). Dieses »Behalten« (als Ergebnis eines Lernvorgangs) kann zu einem starken Motivator werden, die so belohnten Handlungen zu wiederholen.
Weitere Regeln des Motivierens, die sich aus dem lerntheoretischen Ansatz ergeben, werden im folgenden Abschnitt vorgestellt.

b) Tiefenpsychologische Ansätze einer Motivationstheorie

Freud ging von der Annahme aus, daß alles, was ein Mensch tut, auch einen zureichenden Grund haben müsse, warum er es tut. Nun sind uns eine Reihe von Verhaltensweisen bekannt, deren Grund uns nicht bewußt ist (oft schieben wir dann jedoch einen Grund nach, wir rationalisieren). Hierher gehören etwa Fehlleistungen (versprechen, verschreiben, vergessen, verlieren ...), Träume, (neurotische) Symptome. Um sie zu erklären, führte Freud als theoretisches Konstrukt den Begriff »Unbewußtes« ein, der alles zusammenfaßt, was uns aufgrund von Abwehrbemühungen (vgl. Seite 174 f.) nicht mehr bewußt ist und auch nicht mehr ohne weiteres bewußt werden kann.
Doch nicht nur die erwähnten Verhaltensweisen werden unbewußt gesteuert, sondern auch erhebliche Anteile jener Verhaltensmuster, die wir als bewußt gesteuert vermuten, sind weitgehend unbewußt mitmotiviert. Wenn Sie sprechen, dann wählen Sie aus dem Ihnen zur Verfügung stehenden Repertoire von Worten und syntaktischen Regeln die angemessensten aus – unbewußt.
Unbewußte Motive leiten also weitgehend unser Verhalten. Die meisten unserer Bedürfnisse wurzeln im Unbewußten.
Vor dem Hintergrund psychoanalytischer Theorie entwickelte Abraham H. Maslow eine Variante, die zwar für die Therapietheorie und

-praxis ohne besondere Bedeutung blieb, doch für die Motivationstheorie erheblich werden sollte. Im Gegensatz zu Freud nahm Maslow an, daß Menschen nicht unter Ansprüchen starrer Triebe stehen, sondern beherrscht werden von einer geschmeidigen Hierarchie von Motiven. Da aber Freud wie Maslow über Bedürfnisse handeln, wenngleich sie ihnen recht verschiedene Namen geben (Trieb-Motiv), scheint ihre Position nicht allzusehr voneinander verschieden zu sein.

Maslow stellte den Trieb zur Selbstverwirklichung (= Entfaltung möglichst vieler gegebener Anlagen) in die Mitte seiner Theorie. Er beobachtete, daß ein Mensch, dessen Bedürfnisse nicht befriedigt sind, von solchen Bedürfnissen beherrscht werden kann. Je höher der Rang des unbefriedigten Bedürfnisses ist, um so intensiver die Herrschaft in psychischer Hinsicht.

In der hierarchischen Folge unterscheidet Maslow folgende Bedürfnistypen:

- Physiologische Bedürfnisse (Hunger, Durst, Sex, Müdigkeit, rechte Temperatur ...),
- Sicherheitsbedürfnisse (Sicherheit, Stabilität, Geborgenheit, Schutz, Angstfreiheit, Bedürfnis nach Strukturen, Ordnung, Gesetz und Grenzen),
- Bedürfnis nach Zugehörigkeit und Liebe,
- Bedürfnis nach Achtung (mit den Anteilen:
  - Bedürfnis nach Stärke, Leistung, Kompetenz, Unabhängigkeit, Vertrauen,
  - Bedürfnis nach gutem Ruf und Prestige, nach Status und Dominanz, nach Würde und Wertschätzung,
  - Bedürfnis nach Selbstachtung).
- Bedürfnis nach Selbstverwirklichung (= nach der Verwirklichung der eigenen Möglichkeiten).

Alle diese Bedürfnisse – sieht man von den physiologischen ab – werden oft weitgehend unbewußt sein. Dennoch ist der Wunsch, sie zu befriedigen, ein starker Motivator. Während Kinder oft noch ganz unbefangen ihre Bedürfnisse ausdrücken können, werden sie beim Erwachsenen oft abgewehrt – und selbst diese Abwehr »vergessen«. Die Fähigkeit, eigene Bedürfnisse zu erkennen, sie richtig zu identifizieren und sie – gegebenenfalls – durchzusetzen, ist bei nicht wenigen Menschen unterentwickelt oder verkümmert. Das soll aber nicht heißen, die Bedürfnisse seien verschwunden.

Auf der Klaviatur der Bedürfnisse anderer Menschen zu spielen, wird nun von einseitigen Motivationstheoretikern als der Motivationspraxis höchstes Ziel vorgestellt. Daß das aus mancherlei Gründen falsch ist, werden wir noch sehen. Hier sei nur darauf verwiesen, daß eine Theorie, die nicht auch den lerntheoretischen Ansatz zureichend berücksichtigt, kaum ernst genommen werden kann.

Einige Regeln über Motivation und Demotivation

In diesem Abschnitt will ich einige Regeln zusammenstellen, die für die Motivationspraxis erheblich zu sein scheinen, wenn auch eine schematische Übersetzung in die Praxis nicht dem Sinn der Regeln gerecht wird. Ich werde diese Regeln in drei Gruppen teilen:

- Regeln zur Demotivation,
- einige lerntheoretische Regeln der Motivation,
- einige psychoanalytische Regeln zur Motivation.

a) Demotivation

Fragt man einen leitenden Angestellten, ob er gerne von anderen Menschen nach irgendwelchen Techniken motiviert werden möchte, wehrt er im Regelfall heftig ab. Schon allein die Vorstellung, daß auf diese Weise Herrschaft ausgeübt würde (über ihn!), ist ihm zutiefst zuwider. Dennoch ist er nicht selten bereit, sich in Fragen moderner Motivationstheorien einführen zu lassen – und das nicht nur aus akademischem Interesse. Nicht selten wird durchschaute Motivation zu einem erheblichen Demotivator, vor allem wenn dahinter gezielte Technik vermutet wird.

Das Problem der Demotivation wird mitunter übersehen oder doch für unerheblich gehalten. Das ist falsch. Man kann durchaus von der Annahme ausgehen, daß ein psychisch und sozial gesunder Mensch etwas leisten will – und also, wenn er zureichend informiert wird, keiner zusätzlichen Motivation bedarf. Doch gibt es eine Fülle von Menschen, die psychisch oder sozial krank sind. So kann es denn dazu kommen, daß sie jeder Leistungsforderung ausweichen. Einige wichtige Gründe für solches Ausweichen mögen sein:

- Mindergefühle (und sich deshalb nicht dem Wettbewerb stellen wollen),
- soziale Ängste (und deshalb sich selbst unbedingt bewahren wollen),
- Abspaltung des Beruflichen ins Uneigentliche, Unwirkliche (weil hier Selbstrealisation unmöglich zu sein scheint),
- Antriebsschwäche (oft neurotisch bedingt),
- Resignation oder Niedergeschlagenheit.

Nicht selten aber ist der Grund für das Ausweichen gegenüber Leistungsanforderung länger dauernde Demotivation. In diesem Zusammenhang ergibt sich als erste Regel:
Führen ist auch ein Vermeiden von Demotivation.
Wenn motiviert werden muß, ist es oft schon zu spät. Grundlegende Demotivation kann nicht durch Motivation kompensiert oder gar vollständig geheilt werden.
Woran kann man erkennen, ob und in welchem Umfang ein Mitarbeiter demotiviert ist? Nun, es gibt eine Reihenfolge von Symptomen in den oft schleichenden Demotivationsgeschichten (M. C. Meyer):

- Die Phase der Verwirrung. Der Mitarbeiter ist noch kooperativ. Es gelingt ihm aber nicht, seinen Ort im Gesamt auszumachen oder selbst festzulegen. Er fragt nun meist um Rat oder bittet Kollegen oder Mitarbeiter um Hilfe. Er erhält mitunter eine Menge inkompetenter Informationen. Das Ende der Phase ist charakterisiert durch langsamen Abbau der Kommunikation mit den Vorgesetzten und oft durch erhöhte Leistung (um über »angenehmes Auffallen« die gestörte Kommunikation mit den Vorgesetzten wieder herzustellen). Also:

Kommunikationsstörungen sind stets ein Alarmsignal.

Führen bedeutet hier Aufheben der Kommunikationsstörung. Bemerkt ein Vorgesetzter solche Störungen nicht, scheint er weniger geeignet. Ein häufiges Zeichen für gestörte Kommunikation ist die Beschränkung der verbalen Interaktionen auf reine Information (scheinbare Sachlichkeit).

- Die Phase des Ärgers. Noch immer versucht der Mitarbeiter, durch erhöhte Leistung auf sich aufmerksam zu machen. Doch inzwischen ist die Verwirrung dem Ärger über den (oder die) Vorgesetzten gewichen. Dieser macht sich in gelegentlichen Unmutsäußerungen Luft. Auch kommt es zu ersten Störungen im Informationsfluß. Der Mitarbeiter beginnt Informationen nur noch selektiv nach oben (oder auch horizontal) weiterzugeben. Er wird unachtsam, manchmal unpünktlich, ungenau, verdrossen.
- Die Phase der Enttäuschung. Der Mitarbeiter beginnt seinem Vorgesetzten aus dem Weg zu gehen. Die Leistungslust ist geschwunden. Durch Abwarten oder auch durch negativ-auffälliges Verhalten sucht der Mitarbeiter immer noch eine Kommunikationssituation herzustellen. Oft wünscht er sie sich gar in einer offenen Konfrontation, zu der es allerdings nur in gut geführten Betrieben kommen kann.
- Die Phase der Verweigerung. Der Mitarbeiter beginnt Aufgaben abzuweisen. Er steckt möglichst genau die Grenzen seiner Verpflichtungen ab. Er resigniert und verläßt entweder den Betrieb oder aber »tut seine Pflicht« (»Beamtenmentalität«). Endlich wird das berufliche Wertesystem aufgegeben. Der Beruf wird »abgespalten«. Das eigentliche Leben ist das private.

Diese vier Stufen können sehr verschieden schnell und mit individuellen Varianten durchlaufen werden. Ich kenne Fälle, in denen etwa die zweite oder dritte Phase jahrelang anhielten, ohne daß sie vom – meist hilflosen – Vorgesetzten erkannt und, richtig diagnostiziert, behoben worden wären. Mitunter scheint Fachwissen auf Führungsetagen noch mehr gefragt zu sein als die Fähigkeit, Menschen zu führen. Erst in der letzten Phase entwickeln manche Firmen Motivationsprogramme, holen sich gar einen Berater ins Werk. Dann aber ist es in aller Regel zu spät. Vielleicht mag es helfen, wenn der Vorgesetzte ausgetauscht wird, aber wahrscheinlich läßt sich durch »Motivierung« nichts mehr erreichen.

Sicherlich kann es vorkommen, daß der Zustand der Demotivation bei einem Mitarbeiter schon so verfestigt ist, daß er ihn nicht mehr ablegen kann – auch wenn er die Firma wechselt. Doch das ist ziemlich selten. Die meisten Menschen suchen mit einer neuen Firma einen neuen Anfang und wollen ihr Bestes geben. Sind sie aber schon einmal den langen Marsch der Demotivation bis zum Ende gegangen, wird er das nächste Mal vielleicht in wenigen Wochen durchlaufen – wenn der Vorgesetzte nicht aufmerkt. Die Erkenntnis der Symptome ist dann nicht ganz einfach, wenn auch der Vorgesetzte auf irgendeiner Stufe der Demotivation angekommen ist. Er interessiert sich dann zu sehr für sich selbst, um noch die erste Regel der Führungsdialektik, Alterozentriertheit, beachten zu können. Fassen wir also zusammen:

Folgende Verhaltensweisen können Anzeichen von Demotivation sein:

- **Beschränkung auf Information in der verbalen Interaktion (Vermeiden menschlicher Nähe),**
- **isolierter Fleiß,**
- **häufiges Murren,**
- **Verweigerung von Informationsgabe.**

Treten solche Symptome auf, ist prinzipiell der Demotivationsprozeß noch reversibel. Nicht durch klassische Motivationstechniken, sondern durch die Wiederherstellung der kommunikativen Interaktionssituation in beiderseitigem Bemühen. Dabei wird zumeist der erste Impuls vom Vorgesetzten ausgehen müssen. Je weiter der Demotivationsprozeß fortgeschritten ist, um so unauffälliger und menschlich beherrschter muß dieser »Annäherungsversuch« geschehen, damit der Mitarbeiter nicht dadurch verschreckt wird, sich belästigt oder überfahren fühlt.

Grundsätzlich kann man davon ausgehen, daß auf der Stufe der Verweigerung eine Sanierung des Verhältnisses kaum mehr möglich ist.

Fragt man nach dem Schuldigen, ist stets der Vorgesetzte als erster zu prüfen. Ist der Mitarbeiter psychisch und sozial gesund, wird diese Prüfung mit der Gewißheit enden, daß ein Vorgesetzter versagt hat. Ist eine Mehrzahl von Mitarbeitern betroffen, wird man wohl den Vorgesetzten ablösen (zusammen mit den Mitarbeitern, die die letzte Stufe der Demotivation erreicht haben).

Diese kurzen Bemerkungen mögen ausreichen, um zu zeigen, daß Führen nicht primär an beherrschte Motivationstechniken gebunden ist, sehr wohl aber an die Fähigkeit, Demotivationsprozesse zu erkennen und aufzuheben. Diese Erkenntnis soll das Folgende relativieren.

b) Einige lerntheoretische Regeln der Motivation

Zunächst seien zwei quantifizierbare Dispositionen namentlich eingeführt, die es ermöglichen, den individuellen Vorgegebenheiten einigermaßen gerecht zu werden:
LW – Leistungswert (= need for Achievement = n-Ach)
AW – Angstwert
Beide Werte sind normierbar.

1. Personen mit hohen Werten an Machtbedürfnis (= das Interesse, die Einflußmöglichkeiten auf das Verhalten einer anderen Person zu kontrollieren) argumentieren häufiger und versuchen öfter, andere zu überzeugen.

2. Der durchschnittliche LW einer Gruppe kann beträchtlich wachsen, wenn die äußere Situation leistungsorientierter wird. Personen mit hohem LW sind jedoch situationsunabhängiger.

3. Personen mit hohem LW zeigen eine größere Stärke der Leistungs-

tendenz, wenn sie erwarten können, daß ihre Leistung anhand eines Standards bewertet wird.

4. Personen mit niederem LW sind stärker motiviert, unterbrochene Aufgaben zu Ende zu führen, als Personen mit hohem LW.

5. Hat eine Person keinen Grund, ein Erfolgsgefühl zu erwarten, dann besteht auch kein positiver Zusammenhang zwischen Leistung und LW.

6. Damit bei der Durchführung einer Handlungsfolge das Leistungsmotiv geweckt wird, muß sich das Individuum für das Ergebnis verantwortlich fühlen (Leistungsmotiv = Fähigkeit, auf eine erfolgreiche Leistung stolz zu sein). Ferner muß ein gewisses Maß von Risiko bezüglich der Erfolgswahrscheinlichkeit gegeben sein.

7. Das Streben nach Erfolg ist am stärksten, wenn die Aufgabe einen mittleren Schwierigkeitsgrad zu haben scheint. Die Bevorzugung solcher Aufgaben ist bei Personen mit hohem LW größer als bei Personen mit niedrigerem LW.

8. Der LW ist bei Personen mit höherer Schulbildung durchschnittlich höher.

9. Das Erfolgsstreben ist bei hohem Motiv »Erfolg zu haben« stärker als bei niedrigem, unabhängig davon, wie hoch die Erfolgswahrscheinlichkeit eingeschätzt wird.

10. Mißerfolgsdrohung wirkt sich besonders auf solche Personen ungünstig aus, die einen hohen AW haben.

11. Besteht Angst vor Mißerfolg, erscheinen alle Aktivitäten, die darauf abzielen, Leistung zu messen oder zu bewerten, als bedrohlich.

12. Die Hemmungstendenz ist am stärksten, wenn Erfolgs- und Mißerfolgserwartung etwa gleich groß sind.

13. Eine Person, die ausschließlich motiviert ist, Mißerfolge zu vermeiden, tendiert dahin, gar nicht zu handeln.

14. Jedes leistungsorientierte Verhalten löst einen Konflikt zwischen dem Interesse an Leistung (Tendenz zur Erfolgssuche) und der Angst vor Mißerfolg aus (Appetenz-Aversions-Konflikt). Zwischen LW und AW besteht vermutlich kein Zusammenhang.

15. Personen mit großem LW und schwacher Motivation zur Vermeidung von Mißerfolg schätzen oft Situationen, in denen sie selbst agieren, realistischer ein.

16. Personen mit hohem AW haben häufiger Mißerfolge (gemessen bei Studenten durch Abbruch des Studiums) als solche mit niedrigerem AW.

17. Personen mit hohem AW sind nur von außen zu motivieren (etwa in der Erwartung sozialer Anerkennung ...). Haben sie bei schweren Aufgaben Erfolg, setzen sie das Anspruchsniveau deutlich herab. Ihr Verhalten in leistungsorientierten Situationen ist nur zu verstehen, wenn man genau weiß, was sie zu vermeiden suchen.

18. Die Tendenz zur Ausführung ist bei
    - Personen mit hohem LW, aber niedrigem AW bei leichter erscheinenden Anfangsaufgaben größer als bei schwer erscheinenden,
    - Personen mit niedrigem LW und hohem AW bei sehr schwierig erscheinenden Anfangsaufgaben größer als bei leichter erscheinenden,
    - Personen mit dominierendem LW trotz Mißerfolgs größer als bei
    - Personen mit dominierendem AW,
    - Personen mit dominierendem AW größer, wenn die Aufgabe sehr schwierig erscheint.

19. Zwischen LW und Anhänglichkeitswert gibt es keine notwendige Relation.

20. Personen mit hohem Anhänglichkeitswert suchen stärker nach Zustimmung als solche mit niedrigem Anhänglichkeitswert.

Diese 20 Regeln sind eine schmale Auswahl aus dem Repertoire der von der Lerntheorie herkommenden Motivationstheoretiker. Sie sind hier selektiert nach dem Gesichtspunkt praktischer Verwertbarkeit. Wie leicht zu bemerken ist, gibt die moderne Motivationsforschung zumeist keine Patentrezepte. Sie fordert vielmehr ein differenziertes Motivations- bzw. Führungsverhalten an. Der Führende muß wissen, wen er führt. Die Unterschiede zwischen LW und AW einerseits und LW und Anhänglichkeitswert andererseits dürfen nicht vernachlässigt werden. Um sie aber zu erkennen, wird der Führende die hier vorgestellten Regeln *auch* diagnostisch auswerten müssen. Er wird so die Disposition des Geführten herausfinden können (bei einigem fremdkontrollierten Training ist das weniger eine Frage der »Menschenkenntnis« als der Beherrschung von Techniken).

c) Einige tiefenpsychologische Regeln der Motivation

Die tiefenpsychologische Motivationsforschung behauptet mit guten Gründen die Existenz unbewußter Motive, von denen ein großer Teil nicht einmal bewußtseinsfähig ist. Der Komplex »Motivation« enthält vor allem zwei Aspekte: den Bereich der Bedürfnisse und den Bereich der Erwartungen. Beide sind nicht immer eindeutig aufeinander zu beziehen. Da ein bestimmtes Bedürfnis oftmals nicht seiner eigentlichen Natur nach erkannt werden kann, sondern maskiert auftritt, und die Nichtbefriedigung des Bedürfnisses nicht immer das Bedürfnis steigert, sondern sich in Emotionen oder Stimmungen wie Niedergeschlagenheit oder Aggressivität äußern kann, ist es selbst für den Betroffenen oft nicht möglich zu sagen, was geschehen muß, damit sein »eigentliches« Bedürfnis befriedigt wird und er – in dieser Sache – zur Ruhe kommt.
Um ein Bedürfnis in seinem Grund und seinem Ziel einwandfrei zu identifizieren, bedarf es oftmals einer langen psychoanalytischen Erfahrung, die keineswegs jedem Führenden zugemutet werden kann oder auch nur soll. Nicht selten sind Psychoanalytiker sehr viel schlechtere Vorgesetzte als psychologisch nicht Vorgebildete. Meine Ausführungen sollen also den Führenden nicht verunsichern, sondern nur die Relativität der folgenden Ausführungen aufweisen. Sie sollen zeigen, daß man nicht einfach sagen kann: »Aha, es han-

delt sich bei X um das Bedürfnis Y, das durch Z befriedigt werden kann!« Wir kennen X nicht zureichend, Y kann maskiert sein, und wir wissen nicht, durch welche unbewußte Erwartung Y befriedigt werden kann.

Das aber soll uns nicht hindern, einige Regeln aufzuweisen, die vor allem »im Bewußten« gelten, denn bewußte Bedürfnisse und bewußte Erwartungen sind keineswegs selten.

Die zunächst vorgestellten Regeln sind die Maslows:

1. Wird ein Organismus von physiologischen Bedürfnissen beherrscht, können alle anderen Bedürfnisse zurücktreten oder ganz aufgehoben sein.

2. Ist ein Bedürfnis befriedigt, taucht stets ein neues auf. Sind alle Bedürfnisse eines Niveaus befriedigt, tauchen die des nächst höheren als besonders dringlich auf.

3. Personen, deren bestimmte Bedürfnisse allgemein befriedigt wurden, tolerieren am ehesten Frustrationen dieser Bedürfnisse. Umgekehrt: Personen, die in bestimmten Bereichen ihrer Bedürfnisse häufig frustriert wurden, reagieren schon auf Andeutungen oder Gefährdungen des Befriedigungsentzugs heftig (aggressiv, ängstlich, niedergeschlagen).

4. Werden Sicherheitsbedürfnisse nicht sozial zureichend befriedigt, kommt es nicht selten zum Bedürfnis nach Religion oder Weltanschauung, um Ordnung ins Universum und ins eigene Leben zu bringen.

5. Erscheinen Sicherheitsbedürfnisse gefährdet, kann es zu eruptiven Reaktionen kommen (Angstreaktion der Bürger gegen die »kommunistische Bedrohung« um 1930; Angstreaktion der Bürger gegen »gewaltanarchistische Bedrohung« um 1978), die leicht faschistoid enden.

6. Wird das Bedürfnis nach Zugehörigkeit und Liebe häufig oder gar dauernd frustriert, kommt es meist zu schlechter sozialer Anpassung bis hin zu pathologischen Symptomen. Eine Gesellschaft, die

überleben will, wird dafür sorgen müssen, daß diese Bedürfnisse ihrer Mitglieder befriedigt werden.

7. Wird das Bedürfnis nach Achtung nicht befriedigt, kommt es zu Entmutigung, Niedergeschlagenheit, Selbstunsicherheit und oft ungeschickten und daher erfolglosen Versuchen, diese Stimmungen zu überspielen oder gar zu maskieren.

8. Das Bedürfnis nach Selbstverwirklichung ist nie vollständig zu erfüllen, da in jedem Menschen viele Anlagen und Möglichkeiten gegeben sind, die niemals vollständig befriedigt und entwickelt werden können. Ist auf dieser Stufe – vorausgesetzt, alle »niederen« Bedürfnisse seien befriedigt – ein Bedürfnis durch Erfüllung zum Schweigen gebracht, taucht bald ein anderes auf. Sollte »Glück« Bedürfnislosigkeit bedeuten, wird es unter Menschen nur im Gehen, niemals aber als Ziel erreichbar sein.

Maslow nennt nun eine Reihe von Ausnahmen, die die allgemeine Gültigkeit dieser Regeln beschränken. Da sie jedoch für die Führungspraxis erheblich sein können und meist in der trivialen Literatur zu unserem Thema übergangen werden, seien sie hier auszugsweise dargestellt:

1. Mitunter ist das Bedürfnis nach Befriedigung der Selbstachtung elementarer als das nach Liebe. Es muß also zuvor befriedigt werden. Vor allem wenn sie die Person, die sie am ehesten liebten, als überlegen erfahren haben, versuchen diese Personen über hohe Selbstachtung und Selbstbehauptung die Basis für Liebe zu schaffen.

2. Es gibt Menschen, denen das Bedürfnis nach Kreativität wichtiger zu sein scheint als alles andere. Diese ist nicht notwendig ein Ausdruck des Selbstverwirklichungsantriebs, sondern kann auch schon als dominierend erscheinen, wenn etwa die physiologischen Bedürfnisse befriedigt sind.

3. Es gibt Menschen, bei denen das Streben nach Bedürfnisbefriedigung auf relativ niedrigem Niveau abgeblockt ist. Sie können endgültig zufrieden sein, wenn ihre physiologischen Bedürfnisse regel-

mäßig befriedigt werden (etwa bei sehr lang andauernder Arbeitslosigkeit, nach langen Gefängnisaufenthalten, nach langen schweren Erkrankungen ...). Doch solche Menschen gelten als sozial und/oder psychisch krank.

4. Das Bedürfnis nach Zugehörigkeit und Liebe kann ganz erheblich reduziert sein oder gar ganz fehlen. Diese psychopathische Störung hat in der Regel ihren Grund in mangelnder Liebeszuwendung während des ersten Lebensjahres. Die Fähigkeit oder das Bedürfnis, Zuwendung zu empfangen oder zu geben, läßt sich kaum wiederherstellen.

5. Wird ein Bedürfnis lange Zeit in seiner Bedeutung unterschätzt, weil es vielleicht stets befriedigt wurde, können sich Menschen in Situationen bringen, in denen sie um höherer Bedürfnisse willen die Befriedigung niederer gefährden oder gar eine Zeitlang aussetzen. Auf die Dauer wird sich aber in der Regel die Forderung nach Befriedigung des niederen Bedürfnisses durchsetzen. Hat jemand seine Position aufgegeben, um nicht seine Selbstachtung zu verlieren, und muß deshalb längere Zeit etwa hungern, wird er nach einigen Monaten oder Jahren, um satt zu werden, auch – insoweit noch möglich – die alte Position anstreben.

6. Wenn zwei Bedürfnisse miteinander konkurrieren, wird das stärkere *Verlangen* durch das niedrigere Bedürfnis bestimmt. Da ein Mensch aber kein bloßes Bedürfnisbefriedigungswesen ist, kann das konkrete *Verhalten* sich auch gegen die Hierarchie der Bedürfnisse und des Verlangens nach Bedürfnisbefriedigung ausrichten.
   Neben Bedürfnissen gibt es noch eine Fülle von Verhaltensdeterminanten (Gewohnheiten, Interessen, Wünsche, Ängste, Schuldgefühle ...).

7. Vor allem hohe ideale Werte können das Verhalten ganz gegen die Bedürfnisordnung ausrichten. Es gibt Menschen, die alles (auch ihr Leben) um solcher Ideale willen aufopfern. Vor allem Menschen, die in jungen Jahren kaum frustriert wurden, können später außerordentliche Frustrationstoleranzen entwickeln, welche Bedürfnisse

auch immer nicht befriedigt werden. So kann der, der als Kind und Jugendlicher dauernd innig geliebt wurde, Haß ertragen und unter dieser Situation nicht leiden.

8. Auch die Gewöhnung kann das Verlangen nach Bedürfnisbefriedigung modifizieren. Ja, es gibt Menschen, die sich so sehr an Entbehrungen im Bereich physiologischer Bedürfnisse gewöhnen, daß sie fähig sind, höhere Bedürfnisse zu entwickeln und ihre Befriedigung anzustreben, obschon die physiologischen nicht erfüllt sind.

Diese Ausnahmen machen deutlich, daß es sich bei den Bedürfnissen nicht um instinktoide Triebe handeln kann. Auch wird deutlich, daß eine segmenthafte Betrachtung, nach der ein Mensch aus einer Summe von Bedürfnissen ... zusammengesetzt ist, unzulässig argumentiert.
Nicht das Hungrige im Menschen hat Hunger, sondern der ganze Mensch.
Heute wird man diese Theorie der Bedürfnisbefriedigung ergänzen müssen (wenigstens) um eine Theorie der *Erwartungen*. Hier sind zu unterscheiden:

- Erwartungen, die die *Art* der Bedürfnisbefriedigung (Verlaufserwartungen) betreffen und
- Erwartungen, die den *Zustand* der Bedürfnisbefriedigung (Zielerwartungen) angehen.

Ist ein Bedürfnis einmal bewußt geworden, dann stellen sich meist ziemlich deutliche und zunehmend fixierte Vorstellungen ein, wie das Bedürfnis befriedigt werden könnte. Sind diese Vorstellungen einigermaßen stabil, sprechen wir von Wünschen. Geschieht die Bedürfnisbefriedigung wunschgemäß (und handelt es sich nicht um ein maskiertes Bedürfnis), sprechen wir von befriedigtem Bedürfnis. Geschieht dagegen die Befriedigung nicht wunschgemäß, stellt sich zumeist eher Unzufriedenheit ein. Stellt sich ein Durstiger ein Glas Bier vor, wie er es zur Stillung seines Durstes wünscht, tritt leicht eine Fixierung auf die Erwartung ein, daß dieser Durst durch Bier gelöscht werden soll. Wird aber statt des Bieres »nur« Wasser geboten, den Durst zu löschen, hört zwar vorübergehend das Durstgefühl auf, doch zufrieden ist unser Durstiger keineswegs unbedingt. Das zeigt, daß hinter Bedürfnissen noch andere grundlegendere Mechanismen stehen, die keineswegs jede Bedürfnisbefriedigung als befriedigend zulassen (sie kann auch ausgesprochen frustrierend sein). Die Erwartungsfrustration scheint mitunter noch radikaler zu sein als eine Befriedigungsfrustration.

Ebensolches gilt weitgehend auch für die Erwartungen, die an den Verlauf der Bedürfnisbefriedigung geknüpft werden. Verbindet eine Person mit der Vorstellung der sexuellen Befriedigung die Emotion großen Glücks und stellt sich solches Gefühl nach sexueller Befriedigung nicht ein (sondern vielleicht gar Niedergeschlagenheit), dann wird ebenfalls das Frustrationsgefühl ein eventuelles Zufriedenheitsgefühl über das Verschwinden des Bedürfnisses übertreffen und dominant merklich sein können.

Für jede Motivationstheorie und -praxis bedeutet das:

- Es gilt, Bedürfnisse zu erkennen (unter Umständen zu demaskieren) und zu identifizieren.
- Es gilt, die Verlaufserwartungen zu kennen.
- Es gilt um die Hoffnungen zu wissen, die ein Mensch mit der Bedürfnisbefriedigung verbindet (Kenntnis der Zielerwartungen).

Mitunter werden die Faktoren zwei und drei übersehen, oder aber es wird der Schein eines Bedürfnisses nicht erkannt oder durchschaut. Dann sollte man sich nicht wundern, daß man mit der Maslowschen Theorie, so einsichtig sie auch immer sein mag, kaum zurechtkommt.

Die Praxis der Demaskierung von Bedürfnissen ist keineswegs einfach. Die meisten von uns werden schon erfahren haben, daß sich etwa das Bedürfnis nach Zuwendung als Bedürfnis nach Nahrung maskieren kann. Es wäre nun aber recht töricht, einem solchen Menschen durch gutes und reichliches Essen helfen zu wollen. Auch kann sich das Bedürfnis nach Sex maskieren als Bedürfnis nach Zuwendung (oder umgekehrt), das Bedürfnis nach Anerkennung als Sicherheitsbedürfnis... Es gibt kaum ein höheres Bedürfnis, das

nicht in der Maske eines niederen, und es gibt manches niedere Bedürfnis, das in der Maske eines höheren auftauchen kann.
Wie kann man aber dem wahren Bedürfnis auf die Spur kommen, ohne gerade eine Analyse zu veranstalten? Mitunter kann diese Methode helfen: Werden Bedürfnisse nicht befriedigt, dann kommt es zu Frustrationserfahrungen, die zu Aggressivität, Angst oder Niedergeschlagenheit führen. Ist eines dieser drei Symptome nach vermeintlicher Bedürfnisbefriedigung deutlich, wurde vermutlich nur die Maske, nicht das eigentliche Bedürfnis befriedigt (vorausgesetzt, die Frustration ist nicht als Erwartungsenttäuschung zu interpretieren).
Nun werden Sie in etwa wissen, was gutes Motivieren voraussetzt. Gutes Motivieren ist aber nicht schon erfolgreiches Motivieren. Von einem Vorgesetzten erwartet man zu Recht, daß es ihm nicht nur gelingt, den Bedürfnissen und Erwartungen seiner Mitarbeiter zu entsprechen und so für ein optimales Gruppenklima (etwa Betriebsklima) zu sorgen. Nur wenn es gelingt, die individuellen Bedürfnisse in einer Weise zu befriedigen, die zugleich der Befriedigung der Gruppenbedürfnisse entspricht, nur wenn es gelingt, unter Umständen unvereinbare Erwartungen vereinbar zu machen, ist Motivieren erfolgreich. Dazu wird es mitunter notwendig sein, in den Bedürfniskatalog der einzelnen oder der Gruppe einzugreifen. Bedürfnisse können, wenigstens eine Zeitlang, gesteuert werden. Die Ausnahmen von der Bedürfnishierarchie weisen Ansätze für solche Steuerungen auf (etwa über Ideale).
Ferner ist zu bedenken, daß Menschen nicht nur Individuen, sondern auch Sozialwesen sind. Als Individuen haben sie zwar soziale Bedürfnisse, doch darüber hinaus gibt es Gruppenbedürfnisse, die, obschon *auch* Bedürfnisse jedes Gruppenmitglieds, doch erst durch die Gruppenzugehörigkeit konstituiert werden. Solche Gruppenbedürfnisse sind keineswegs bilanzierte Individualbedürfnisse. Sie stellen etwas Neues und anderes dar. Man kann sogar eine Gruppe durch die ihr wesentlichen Bedürfnisse und Erwartungen definieren.
Nun lassen sich solche Gruppenbedürfnisse sehr viel leichter modi-

fizieren als irgendwelche primären Individualbedürfnisse. Sehr oft besteht die Technik des Führens durch das Wort gerade darin, Gruppenbedürfnisse hervorzurufen oder zeitlich festzumachen und so auch mittelbar in die Bedürfnisstruktur des einzelnen einzugreifen. Sehr oft wird gelten:

Motivieren bedeutet festlegen und modifizieren von gruppenspezifischen Bedürfnis- und Erwartungsstrukturen und -inhalten.

Das soll natürlich nicht bedeuten, daß sich Gruppenbedürfnisse auf die Dauer gegen Individualbedürfnisse durchsetzen können. Aber es ist möglich, Individualbedürfnisse zu erweitern, zu modifizieren sowie für kürzere Zeit auch zu suspendieren.

Mitunter wird man jedoch einen anderen Weg wählen: Man läßt die Bedürfnisse wie sie sind und greift nur modifizierend in die Erwartungen ein. Das wird zumeist sehr viel einfacher sein. Motivieren als Technik der Modifikation von Erwartungshaltungen ist sehr verbreitet – so sehr verbreitet, daß mitunter die Technik der Motivationen über die Konstitution oder Modifikation von Gruppenerwartungen in einigen theoretischen Darstellungen und manchen praktischen Seminaren gar ganz ausfällt.

Dieser Weg über die Modifikation der Erwartungen zielt nun keineswegs nur auf die Modifikation der Erwartungen der Mitarbeiter ab, sondern auch auf die des Faktors Kapital im Unternehmen und die der sozialen Mitwelt. In solchen Großgruppen (meist sekundärer Art) wird es angebracht sein, zunächst über Modifikationen im Bereich der Erwartungen zu führen, um dann über die so modifizierten Erwartungen zu motivieren. (Sie erinnern sich: Motivieren gegen Erwartungen ist nahezu unmöglich!) Und so gilt allgemein:

Motivieren setzt zumeist eine modifizierende Koordination konkurrierender Erwartungen voraus.

Offensichtlich ist die »Common-sense-Definition« des Motivierens (Motivieren ist die Technik, einen anderen dahin zu bringen, etwas zu tun oder zu unterlassen, was er sonst nicht tun oder unterlassen würde) recht oberflächlich. Erfolgreich ist Motivation in jedem Fall nur dann, wenn es gelingt, Bedürfnisbefriedigungsprozesse und

-wünsche verschiedener Instanzen und Gruppen so zu koordinieren, daß alle Beteiligten zufrieden sind. Zufrieden sind die meisten Menschen aber nur, wenn sie erkennen oder empfinden, daß eine Situation ihnen *nützlich* ist.

Fassen wir zusammen: Das »Erfolgreich« in »erfolgreich Motivieren« bezieht sich nicht primär auf das subjektive Gefühl der zufriedenstellenden Bedürfnisbefriedigung des Motivierten nach geschehener Handlungssequenz, sondern auf ein weiteres: Diese Zufriedenheit muß zudem noch mit der Zufriedenheit der Gruppe (Betrieb, Unternehmen, Familie, Partei...) verbunden sein. Die Gruppenbefriedigung kennt abermals zwei Aspekte: Bedürfnis und Erwartung. Der Motivierende hat also vier Größen optimal zu koordinieren: Bedürfnis und Erwartung des Motivierten und der Gruppe. Erfolgreich motiviert also nur der, dem es gelingt, im Spannungsfeld dieser vier Komponenten eine pareto-optimale Lösung zu finden, die allen vier Komponenten gerecht wird und die den nie vollständig auszuschließenden Frustrationsgrad so gering wie irgend möglich hält.

Doch damit nicht genug: Eine Gruppe (etwa ein Betrieb) ist normalerweise eingebunden in Sozialgebilde höherer Stufe und anderer (etwa politischer) Art. Auch diese Fülle von Sozialgebilden hat Bedürfnisse (Steuern, reine Umwelt, gute Erreichbarkeit, aktive Kooperation der Führenden in diesen Gebilden...) und Erwartungen über die Weise, wie diese Bedürfnisse befriedigt werden, und über den Zustand, der am Ende der Bedürfnisbefriedigung erreicht sein wird. Wer gut führt, wird auch diese Bedürfnisse und Ansprüche mit in seinen Kalkül ziehen.

Der erfolgreiche Motivator steht also vor der schwierigen Aufgabe, verschiedene Bedürfnis- und Erwartungshorizonte miteinander zur Deckung zu bringen – und dann Strategien zur geeigneten Bedürfnisbefriedigung zu entwickeln und sie zu realisieren. Die allgemein verbreitete, betrieblich orientierte Führungstheorie nimmt an, daß optimales Motivieren und Führen nicht die betrieblichen Bedürfnisse in den Vordergrund stellt, sondern die der Mitarbeiter und die der Mitwelt. *Das* betriebliche Bedürfnis ist langfristige Gewinnoptimie-

rung, ist also gewinnorientiert. Wenn solche Gewinnorientierung längere Zeit die anderen Bedürfnisregionen dominiert, dann – so zeigt manche Erfahrung – ist auch das betriebliche Bedürfnis nach Gewinnoptimierung auf die Dauer nicht realisierbar.
Es kann unter Umständen durchaus nützlich sein, Mitarbeitern diese Situation oft konkurrierender Bedürfnisse und Befriedigungsstrategien und -erwartungen zu erläutern. Denn:
Führen setzt die Fähigkeit zum Kompromiß voraus.

Grenzen der Motivierbarkeit

Nicht jeder Mensch ist zu allem zu bewegen. Diese Einsicht ist trivial. Im Bereich des Motivierens gibt es objektive und subjektive Grenzen. Die wichtigsten objektiven sind:

- die begrenzte Fähigkeit des Führenden zu motivieren,
- die begrenzte Fähigkeit der Menschen, längere Zeit ihre Bedürfnisse und Erwartungen zu verleugnen,
- Bedingungen, die aus der gesellschaftlichen Struktur hervorgehen (wie etwa Vorstellungen über Unternehmensziele, kollektive Wertvorstellungen oder Vorurteile...),
- Grenzen der Phantasie (weitgehend determinieren soziale Systeme das Bewußtsein, so daß systemfremde Inhalte entweder nicht gedacht werden können oder aber apriorisch als falsch zurückgewiesen werden).

Uns interessieren hier jedoch vor allem jene Grenzen der Motivierbarkeit, die individuell (etwa durch die individuelle Lebensgeschichte) bedingt sind, da zumeist der Motivierende auf die objektive Grenzen festlegenden Faktoren kaum Einfluß hat. Die subjektiven Grenzen des zu Motivierenden sind jedoch *stets* zu berücksichtigen. Wir wissen schon:
Niemand ist langfristig gegen den Anspruch seiner Bedürfnisse und Erwartungen zu motivieren.
Wir haben auch schon einen Katalog von Bedürfnissen erarbeitet und hierarchisch gegliedert. Doch damit haben wir die subjektiven

Determinanten und Parameter nicht zureichend gewürdigt. Hier unterscheiden wir zwei Typen:

- prinzipiell invariable Determinanten und
- prinzipiell variable Parameter.

Zu den Parametern gehören unter anderem:

- augenblickliche Bedürfnisse (Hunger, Einsamkeit...),
- Demotivationen,
- spät erworbene Autoritätsallergien (allergische Reaktionen auf jede Form von Weisung, die erst nach Abschluß der Pubertät erworben wurden).

Diese Variablen menschlichen Verhaltens sind prinzipiell zu lenken und zu beeinflussen, so daß es sich eher um akute Grenzen der Motivierbarkeit handelt denn um grundsätzliche. Letztere aber interessieren uns hier vor allem.
Ich gehe davon aus, daß die menschliche Persönlichkeit den grundlegenden Bestand ihrer Anpassungs-(Reaktions-)mechanismen in den ersten 20 Lebensjahren erwirbt. Danach kommt es allenfalls noch zu Ergänzungen, Modifikationen, Korrekturen. Von diesen 20 Jahren sind nun die fünf ersten die wichtigsten. Zunächst will ich berichten, was in diesen Jahren weitgehend fixiert wird (und wo damit auch jeder spätere Motivationsversuch vor unüberwindlichen Schranken steht).
Die *erste Phase* dauert etwa vom dritten bis zum elften Lebensmonat (Phase des Urvertrauens, orale Phase). In dieser ersten Phase werden grundgelegt die Gefühle

- des Vertrauens (des Selbst- und Fremdvertrauens),
- der Geborgenheit (in Welt, Gesellschaft),
- der Grundstimmung (wie Optimismus oder Pessimismus),
- des Verhältnisses zum Habenwollen.

Diese Grundstimmungen werden optimal entfaltet, wenn in diesen ersten Lebensmonaten das Kind nur eine Bezugsperson hat, die sich ihm liebend und sorgend (fütternd, trocknend, sprechend...)

zuwendet. Geschieht das nicht, kommt es im Regelfall zu irreparablen Schäden. Ein solcher Mensch

- vertraut meist weder sich noch anderen,
- fühlt sich nicht in Welt und Gesellschaft geborgen, sondern sucht irgendwelche anderen Zuflüchte (Besitz, Religion, Ideologie, Wahn...),
- tendiert zum Pessimismus (d. h., er wird zunächst einmal unter allen Möglichkeiten, die eintreffen können, die unangenehmsten und schädlichsten bedenken und für wirklich halten),
- ist in Gefahr, im Haben einen Selbstwert zu sehen und so vom (materiellen oder/und geistigen) Besitz besessen zu werden.

Ganz offensichtlich weicht der Bedürfnis- und Erwartungskatalog eines solchen Menschen deutlich von dem »Gesunder« ab.

- Zuwendung und Liebe werden, da sie stets mit erheblichen Anteilen von Mißtrauen durchsetzt sind, kaum motivieren, vielleicht gar abstoßen (und so demotivieren). Das Liebesbedürfnis ist zwar oft als abstrakte Sehnsucht deutlich ausgeprägt (d. h., der Betroffene leidet unter mangelnder sozialer Nähe oder der Unfähigkeit zu lieben), doch wenn die Sehnsucht konkret zu werden droht, setzt sofort eine Aversionstendenz ein. So kommt es zu einem unter Umständen fast habituellen Appetenz-Aversions-Konflikt, der meist mit sozialer Angst gekoppelt ist. Die einzige Möglichkeit, Angst zu vermeiden, besteht oft in der Realisation der Aversion. Das geschieht durch (mitunter eruptive) soziale Distanzierung oder gar Abwendung.

  Die Kommunikationsfähigkeit eines solchen Menschen ist sehr beschränkt. Soziale Annäherung wird meist nur in dem Umfang gestattet, als sie beherrschbar erscheint. Sie erscheint beherrschbar, wenn es nicht zu emotionalen positiven Bindungen kommt oder solche jederzeit wieder gelöst werden können.

- Mit diesem Urmißtrauen ist verbunden zumeist auch die Unfähigkeit, sich selbst Überdurchschnittliches zuzutrauen. Mangelndes Selbstvertrauen *kann* hier seinen Grund haben und hat es, wenn dieser Mangel begründet ist in Selbst-Urmißtrauen. Dieses Mißtrauen sich selbst gegenüber ist radikaler als das der klassischen Mindergefühle. Es führt meist dazu, daß Ängste zur dominierenden Emotion werden. Wir wissen nun, daß sich Ängste auf vielerlei Weisen maskieren können – sie »erscheinen« latent. So können etwa Schlaflosigkeit, übertriebene Ordnungsliebe, politische Radikalität, hysterische Symptome, starkes Sicherheitsbedürfnis ... durchaus Ausdrucksformen offener oder latenter Ängste sein. Zumindest verweisen diese Masken auf die Möglichkeit solcher radikaler und leitender Ängste. Das mag einer der Gründe sein, warum solche »von Natur aus« mißtrauischen Menschen ihre Ängste nicht wahrnehmen: Sie kennen nichts anderes, wissen nicht um ein Kontrastprogramm. Ähnlich wie wir – nach der Lehre der Pythagoreer – die harmonischen Töne, die die kreisenden Sphären der Sterne erzeugen, nicht mehr wahrnehmen, weil wir sie von Kind an als allgegenwärtig erlebten. Offensichtlich ist eine Motivation solcher Menschen über die Erwartung, daß sich Angst mindern könnte, nicht möglich. Das Allgegenwärtige kann sich nicht mindern. Hier gilt es herauszufinden, welche Bedürfnisse noch intakt, welche gar übersteigert sind. Doch damit ist keineswegs schon alles getan. Ein Führen Urmißtrauischer setzt vor allem ein Umdenken im Erwartungsbereich voraus. Der Mißtrauische erwartet keinen für ihn guten Ausgang – wenngleich er ihn erhoffen mag. Das kann durchaus so weit gehen, daß ein guter Ausgang zu einem Frustrationserlebnis wird und aggressives Potential freisetzt.

- Auch das Angebot von Geborgenheit muß nicht ein zureichender Motivator sein, da Geborgenheit als bedrohlich erlebt werden kann. Die Bedrohung mag in der Vermutung ausgedrückt werden, man wolle hier doch nur vereinnahmen oder Geborgenheit könne doch jederzeit zu Ende gehen. Und diese Enttäuschung wolle man nicht erleben.

Da Geborgenheit nicht von »normalen« Instanzen als möglich vermittelbar erscheint, flüchten sich solche Personen nicht selten in eigenartige Refugien: bigotte Religiosität, Astrologie, Besitzfeti-

schismus..., ohne daß das prinzipiell unerfüllbare Streben nach Geborgenheit durch solche Ersatzhandlungen befriedigt werden könnte.
Zumeist wird jede Form von Gesellschaft als bedrohlich empfunden; allenfalls die streng institutionalisierten können – da sie weitgehend vorauszuberechnen sind in ihren Aktionen und Reaktionen und auch nicht Vertrauen, sondern »nur« Gehorsam einfordern –, toleriert, ja akzeptiert und verteidigt werden.
Immer da, wo das Vertrauensprinzip gegen das Gehorsamsprinzip (oft mit der Bereitschaft zu blindem, unkritischem Gehorsam verbunden) ausgetauscht wird, findet ein solch urmißtrauischer Mensch mit seiner radikalen Verwundung vielleicht eine Heimat. Nicht zufällig tendieren nicht wenige so traumatisierter Menschen zu faschistischen Idealen.

- Optimistische Erwartungen stoßen im Regelfall ab und werden als utopisch, weltfremd, einfältig... denunziert. Dabei rechnet der »geborene Pessimist« auch Realisten zu den Optimisten. Seine Wirklichkeit ist eintönig grau gefärbt. Das macht ihn farbenblind. Er sieht kaum etwas anderes als Mißerfolgschancen. Weil das so ist, hat er auch kaum Angst vor Mißerfolgen (die Ängste liegen viel tiefer als im Erfolgsbereich – sie liegen im Existenzbereich). Damit entfällt neben dem Anerkennungsmotivator (wenn Anerkennung irgend etwas mit sozialer Zuwendung zu tun hat) auch der der Angst vor Mißerfolg. Dagegen ist eine Motivation, die von einem hohen Leistungswert ausgeht, mitunter durchaus erfolgreich.
- Wenn das Vertrauen in Welt und Gesellschaft grundlegend fehlt (nicht nur gestört ist), wird der Urmißtrauische seine existentielle Sicherung – wenn er sie nicht in religiösen oder pseudoreligiösen Praktiken finden kann, oder auch ergänzend dazu – im Haben suchen. Nun ist Haben zweifelsfrei nichts Negatives. Es ist an sich – wenn es ums materielle und geistige Besitzen geht – wertfrei. Das aber bedeutet, daß es unwertig werden kann, wenn der Umstand eintritt, daß ein Mensch von seinem Haben besessen wird. (Die mythische Vorstellung von diabolischer Besessenheit dürfte im

Besessenwerden durch geistigen Besitz ihren Ursprung haben.) Es gibt Menschen, die von ihrem materiellen Besitz gehabt werden. Das kann so weit gehen, daß sie bereit sind, alles – auch ihr Leben – zu opfern –, um ihren materiellen Besitz zu bewahren. Solch paradoxes Besitzstreben ist nicht so selten, wie man aufs erste meinen möchte, weil es sich mitunter ideologisch kaschiert (etwa als Bemühen, eine bestehende Ordnung zu erhalten).

Doch auch geistiger Besitz (Wissen, Vorurteile, Kenntnisse, Informationen, Fähigkeiten...) können das Herrschaftsverhältnis pervertieren. Statt gebraucht zu werden, beherrschen sie den Menschen. Es gibt eine biologische Theorie, nach der die Selektionsmechanismen nicht auf den biologischen Bestand einer Art abzielen, sondern auf den Bestand einer Information und deren Weiterverbreitung. Völkermorde wie heroisches Martyrium können im Bereich menschlichen Verhaltens solche Annahme stützen, denn in beiden Fällen geht es nicht selten um die Durchsetzung oder die Treue zu einer Idee. Die Ideokratie, die Herrschaft der Idee über den einzelnen wie über Gesellschaften, ist die Praxis solchen Gehabtwerdens – und nicht selten ein kaschierter Faschismus. Der urmißtrauische Mensch ist also radikal unfrei. Er wird beherrscht von seinem Haben. Und er kann sich gegen diese Herrschaft nicht auflehnen, weil sie einem tiefen Bedürfnis entspricht, das anscheinend anders nicht befriedigt werden kann. Emanzipation gegen den Anspruch der Sache (der materiellen wie der geistigen) scheint unmöglich. An dieser Schranke scheitern auch die Emanzipationstrategien, die im vorigen Kapitel vorgestellt wurden. Unmündigkeit wird hier zur existentiellen Notwendigkeit. Wer sie entfernt, geht etwa so brutal vor wie ein Gärtner, der einer Stangenbohne die Stange nimmt.
Die zweite Phase deckt etwa das zweite und dritte Lebensjahr ab. In dieser Phase (anale Phase, Phase der Autonomie) werden – vorausgesetzt, die vorhergehende Phase und andere widrige Umstände machen das nicht unmöglich – erlernt:

- die Gefühle des Selbstandes (Autonomie),
- die Gefühle des Behalten- und Gebenwollens,

- die Gefühle für rechtes Sozialverhalten (etwa für Ordnung oder Pflicht),
- die Gefühle für Reinlichkeit.

Diese Basisemotionen werden optimal entwickelt, wenn – vorausgesetzt, es liegen nicht schon frühere Schädigungen oder Störungen vor – in rechter Weise Autonomie gelehrt und gewährt, vermittelt und entfaltet wird.
Das Bedürfnis nach Autonomie scheint in jedem psychisch gesunden Kind vorhanden zu sein. Es kommt darauf an, wie dieses Bedürfnis befriedigt wird. Ungehinderte Bedürfnisbefriedigung des Kindes stößt schon bald an Grenzen, die durch entgegenstehende Bedürfnisse seiner Mitwelt, aber auch durch pädagogische Theorien und Praktiken gezogen sind.
Wird das Bedürfnis nach Autonomie nicht oder falsch befriedigt, werden zumeist zeitlebens folgende Störungsmuster bemerkbar sein:

- eine Tendenz zur Heteronomie verbunden mit allgemeiner Wertunsicherheit oder -labilität,
- eine Tendenz, die das rechte Verhältnis zu Geben und Nehmen stört,
- eine Tendenz zu asozialen Verhaltensmustern (bis hin zur Kriminalität),
- eine Tendenz, Reinlichkeit zu vernachlässigen oder zu übertreiben. Auch der Bedürfnis- und Erwartungshorizont so gestörter Menschen weicht mitunter deutlich von dem »normaler« ab.
- Zumeist wird das Bedürfnis nach Autonomie negativ bewertet, das nach Heteronomie positiv besetzt. Diese Wertungen werden universalisiert, wie überhaupt viele so gestörte Menschen eine deutliche Tendenz zeigen, ihre Normen zu universalisieren (Egozentrismus) und deshalb ihre Toleranzschwelle sehr hoch liegt.

Oft wird das Streben nach Autonomie und der Versuch, sich von Außensteuerungen zu befreien, als asozial rationalisiert oder übertragen (d. h., die eigenen Unfähigkeiten werden zur Norm gemacht und die eigenen Unwerte anderen zugesprochen).

In dieser Phase geschädigte Menschen können aber auch die gegenteilige Tendenz zeigen: Durch maßloses Autonomiebedürfnis werden sie unfähig zu jeder heteronomen Steuerung. Vermutlich ist mancher Anarchismus eine Rationalisierungsfolge solch meist frustrierten übermächtigen Autonomiebedürfens. Im Autonomiestreben Gestörte lassen sich nur schwer sinnvoll in konkrete Arbeitsprozesse einpassen: Entweder begehren sie gegen jede Anordnung... auf, weil sie sich im Streben nach Selbstverwirklichung beeinträchtigt fühlen, oder aber sie weichen jeder Selbststeuerung aus und tun genau das, was man ihnen sagt (am besten gar befiehlt). Zügellose Freiheit oder bedingungslose Unterwerfung (mitunter kommen beide zusammen vor) sind höchste Wünsche. Es ist nicht einfach, ihnen zu entsprechen.
Von solcher primärer Heteronomie ist sorglichst zu unterscheiden eine später erlernte. Über Belohnungen oder/und Bestrafungen kann ein Mensch darauf dressiert werden, nur das zu tun, was andere von ihm wollen – und den eigenen Strebungen gegenüber immer skeptisch oder schuldbewußt zu sein. Diese Form der Heteronomie wurde im vorhergehenden Kapitel behandelt. Sie ist hier nicht gemeint. Hier ist vielmehr angesprochen ein Zustand, in dem auf autonome Ansprüche nicht mit Schuldgefühlen reagiert wird, weil es sie nicht gibt.
Gemeint sind hier aber auch Störungen, bei denen schrankenlose Autonomie gefordert und ohne jedes Schuldgefühl praktiziert wird. Schuldgefühle spielen übrigens bei Störungen im Autonomiebereich eine analoge Rolle wie die Ängste im Vertrauensbereich: Bei im Autonomiebereich gestörten Menschen wird manche Schuld nicht wahrgenommen, wenngleich nicht selten objektiv Schuld vorliegen kann.
Verbunden mit dieser Störung ist zumeist eine allgemeine Wertunsicherheit. Der in rechter Weise autonome Mensch ist fähig, seine Werte in dem Umfang, wie er dies und sein Handeln nach solchen Werten verantworten kann, selbst zu setzen. Sonst kommt es oft zu einer nicht zureichenden Fähigkeit der Ich-Steuerung. Diese Ich-Schwäche kann sehr verschiedene Konsequenzen haben. Die wich-

tigste ist die Unfähigkeit, die Ansprüche aus Über-Ich, eigener Bedürfnisstruktur und sozialer Mitwelt kritisch zu koordinieren. Eine andere ist die, das eigene Ichideal in Frage zu stellen. Stets aber ist die Wertorientierung recht labil: Die Wertordnung kann sich, oft durch triviale Ereignisse ausgelöst, plötzlich ändern oder gar total zusammenbrechen, so daß die Bedürfnisse nach Maßgabe der eigenen Erwartungen hemmungslos durchgesetzt werden.

- Zum zweiten erleben wir bei solchen Menschen nicht selten ein gestörtes Verhältnis zum Geben und Nehmen. Das kann bis zu trivialen Handlungen gehen: etwa der Unfähigkeit, jemandem die Hand zu geben (und statt dessen stets die Hand des anderen zu nehmen). Die Unfähigkeit, zu geben, drückt sich aber vor allem aus in der Unfähigkeit, sich selbst mitzuteilen. Eigentliche Kommunikation kann deshalb erschwert werden, weil nur Rollen gespielt, nicht aber über das Rollenspiel hinaus etwas Persönliches (im Sinne einer Selbstdarstellung oder gar Selbstoffenbarung) mitgeteilt wird. Spontanes Sozialverhalten ist dann selten oder, wenn es gemeistert wird, mit unguten, oft offenen oder maskierten Schuldgefühlen verbunden.

  Die Unfähigkeit, etwas zu geben, beschränkt sich keineswegs auf den Bereich des Sichgebens, sondern wird besonders deutlich im Bereich des schenkenden Gebens. Das schenkende Geben kann bis hin zum offenen Geiz unmöglich sein. Wenn dennoch geschenkt wird, dann aus Berechnung (do ut des oder do ut facias). Es wird zum Teil eines verkappten Tauschvertrages.

  Doch auch das Verhältnis zum Nehmen erscheint nicht selten gestört. Mitunter wird das Nehmen (etwa von Belohnungen oder Geschenken) verweigert, weil damit soziale Verpflichtungen übernommen werden könnten. Das wird dann zumeist rationalisiert: »Ich lasse mir nichts schenken. Dazu bin ich zu stolz!« – »Wenn mir jemand etwas schenkt, dann will er etwas zurückhaben! Niemand verschenkt etwas!«.

  Daß diese Störung ebenfalls eine erheblich veränderte Motivationslage mit sich bringt, ist offensichtlich. Der Betroffene ist nur bereit, etwas als Belohnung zu akzeptieren, wenn er vor sich gleichsam einen Rechtsanspruch auf die Belohnung hat. Er neigt dazu, alle sozialen Beziehungen zu kommerzialisieren. Seine Kosten-Nutzen-Rechnungen kennen oft nur quantitative Größen. Für Qualitäten fehlt ihm das Gespür (auch für »Lebensqualität«).

- Drittens werden oft bestimmte soziale Verhaltensmuster nicht beherrscht. Beherrscht werden allenfalls solche Typen von Sozialverhalten, die im Über-Ich fixiert und durch das konventionelle Gewissen sanktioniert sind. Da es aber nicht zur Ausbildung eines genügend starken Ich kommt, bleibt die Dominanz der Über-Ich-Steuerung erhalten. Handeln aus Pflicht (oder anderen meist erst nach Abschluß der Kindheit verständlichen und deshalb im Über-Ich nicht festgelegten Motiven) ist jedoch nahezu unmöglich. Der Appell an das Pflichtbewußtsein nutzt nichts, weil es nicht vorhanden ist. Vorhanden ist dagegen die Angst vor Bestrafung. Appelle an diese Angst können durchaus verstanden werden.
  Auch eigentliche Gewissenhaftigkeit (im Sinne eines dem sittlichen Gewissen gegenüber Verpflichtetseins) ist nicht ansprechbar, weil kaum vorhanden. *Scheinbare* Gewissenhaftigkeit und Pflichterfüllung können dabei durchaus – sogar besonders auffällig – geübt werden. Es handelt sich dabei aber um ein Verhalten, das sittlichem analog ist, ohne selbst sittlich zu sein. Die Pseudosittlichkeit der Über-Ich-Imperative und die Sanktion des auch strafenden Über-Ich können den Anschein von Sittlichkeit geben, die jedoch kaum von der eines Dackels unterschieden ist (der – wie Dackelbesitzer wissen – durchaus zu moralanalogem Verhalten, Schuldgefühlen und Angst vor Sanktionen fähig sein kann).
  So nimmt es nicht wunder, daß sehr viele Kriminelle in dieser Phase gestört wurden. Die Frage nach dem Ausmaß subjektiver Schuld soll hier nicht beantwortet werden, doch ist die kriminelle Disposition bei Menschen, die in dieser zweiten Phase ihrer psychischen Entwicklung gestört wurden, statistisch signifikant erweisbar. Das mag auch zeigen, daß viele Fälle von krimineller Disposition weder durch gutes Zureden noch durch Strafe zu beheben sind, sondern

ausschließlich durch eine geeignete Therapie. Wir können durchaus davon ausgehen, daß die Mehrzahl unserer Asozialen nicht aus Bosheit asozial sind, sondern aufgrund psychischer Defekte, die auf Störungen im frühen Kindesalter zurückgehen.

- Viertens ist nicht selten bei so gestörten Menschen eine Tendenz aufzuweisen, Reinlichkeit (persönliche, aber auch der Umgebung) entweder zu übertreiben oder zu vernachlässigen. Das bedeutet, daß keineswegs alle über- oder untertriebene Reinlichkeit durch Belohnen oder Bestrafen behoben werden kann. Vor allem übertriebene Reinlichkeit kann ein Ausdruck zwangsneurotischer Disposition (wenn nicht gar von Zwangsneurose selbst) sein.

Nun ist nicht jede Störung dieses Bereichs auf eine Störung in der Ausbildung der Autonomie zurückzuführen. Wenn jedoch noch weitere der erwähnten Merkmale erhebbar sind oder der Betroffene geistig wenig beweglich und/oder eher introvertiert wirkt, kann ein Zwangssymptom bei neurotischer Entwicklung nicht ausgeschlossen werden. Führt das zwanghafte Verhalten nicht zu psychischen Belastungen besonderer Art oder zu erheblichen sozialen Störungen, spricht man von diskordant-normalen zwanghaften Persönlichkeiten. Sie sind besonders da geschätzt, wo hohe Anforderungen an Genauigkeit, Pünktlichkeit, Ordnungssinn, Sauberkeit ... erwartet werden. Kommt hinzu noch eine ausgesprochene Liebe zum Detail, finden so geartete Menschen mitunter recht gute Positionen im Bank- oder Verlagswesen.

Schwieriger gestaltet sich schon die Situation, wenn die Verhaltensstörung ins genaue Gegenteil zielt. Nun, auch hier gibt es Berufe, bei denen die erwähnten Eigenschaften nicht wichtig sind. Die überdurchschnittliche geistige Wendigkeit (mitunter auch Kreativität) der so Gestörten läßt ihre soziale Integration mitunter als schwierig, selten aber als unmöglich erscheinen.

Für die Motivationspraxis ist es wichtig zu wissen, daß zwanghafte Verhaltensmuster einem außerordentlich starken Bedürfnis entsprechen. Es kann durchaus stärker sein als selbst die physiologischen Bedürfnisse. Eine Gegen-Motivation sollte also nicht leicht

erwogen werden. Vielmehr muß sich bei solchen Fällen das Motivieren oft darauf beschränken, die Erwartungen des Betreffenden und die Realisation seines Bedürfnisbefriedigungsantriebs zu lenken (etwa über Einsichtigmachen).
Die *dritte Phase* währt etwa vom vierten bis hoch ins fünfte Lebensjahr. Es ist diese die »Phase der Initiative« (die der ödipalen Konflikte). Vorausgesetzt, in den vorhergehenden beiden Phasen verlief die Entwicklung im wesentlichen ungestört, werden in dieser Phase grundgelegt:

- das emotionale Verhältnis zur Leistung,
- das emotionale Verhältnis zum eigenen Körper,
- das emotionale Verhältnis zu Lob und Anerkennung (Eitelkeit...) und
- die Stärke und Intensität des allgemeinen Antriebs.

In dieser Phase erlernt das Kind den Umgang mit eigener Initiative. Wieder ist die Entwicklung eines gesunden Verhältnisses zur Initiative weitgehend abhängig von den pädagogischen Einflüssen, die auf das Kind wirken (Eltern, Geschwister, Kindergarten, Spielgruppe...). Zeichen für Fehlbildungen, die auf diese Zeit zurückgehen, können sein:

- Leistung wird emotional negativ besetzt,
- der eigene Körper wird geringgeachtet, es kommt nur selten zum lustvollen Körpervollzug (etwa im Sport, in der Arbeit...), oder aber das Wohlbefinden des Körpers wird überschätzt, seine Pflege übertrieben,
- Lob und Anerkennung werden zu gering oder zu hoch eingeschätzt,
- Stärke und Dauer des Antriebs sind zu klein oder zu groß.

Auch bei Störungen im Bereich der Initiative wird die Motivationsstrategie deutlich anders ausfallen müssen als im Normalfall. Momente, die berücksichtigt werden müssen, sind:

- *Erstens:* Leistung kann eine Größe sein, die emotional nicht positiv oder gar negativ besetzt ist. In diesem Fall gelten die Regeln nicht, die Führen primär auf ein Vermeiden von Demotivation beschränken. Da Leistung eher negativ besetzt wird, muß, damit überhaupt Leistung zustande kommt, ein starker Motivator eine emotionale Stimmung wecken und aufrechterhalten, die die Leistungsunlust nicht nur kompensiert, sondern Leistung aliunde zu einer wertbesetzten Größe macht.

Leistungsverweigerung ist heute nicht selten. Dahinter können durchaus Störungen stehen, die in das Vorschulalter zurückreichen. Daran ändert sich auch nichts, wenn die Leistungsverweigerung ideologisch kaschiert (rationalisiert) wird. Tendenzen zur Leistungsverweigerung werden aber in jedem Fall verstärkt, wenn es zum Leistungszwang (»Leistungsterror«) kommt, denn Zwänge verträgt ein Mensch, der zwar zur Autonomie, nicht aber zur Leistung ein gesundes Verhältnis hat, selten.

Die Leistungsunlust wird auch beim Auftauchen von Ängsten (etwa Entlassungsangst) keineswegs gemildert. Vielmehr kann es unter dem Eindruck des befürchteten Ereignisses zur Leistungssteigerung bei wachsender Leistungsunlust kommen. Man wird von solchen Leistungen nicht zuviel erwarten.

Es gibt jedoch auch ein falsches Verhältnis zur Leistung, das, in umgekehrter Richtung zielend, Leistung zum Selbstwert macht. Leistung ist keineswegs der einzige Ausgang, in dem sich menschliche Initiative entfalten und verwirklichen kann. Zu einer Entwirklichung und Entmenschlichung der Leistung kann es immer dann kommen, wenn ein Mensch sich primär in und durch seine Leistung verwirklicht.

Hier gilt es sorglich zu unterscheiden zwischen Arbeit und Leistung. Arbeit ist eine typisch menschliche Weise, sich selbst zu verwirklichen. Mit und durch Arbeit wird auch etwas geleistet, an erster Stelle aber etwas geschaffen. Die Idee, daß Arbeit Teilnahme an göttlichem Schaffen und daher geadelt sei, ist schon fast 2000 Jahre alt. Wird aber die Leistung in den Vordergrund gestellt, kann es sein, daß der soziale Aspekt der Arbeit (als Mit-Arbeit) übersehen und die Arbeit versachlicht, verdinglicht, vermarktet wird als Leistung. Fin-

det sich ein Mensch dann in einer solchen Sache wieder, wird er sich selbst versachlichen, sich selbst funktionalisieren und damit entpersönlichen. Das ist ein Aspekt des »Leistungsterrors«. Nur wird, in diesem Kontext gelesen, das Worte etwas real Bedenkliches bezeichnen: Menschen, die sich nicht mehr in und durch Arbeit interpersonal realisieren, versuchen das, nachdem die Arbeit entpersönlicht und funktionalisiert wurde, durch Leistung und entpersönlichen und funktionalisieren sich so selbst. Der so ausgeübte Terror – eine Art begeisterten Selbstmords einzelner in einer »Leistungsgesellschaft« – ist durchaus vergleichbar der versachlichten und versachlichenden Sklavenarbeit.
Im allgemeinen empfiehlt es sich, im Fall einer wie auch immer begründeten Leistungsunlust, soziale Motivatoren (Affiliation, Solidarität, Gleichheit...) zu betonen.

- *Zweitens* kann die eigene Körperlichkeit als unerheblich abgetan werden. Solche Menschen neigen dazu, ihren Körper als reines Instrument des »Geistes« zu betrachten. Er hat gleichsam die Funktion, den Kopf zu ernähren und fortzubewegen sowie für die Vervielfältigung zu sorgen. Diese Mißachtung oder Gleichgültigkeit dem Körper gegenüber ist vor allem bei »religiösen« Menschen nicht selten. Während der psychisch Gesunde das Funktionieren seines Körpers lustvoll empfindet, nimmt der Gestörte solches Funktionieren als Selbstverständlichkeit hin und ist mitunter recht verstört, wenn ihm sein Körper nicht gehorcht (bei Krankheit oder Überforderung etwa).
Ich habe den Verdacht, daß die Maslowsche Bedürfnishierarchie unter Menschen entwickelt wurde, die ein solch gestörtes Verhältnis zum eigenen Körper hatten. Das ist nicht weiter verwunderlich, denn in unserer Gesellschaft gilt – aus welchen Gründen auch immer – körperliche Arbeit weniger als geistige.
Diese eigentümliche Fehlschätzung gilt es natürlich auch im Motivationsprozeß zu berücksichtigen. Nicht selten werden Menschen stärker motiviert sein, wenn man das geistig Anspruchsvolle in einer Handlungssequenz betont.

Daß es auch Menschen gibt, die ihren Körper zu einem Kultgegenstand hochstilisieren, ist unbestritten. Bodybuilding ist oft eine solche pervertierte Art des Umgangs mit sich selbst. Ein Mensch, der seine Körperlichkeit (oder einzelne seiner Körperfunktionen) überbewertet, muß nicht unbedingt im Initiativbereich gestört sein. Es können auch Kompensationsmechanismen dazu führen oder auch Formen der Abwehr (etwa bei Homosexualität). Da der Körperkult meistens für die Arbeitsmotivation unerheblich ist, muß seine Problematik hier nicht weiter ausgeführt werden. Nur eines ist wichtig: Er kann ein Symptom sein für ein gestörtes Verhältnis zur Initiative, die sich hier autistisch befriedigt.

- *Drittens* kann ein falsches Verhältnis bestehen zu Lob und Anerkennung. Initiativ gestörte Menschen lassen sich mitunter auch durch Lob und Anerkennung nicht aus ihrer Passivität oder übertriebenen Geschäftigkeit locken. Sie fallen ihnen eher lästig oder sind ihnen gleichgültig. In diesem Fall ist es natürlich töricht, über Lob und Anerkennung motivieren zu wollen.
  Gefährlich kann eine solche Motivationsstrategie werden, wenn ein Mensch in gestörtem Verhältnis zur Initiative extrem abhängig ist von Lob und Anerkennung. Es kann sein, daß er nur initiativ wird, wenn Anerkennung lockt. Es kann aber auch sein, daß er übertrieben initiativ ist, um Anerkennung um jeden Preis zu erreichen.
  In der Praxis wird es schwerfallen, auf Motivatoren wie Lob und Anerkennung zu verzichten. Dennoch sollten in den beiden zuletzt geschilderten Fällen andere Formen der Belohnung als Verstärker verwendet werden (etwa materielle Entlohnung). Bei extremer Verwiesenheit auf Anerkennung ist wohl oft eine Therapie zu empfehlen, vor allem, wenn der Defekt auf eine Fehlbildung im Initiativbereich zurückgeht (das ist besonders dann vermutbar, wenn auch andere Merkmale einer Störung dieses Bereiches gezeigt werden).

- *Endlich* können Antriebsfehler auf eine Störung im Bereich der Initiative verweisen. Auffällig sind zumeist beide: Überaktivität und Antriebsmangel. Der Überaktive sucht Selbstverwirklichung in der Initiative selbst. Dabei ist es nicht eigentlich wichtig, was Mittel und

Ziele der Initiative sind. Solche Menschen werden auch initiativ, wenn sie sich sagen müssen, daß keineswegs Anerkennung dabei herausschaut. Initiative wird zum Selbstwert.
Auch in diesem Fall wird man – wenn sich die Störung nicht auf bloße Vereinsmeierei oder Gschaftelhuberei beschränkt – an eine Therapie denken. Im Motivationsbereich ist darauf zu achten, daß leistungsfördernde Motive nicht eingebracht werden dürfen. Der übersteigerte Impetus ist vielmehr etwa über Einsichtigmachen zu regulieren.
Ebenfalls kann Antriebsschwäche ein Symptom für zahlreiche psychische Abweichungen sein, angefangen von einer vegetativen Labilität bis hin zu schizoiden Störungen. Habituelle Antriebsschwäche oder langsam einsetzende (vor allem während der Pubertät oder der »Wechseljahre«) sollte immer ernst genommen werden. Es kann dahinter eine nicht unerhebliche psychische Störung stehen. Nicht selten ist sie verbunden mit allgemeiner Unlust. Ich habe diesen Komplex als »So-what-Syndrom« beschrieben. Es ist gekennzeichnet durch folgende Merkmale: allgemeine Antriebsschwäche, häufige Niedergeschlagenheit (»Was soll's?«) und meist abnehmendes Kommunikationsbedürfnis. Treten diese Symptome anhaltend gemeinsam auf, sollte stets ein Therapeut oder ein Psychiater konsultiert werden.
In diesem Zusammenhang ist es wichtig, daß der Motivierende weiß, daß er gegen pathologische Bedürfnisse nicht motivieren soll, da sie meist stärker sind als die, die er aufzurufen oder zu wecken vermag. Ist ein Bedürfnis noch leicht durch andere zu »überspielen«, wird es selten als pathologisch bezeichnet werden können.
Häufig aber hat mangelnder Antrieb auch andere Gründe. Es kann sich etwa um späte Formen eines Demotivationsprozesses handeln oder aber um eine Absorption psychischer »Energie« auf anderen Gebieten (etwa privaten). Auch in diesen Fällen besteht Motivieren nicht zunächst im Versuch, diese Defekte durch »stärkere« Motive zu überspielen, sondern in der Behebung der Ursachen. Hier werden leicht und oft Fehler gemacht. Der Führende wundert sich, warum der Mitarbeiter sich nicht zu mehr »Drive« motivieren läßt, weil er die Gründe nicht kennt, die den Antrieb stören.

Die *vierte Phase* deckt das Schulkindalter (6.–11. Lebensjahr) ab. Sie schließt sich an die vorhergehende zeitlich an und endet mit der Vorpubertät. Störungen, die in diesem Alter begründet sind, können zumeist sehr viel leichter behoben werden als die der ersten fünf Lebensjahre, für die die Psychoanalyse immer noch oft die beste therapeutische Möglichkeit bereitstellt. Störungen, die begründet sind in späteren Lebenserfahrungen, lassen sich mit Hilfe gruppentherapeutischer oder auch lerntherapeutischer Maßnahmen mitunter verblüffend schnell beheben. Wir haben vernünftige Gründe anzunehmen, daß ab jetzt nicht mehr geprägt, sondern gelernt wird.

Sorglichst gilt es jedoch zu unterscheiden zwischen dem Begründen einer Störung und ihrem Sichtbarwerden. Eine Störung, die im zweiten Lebensjahr begründet liegt, kann unter Umständen erst während der Wechseljahre offenbar werden. Im allgemeinen müssen Störungen schon sehr erheblich sein, daß sie unmittelbar nach ihrer Begründung »ausbrechen«. Im allgemeinen werden sie erst sichtbar im Verlauf einer kritischen Lebensphase (Pubertät, Wechseljahre, schwere Krankheit, langwährende Arbeitslosigkeit, Tod eines nahen Verwandten ...).

Nun aber zur vierten Phase. In dieser Zeit werden oft Mindergefühle erworben. Dies können sein: Minderwertgefühle, Minderleistungsgefühle, Minderanerkennungsgefühle ... Man geht zumeist davon aus, daß *jeder* Mensch in seinem Selbstwertgefühl während dieser Zeit verletzt wird. Zwar kennt auch das Kind das ohnmächtige Aufbegehren gegen die Autorität der Erwachsenen. Aber es ist nicht dafür sensibilisiert, daraus Mindergefühle herzuleiten (eher Schäden im Autonomie- oder Initiativbereich). Das Schulkind aber erfährt seine Unterlegenheit gegenüber Erwachsenen (Eltern, Lehrern ...) mindernd. Mit diesen Mindergefühlen muß es leben lernen, wenn es sie nicht verlernt (was durchaus vorkommt).

Um aber mit Mindergefühlen leben zu können, wählt dann der Heranwachsende oder auch der Erwachsene eine oder mehrere folgender Strategien:

- Er versucht, Herrschaft über andere Menschen auszuüben (oft kaschiert als Wille zur Verantwortung).
- Er versucht, sich hinter Fassaden zu verbergen oder aber zu imponieren, um sich weniger verwundbar zu machen und sich nicht immer wieder an seine Mindergefühle erinnern lassen zu müssen.
- Er versucht, sich und anderen zu beweisen, daß gar kein Grund für Mindergefühle besteht (etwa durch erhöhte Leistung).
- Er versucht, seine Mindergefühle abzuwehren (und so komplexhaft abzuspalten).

Alle diese Strategien müssen erkannt werden können, wenn man es mit Menschenführung zu tun hat. Bemerkt man sie nicht oder werden sie falsch interpretiert, kann es zu schweren Führungsfehlern (etwa bei Stellenbesetzungen oder im Motivationsbereich) kommen. Es gilt also auf Folgendes sorglichst zu achten:
Erstens gibt es Mitarbeiter, deren soziales Verhältnis erheblich gestört ist, wobei die Störung oft nicht bemerkt, sondern als lobenswerter Ehrgeiz oder zu fördernder Wille nach Verantwortung interpretiert wird. Während diese beiden Verhaltensmuster Folgen normalen Antriebs, verbunden mit dem ebenso normalen Bedürfnis nach Achtung und Selbstverwirklichung sein können, handelt es sich bei »Strebern« um psychisch gestörte Menschen. Diese Störung kann besonders auffällig werden, wenn sie das Bedürfnis nach Herrschaft dazu bringt

- sittlich problematische Mittel zu verwenden, um ihr Ziel zu erreichen,
- das Dominanzstreben gegenüber Kollegen auffällig ist oder
- der Wille, positiv aufzufallen, erheblich und die Sorge, negativ aufzufallen, beträchtlich ist.

Es kann sein, daß solche Menschen kaum größere Fehler machen. Daran hindern sie aber nicht etwa Ethik oder Einsicht, sondern zumeist ganz einfach die Angst, sonst nicht weiter aufsteigen zu können. Häufig sind auch Meinungswechsel, die nicht wegen neuer Einsichten, sondern opportunistisch geschehen. Meinungsstabilität

ist selten entwickelt, sondern wird allenfalls vorgetäuscht, um sich für höhere Positionen als geeignet zu qualifizieren.
Da solche Mitarbeiter für ihre »Untertanen« oft eine rechte Plage sind, obschon sie kaum offensichtliche Fehler machen, und zudem auf die Dauer demotivierend wirken, selbst wenn sie Motivationstechniken nahezu perfekt beherrschen, sind sie zum unmittelbaren Führen nur sehr beschränkt geeignet. Vor allem sollte ihr anormaler Ehrgeiz nicht motivierend angesprochen werden. Da bei diesen Menschen Anerkennung und Selbstverwirklichung oft zu einem Motivationsfeld zusammenfallen, wird die optimale Motivationsstrategie eine Lösung beider Bereiche voneinander versuchen, um über die Setzung hoher Ziele, mit denen nicht Fremdanerkennung verbunden ist, die Fähigkeit zu stärken, Selbstverwirklichung als eigenen Motivator zu erkennen.
Zweitens gibt es nicht wenige, die die Überzeugung eigener Minderwertigkeit zu kaschieren suchen. Die häufigsten Techniken sind diese (vgl. Seite 167 ff.):

- Der Betroffene zieht Fassaden auf, um sich dahinter verbergen zu können. Eine beliebte Fassade ist das »Image«. Hinter dem oft geschickt aufgebauten Image verbirgt sich dann zumeist ein ganz hilfloser und schwerverwundeter Mensch. Eine andere Fassade ist die Distanziertheit. Der Betroffene legt zwischen sich und den anderen weite Distanzen. Er läßt niemanden, der ihm irgendwie gefährlich werden könnte, an sich heran. In beiden Fällen ist die Kommunikation gestört. In beiden Fällen suchen Menschen sich zu verbergen, im ersten hinter einem Bild, im zweiten hinter einem tiefen Graben.

- Der Betroffene versucht zu imponieren. Solches Imponiergehabe, das sich sehr verschieden darstellen kann (Verwendung von Statussymbolen, Betonung einmaligen Könnens, Wissens, Betonung außergewöhnlicher Erlebnisse oder Erfahrungen, Bekanntschaften oder Erfolge ...), soll von der Schwäche und Ohnmacht des Betroffenen ablenken, die oftmals gar nicht oder nur in üblicher Weise vorhanden ist, deren sich aber der Betroffene schämt. Auch Titel

oder Orden können die Funktion haben, solche Wunden zu verbergen.
Nun wird ein erfahrener Führender solche Manöver auf den zweiten Blick erkennen. Doch kann er versucht sein, das ihm harmlos erscheinende Spielchen des Betroffenen mitzuspielen, um ihn so nicht zu kränken und dadurch zu demotivieren. Solche Strategie übersieht jedoch, daß ein so gestörter Mensch gar nicht unbedingt will, daß man sein Imponieren oder seine Fassaden akzeptiert. Er hat oft den starken Wunsch, er selbst sein zu dürfen, alles Imponieren und alle Fassaden aufgeben zu dürfen. Damit er das aber kann, muß er sich geborgen und angenommen fühlen. Zwar wird er auch in der ersten Zeit einer solchen Atmosphäre der Geborgenheit versuchen, Fassaden aufzubauen oder zu imponieren (oftmals gar verstärkt), weil er der Meinung ist, so den ihm so erwünschten Zustand sichern zu können. Jetzt kommt es darauf an, daß er erkennt, daß er *trotz* seines Imponiergehabens oder seines Fassadenbauens akzeptiert wird und nicht *wegen* dieser Versuche. Es kommt darauf an, daß er erfährt, daß es möglich ist, seine eigenen Schwächen, Mängel, Fehler ruhig zuzugeben, ohne daß darunter Achtung leidet.
Solche Erfahrungen können – wenn sie intensiv genug sind – durchaus zu einer neuen Konditionierung führen und so den Fehler beseitigen. Für den Führenden (oder Motivierenden) ist es also notwendig, um das oft maskierte Bedürfnis dieser Menschen zu wissen, gerne so sein zu dürfen, wie sie sind: voller Schwächen und Fehler – eben normale Menschen.
Drittens gibt es Menschen, die sich selbst zu beweisen versuchen, daß sie nicht minderwertig sind. Dazu wählen sie meist eine Strategie, die der Richtung der Verwundung entgegen ist. Der mit Minderwertgefühlen Ausgestattete sucht seinen hohen Wert, der mit Minderanerkennungsgefühlen Versehene seine Anerkennungswürdigkeit... zu beweisen. Stets aber wird dazu eine Strategie gewählt, die niemals das Mindergefühl beheben kann. Denn der so Gestörte wird niemals so viel Wertbezeugung, niemals so viel Anerkennung finden können, wie er braucht, um seine Gefühle voll zu kompensieren. Das gestörte Bedürfnis ist nicht zu befriedigen.

Da diese Menschen – um Anerkennung zu erreichen – außerordentlich fleißig und aktiv sind, werden sie mitunter aufsteigen bis zu einer Position, in der Aktivität und Anerkennungswille nicht mehr ausreichen, um sie gut auszufüllen. Das Peterprinzip ist verwirklicht. Der Betroffene resigniert oder entwickelt erhebliche Ängste, da sein anormales Bedürfnis nicht mehr so befriedigt wird wie früher. Es sei angemerkt, daß solche Menschen weniger geeignet sind, höhere Führungspositionen einzunehmen.

Die permanente Frustration, die durch ein prinzipiell nicht befriedigbares Bedürfnis niederer Stufe entsteht, bedingt – meist über Angstmechanismen vermittelt – eine Disposition zu destruktiven Individual- oder Sozialkonflikten. Wiederum wird der Motivierende deutlich machen müssen, daß die Zuwendung und Hochachtung nicht abhängen von den gewählten Strategien, die den Betroffenen nötigen, um Anerkennung, Erfolg ... zu *kämpfen.* Er wird lernen, daß Menschen, die nicht kämpfen und dennoch gewinnen, für Führungsaufgaben meist sehr viel geeigneter sind. Sicher wird eine solche Umstimmung nicht von heute auf morgen geschehen können, doch wird hier – abgesehen von sehr schweren Störungen – bei guter Führungstechnik die Korrektur durch einen Therapeuten nicht unbedingt nötig sein.

Es muß gelingen, deutlich zu machen, daß Wertschätzung und Anerkennung nicht primär konkrete Leistung betreffen, sondern an erster Stelle den Menschen. Er wird begreifen lernen, daß er sich selbst in seiner Menschlichkeit verbraucht und daß er falsche Strategien wählt, um sein Ziel zu erreichen. Das fordert jedoch manches Einfühlungsvermögen des Führenden, der nicht selten einfach diesen Defekt zum »Nutzen des Betriebs« verwendet und zu immer höherer Leistung zu motivieren versucht – ein Versuch, der bei so Gestörten leicht auf fruchtbaren Boden fällt. Doch sollte der Motivierende sich darüber klarwerden, daß er hier einen Menschen zu Tode hetzen kann.

Viertens kann ein so Geschädigter versuchen, das »Wissen« um seine eigene Minderwertigkeit abzuwehren (etwa zu verdrängen) und so in die vermeindliche Uneigentlichkeit des Unbewußten abzuspalten. Ist solcher Versuch erfolgreich, spricht man von *Minderwertigkeitskomplexen.* Solche Komplexe entstehen zumeist, wenn zwei nicht miteinander vereinbare Bedürfnisse (in unserem Fall das Bedürfnis etwa nach Anerkennung durch Leistung *und* das, Leistung zu verweigern) miteinander ringen. Der Konflikt selbst wie auch die Existenz eines der beiden Bedürfnisse werden oft abgewehrt. Der nicht mehr bewußte Komplex wird zu einem eigenen und eigenständigen Motivationszentrum, das zumeist zu psychopathischen oder neurotischen Verhaltensmustern lenkt.

Ist also das Wissen um die eigenen Mindergefühle (vorausgesetzt, sie existieren) erfolgreich abgewehrt worden, besteht die Möglichkeit einer erheblichen psychischen Störung. Sie gehört in fachtherapeutische Behandlung. Einem Laien wird der Grund der pathologischen Reaktionen erkennbar durch die spezifischen Formen der Fehlreaktionen. In unserem Fall wird der Betroffene meist auf Kritik oder Mißerfolg anormal stark und heftig und nicht selten mit ungewöhnlichen Strategien reagieren (Ausbrüche, Suiziddrohung, Rache ...).

Die fünfte Phase ist die der Pubertät. Da Beginn und Abschluß der Pubertät weitgehend milieubestimmt sind, können hier Altersangaben allenfalls als Hinweise verstanden werden (als statistischer Durchschnitt). Wie schon bei den vorherigen Angaben kann das individuelle psychische und physiologische Alter stark vom kalendarischen abweichen. Die Pubertät währt bei männlichen Jugendlichen etwa vom 12. bis zum 19. Lebensjahr, bei weiblichen beginnt und endet sie zumeist ein Jahr früher.

In dieser Phase wird:

- Wirklichkeit neu begründet oder aufgebaut,
- Selbstverständnis für die nächsten Jahrzehnte (oft bis ins fünfte Lebensjahrzehnt hinein) festgemacht in seinen Grundmustern,
- über Rollen- und Statuskonflikte eine Rollen- und Statussicherheit erreicht.

Das »kritische Stadium« menschlicher Entwicklung ist zumeist erst dann vorüber, wenn ein Mensch in einem selbsterwählten Beruf sich selbst erhalten kann. So mag es sein, daß sich vor allem bei Hochschülern an die Phase der Pubertät (die im wesentlichen durch den Abschluß der körperlichen Reife gekennzeichnet ist) noch die Adoleszenz als Abschluß der »geistigen«, psychischen Reife krisenhaft anschließen kann. Eine Krise, die erst gegen Ende des dritten Lebensjahrzehnts abgeschlossen sein mag.

Ich beschränke mich hier ausschließlich auf die Pubertät (die »genitale Phase«). In der Pubertät werden nicht nur schwer zu korrigierende Festlegungen getroffen, um die ein Führender wissen muß, um ihnen richtig begegnen zu können, sondern nicht selten kommen Pubertierende schon in die Betriebe oder in andere Organisationen und müssen geführt werden. Zwar zentrieren sich im Bewußtsein des Jugendlichen zumeist die pubertären Konflikte um Sexualität, doch sind keineswegs alle Konflikte sexueller Art. Welche Festlegungen können in diese Zeit fallen?

Erstens baut sich der Pubertierende eine neue Wirklichkeit auf. Die subjektive Interpretation der Realität, wie sie ein Kind vornahm, erweist sich als nicht tragfähig und wird durch eine neue Wirklichkeit mit neuen sozialen Tatsachen, neuen Vorurteilen, neuen Bedürfnissen und Erwartungen, neuen Ängsten, Schuldgefühlen und Wertungen abgelöst. So ist es durchaus verständlich, daß Jean Jacques Rousseau (1762) die Pubertät eine zweite Geburt nannte.

Der Jugendliche ist zumeist wegen seiner andersgearteten Wirklichkeitskonstitution psychisch ein anderer geworden, als er vor Beginn der Pubertät war. Es liegt ein Fall von psychischer Metamorphose vor, wie wir ihr wiederbegegnen können etwa im Klimakterium (um das fünfzigste Lebensjahr). Der junge Mensch ist zwar somatisch derselbe geblieben, doch psychisch ist er nicht nur anders, sondern durchaus auch ein anderer geworden.

Gelingt dieses Anderswerden nicht, etwa weil die Verhaltenserwartungen eines oder beider Eltern das nicht zulassen, kann es zu infantilen Fixierungen kommen. Der junge Mensch behält bestimmte Verhaltensinhalte der kindlichen Elementarrolle bei – und wirkt so, zumindest partiell, kindisch. Vor allem, wenn die Mutterbindung nicht zureichend gelöst wurde, wenn also die Mutter in der neuen

Wirklichkeit dieselbe Stelle einnimmt wie in der alten, kann es zu nicht unerheblichen psychischen Störungen kommen, die allerdings oft schon in der Phase der Autonomie grundgelegt wurden. Eine solche Mutterbindung verhindert nicht nur eine normale sexuelle Entwicklung im psychischen Bereich, sondern führt auch nicht selten zu mangelhafter Ausbildung des Ichs, weil hier die Mutter eine nicht adäquate Autorität bleibt, die Imperative des Über-Ichs noch verstärkt, wenn sie längst vom Ich kontrolliert sein sollten. Symptome können Antriebsschwäche, Betulichkeit, homoerotische Fixierungen … sein.

Für den Motivierenden ist wichtig zu erkennen, daß die in diesen Jahren grundgelegten Wertorientierungen und andere Wirklichkeitskomponenten nicht leicht zu ändern sind, sondern im allgemeinen als nicht zu ändernde Vorgaben akzeptiert werden müssen.

Zweitens wird das Selbstverständnis grundgelegt. Selbstverständnis und Wirklichkeitskonstitution stehen miteinander in enger Wechselbeziehung, doch gibt es hier einige Sonderheiten festzuhalten. So kommen Defekte der früheren Perioden mitunter jetzt zu ihren Symptomen. Es wird festgelegt,

- wovor sich der Mensch in Zukunft ängstigen muß,
- wann er sich schuldig zu fühlen hat und schämen soll,
- mit welchen Strategien er seinen Mindergefühlen begegnet,
- wie sein Verhältnis zur Autorität sich gestaltet,
- wie seine Hierarchie von Eigenschaften (Begabungen, Vermögen …) geordnet wird und was er also in Zukunft unter Selbstverwirklichung (im Sinne Maslows) verstehen wird.

Auch hier wieder eine Konsequenz für den Motivierenden. Motive, die in der Pubertät einmal festgemacht worden sind, sind zum Anteil von Wirklichkeit geworden und daher kaum zu korrigieren (außerhalb einer Therapie).

Auch die eigentliche Begabungsstruktur wird erst jetzt festgelegt in der Begegnung mit der Bedürfnisstruktur, denn Begabungen sind nur erheblich, wenn sie an Bedürfnisse oder Erwartungen gekoppelt werden. Solche Koppelung geschieht weitgehend während der Pubertät (neu).

Drittens wird über mancherlei Konflikte eine gewisse elementare Rollensicherheit erreicht. Mit der Pubertät ist nicht nur eine psychische, sondern auch eine soziale Umstellung, ein soziales Anderswerden verbunden. Mit diesem Anderswerden aber tragen die kindheitsspezifischen Rollen nicht mehr. Erwachsenenrollen werden aber noch nicht beherrscht. Der Mangel an festumrissenen Aufgabenstellungen und die Vielzahl widersprüchlicher Normenansprüche der Mitwelt, die ebenfalls nicht recht weiß, ob sie dem Heranwachsenden Kinder- oder Erwachsenenrollen zuteilen soll, verstärken die Konflikte noch. Es entsteht nicht selten eine Solidarität mit Gleichaltrigen, die durch gemeinsame Bedürfnisse und die Gemeinsamkeit der Statusunsicherheit weitgehend bestimmt ist. Je nach sozialem Milieu kommt es zur Bildung von Bünden oder Banden.

In solchen Jugendgruppen gelangt der Jugendliche über Prozesse der Angleichung und Konformität (von Verhalten und Überzeugung) zu einer gewissen Stabilität, die sich mit der der Erwachsenenwelt zumeist nicht in Übereinstimmung bringen läßt. Die »einsame Masse« (David Riesmann) fühlt sich von der Erwachsenenwelt abgeschnitten und protestiert in mancherlei Formen (von der Kleidung bis hin zum Terror) gegen diese Welt.

Als Gruppenmitglied erhält der einzelne einen bestimmten Status, eine bestimmte Rolle (= die dynamische Seite des Status) und damit eine bestimmte Sicherheit. Da sich diese Rollen meist nicht mit denen der Kinder- oder Erwachsenenwelt vertragen, kommt es zu Rollenkonflikten, die in aller Regel mit Normenkonflikten einhergehen. Vor allem jene Rollenfixierungen der Erwachsenenwelt, die auf Tradition, Sitten, Gebräuche, Gesetze zurückgehen, werden in Frage gestellt.

Der psychisch und sozial bislang nicht geschädigte Jugendliche wächst nun durch solche Konflikte hindurch, die er langfristig zugunsten von Erwachsenenwelt-Rollen zu lösen lernt, in die Erwachsenenwelt hinein. Der geschädigte Jugendliche oder der Jugendliche, dem die Rollen und Normen der Erwachsenenwelt nicht sinnvoll und in rechter Weise kritisch nahegebracht werden, kann zeitlebens ein »Outcast« bleiben, der nur in Randgruppen gesellschaftliche Sicherheit findet.

Die Pubertät ist die Zeit der sekundären Sozialisation (wie die ersten fünf Lebensjahre die der ersten sind). Mißlingt sie, werden also Rollen und Normen der Erwachsenenwelt aus Gründen, die durchaus verständlich, ja edel sein können, nicht akzeptiert, ändern sich zwar nicht die Bedürfnisse, aber die Erwartungen in bezug auf die Bedürfnisbefriedigung nach Weg und Ziel weichen oft erheblich von der »Norm« ab.

Der Motivierende muß solche Abweichungen erkennen, denn die Befriedigung von Bedürfnissen ist nicht schon an sich motivierend, sondern meist nur erwartete Befriedigung.

Gelingt die sekundäre Sozialisation nicht oder nicht zureichend, dann werden in der Erwachsenenwelt folgende Symptome darauf verweisen können:

- Autoritätsprotest oft gepaart mit Inaktivität (Leistungsverweigerung),
- hypochondrisch gefärbte Klagen und Sexualskrupel,
- Leistungsunwilligkeit bei Überforderung,
- überschießende unbeherrschte Ausbrüche.

Sie alle sind Folgen einer grundsätzlichen Verweigerung oder auch eines grundsätzlichen Protestes. Dieser Grundsätzlichkeit wegen kann auch nicht gegen solche Symptome das Instrumentar der üblichen Motivationstechniken eingesetzt werden. Die basale Demotivation kann nur behoben werden, wenn es gelingt, die sekundäre Sozialisation zu verwirklichen. Dabei ist aber der normal Führende (im Elternhaus, im Betrieb, in Hochschulen...) oft völlig überfordert.

In der konkreten betrieblichen Führungspraxis wird die »dritte Sozialisation« (während der sog. Wechseljahre) um das fünfzigste Lebensjahr herum oft noch erheblicher sein. Auch in dieser Phase setzt eine Neukonstitution der Wirklichkeit ein, die mitunter krisenhaft verlaufen kann (»Krise der Lebensmitte«). Auch während dieser radikalen Neuorientierung werden neue Werteskalen geschaffen, neue soziale Verhaltensmuster erworben, neue Grundeinstellungen bemerkbar, Bedürfnisse und Erwartungen werden anders – wie überhaupt der Mensch wieder einmal ein anderer wird. Der Führende wird sich ebenso wie etwa der Ehepartner auf diese Situation und den veränderten Menschen einstellen müssen. Falsch wäre es in jedem Fall, mit den gleichen bewährten Techniken weiterarbeiten zu wollen.

Ein anderer Mensch erfordert andere Formen der Begegnung, Interaktion, Kommunikation …

Einige Trainingshinweise

Motivieren will also gelernt sein. Die vorhergehenden Abschnitte haben nicht zum Ziel, das Thema unnötig zu problematisieren. Sie wollen nur deutlich machen, daß der »Common sense« keineswegs ausreicht, um auch in schwierigen Situationen richtig zu motivieren.

Motivationstraining impliziert in jedem Fall Sensibilisierungstraining und setzt voraus, daß die theoretischen Grundlagen beherrscht werden. Optimal geschieht dieses Training nun nicht im Durchspielen von Fällen oder im Aneignen von bestimmten Regeln, die es erlauben, ein bestimmtes Verhalten unter bestimmte Normen zu subsumieren und so zu beherrschen. Es gibt keine Patentrezepte, außer recht formalen. Diese mögen etwa so lauten:

1. Im Regelfall ist alles zu vermeiden, was demotivieren könnte (auch strategisch angelegte Motivation).

2. Kommunikationsstörungen sind immer Alarmzeichen.

3. Isolierte Leistungssteigerung kann ein Alarmzeichen sein.

4. Motiviert werden können sowohl einzelne wie Gruppen. Die Techniken sind nicht notwendig identisch.

5. Es gibt keine Technik, die allen gerecht werden könnte.

6. Unterschätzen Sie niemals Prägungen, Vorurteile und Gewohnheiten. Gegen sie zu motivieren ist meist sinnlos und kann leicht demotivierend enden.

7. Versuchen Sie zunächst herauszufinden, was die Bedürfnisse einzelner und der Gruppen sind, die Sie motivieren wollen.

8. Bedenken Sie, daß Bedürfnisbefriedigung Erwartungen entsprechen muß, wenn sie motivieren (oder verstärken) soll.

9. Lernen Sie die Erwartungen und Bedürfnisse der verschiedenen von ihren Führungsmaßnahmen Betroffenen optimal zu koordinieren. Planen Sie pareto-optimale Strategien.

10. Prüfen Sie ständig Ihre Erfolge. Sie sind niemals selbstverständlich.

Diese zehn Gebote sind sicherlich trivial, wenn Sie die vorhergehenden Ausführungen dieses Kapitels gelesen und zur Kenntnis genommen haben. Ihre Ausführung setzt jedoch voraus, daß Sie – wie gesagt – zureichend sozial sensibilisiert sind. Sensibilisierungs-Training (»Sensitivity training«) ist zumeist wichtiger als ein spezifisches Motivationstraining. Dessen Erkenntnisse nützen gar nichts, wenn nicht zureichende soziale Sensibilität gegeben ist.
Soziale Sensibilität läßt sich im Eigenmühen (ohne Gruppe) nur begrenzt lernen. Dennoch ist solches Lernen meist von Nutzen und besser als gar nichts.
Dieses Selbststudium setzt an mit der Analyse eigener Erfahrungen und eigener Verhaltensmuster.
Nun werden Sie meinen, Ihre Erfahrungen würden schon selbstverständlich Ihre Praxis prägen. Das stimmt nur zum Teil, denn manche Erfahrungen und deren Folgen haben sie abgewehrt. Sie treiben nun im Unbewußten ihr keineswegs immer nützliches Spiel. Es kommt aber darauf an, auch aus negativen Erfahrungen zu lernen. Auch sie wollen aufgearbeitet und nicht verdrängt werden. Solches Aufarbeiten setzt voraus:

- den Mut, sich selbst so zu sehen, wie man ist,

- die Bereitschaft, sich selbst besser kennenzulernen,
- den Willen, aus seinen Fehlern zu lernen (und nicht nur aus den Fehlern, die das Ichideal als »zulässig« akzeptiert),
- die Bereitschaft, einige Zeit für eine ehrliche Analyse zu opfern.

Erfüllen Sie diese Bedingungen, und fühlen Sie sich stark genug, einige Lebenslügen aus Ihrer Wirklichkeit zu verbannen, dann können Sie mit einer Erfahrungsanalyse beginnen, ohne daß Ihnen dabei jemand hilft.

Eine Fremdhilfe hat oft nur den Zweck, Widerstände, die auftauchen gegen Selbsterkenntnis (als etwa Schutzmechanismen des Über-Ichs), zu beheben oder – unter Umständen – auch nur zu umgehen.

Bei der Analyse vor allem negativer Erfahrungen gilt es sorglichst zu unterscheiden zwischen eigen- und fremdverschuldeten Anteilen. Fremdverschuldet können etwa sein:

- die soziale und technische Situation (dazu die Eigentums- und Herrschaftsverhältnisse),
- die verschiedenen Interaktionssituationen,
- die Bedürfnisse und Erwartungen der verschiedenen Parteien (auch die eigenen),
- eventuell schlechte Zeitform (Über- oder Unterforderung, private Sorgen ...).

Doch sollten diese fremdverschuldeten Anteile nicht leicht zum Hauptschuldigen gemacht werden. Es ist auch im Verlauf einer Analyse die Frage erlaubt, ob Sie Ihre Umwelt in einer Weise beeinflußt haben, die den negativen Ausgang einer Handlung oder Handlungsfolge lang- oder kurzfristig begünstigte.

Ursachen für negative Ausgänge müssen nicht Ursachen der ungünstigen Sache selbst sein, sie können auch Ursachen der Ursachenanteile sein, die einen negativen Ausgang mitbewirkten.

Eigenverschuldete Anteile können verursacht werden durch

- mangelnde Eigenmotivation,
- Charakterfehler oder schlechte Angewohnheiten,
- Angst, Schuldgefühl, Scham, Mindergefühle ...

- mangelnde Persönlichkeitsstärke (mangelnde Ichstärke etwa),
- mangelnde Kenntnisse, Fähigkeiten, Ausbildung, körperliche und intellektuelle Fitness,
- persönliche Sorgen oder Kummer,
- Unfähigkeit zum Teamwork oder Unvermögen, mit Gruppen umzugehen,
- Kontakt- oder Kommunikationsschwäche,
- mangelnde Lernfähigkeit oder -bereitschaft, verfestigte Vorurteile,
- große Diskrepanz zwischen Wirklichkeit und Realität,
- mangelnde soziale Sensibilität.

Gegen diese eigenverschuldeten Anteile können Sie grundsätzlich etwas unternehmen. Nun werden Sie sehr bald merken, nachdem Sie einige Erfahrung im Analysieren gewonnen haben, daß sich die Gründe für negative Erfahrungen zumeist um zwei oder drei Punkte kristallisieren. Sie können dann gezielt versuchen, hier Besserungen zu besorgen.

Nun ist diese Eigenbesserung sicherlich wichtig und erheblich, nicht aber eigentlich das Ziel, das in diesem Kapitel zur Diskussion steht. Es kommt hier nicht primär auf Eigenbesserung an, sondern auf die Ausbildung von Entwicklung der Fähigkeit, Gründe und Ursachen für Verhaltensweisen zu erkennen, die auch bei Ihren Mitarbeitern zu negativen Erfahrungen führen können.

Kennen und erkennen ist eine Voraussetzung fürs Motivieren.

Sicherlich kann man sich auch auf eigene Intuition berufen. Darauf auch, daß sie bislang niemals täuschte. Doch dieses Verfahren ist auf die Dauer nicht ungefährlich.

Ein Argument sollten Sie nicht leicht akzeptieren: »Ich führe gut, weil ich bislang immer Erfolg hatte!«

Diese Ansicht können Sie andern erzählen (etwa im Einstellungsgespräch), nicht aber sich selbst. Es kann zwar sein, daß Sie recht haben – nur sicher ist das nicht. Oft werden mit solchen Argumenten nur Mindergefühle überlagert (Fassadentechnik oder Imponieren). Das kann so weit gehen, daß man selbst von den Fähigkeiten überzeugt ist, von denen man lange genug anderen eingeredet hat, man habe sie. Und dieser Zustand ist nicht sonderlich erfreulich, denn die Ablösung der Wirklichkeit von der Realität wird durch ihn begünstigt und Selbsterkenntnis zunehmend erschwert.

Langfristig sind Sie nur erfolgreich, wenn Sie wissen, warum Sie erfolgreich sind.

Das aber setzt voraus, daß man sich redlich mit den Gründen für den eigenen Erfolg und Mißerfolg auseinandersetzt.

Soziale Sensibilität setzt noch die Entfaltung eines zweiten Lernraums voraus. Neben den Gründen für eigene positive wie negative *Erfahrungen* gilt es, die *eigenen Bedürfnisse und Erwartungen* zu erkennen. Und es gilt zu lernen, damit umzugehen. Wiederum geht es hier nicht an erster Stelle darum, sich selbst besser kennenzulernen, sondern soziale Fähigkeiten zu sensibilisieren. Ich nehme an, daß ein Mensch, der im eigenen Seelenleben in etwa Bescheid weiß, geeigneter ist, im fremden nicht herumzutapsen wie ein Elefant im Porzellanladen.

Wie aber lernt man die eigenen Bedürfnisse und Erwartungen kennen? »Das ist ganz einfach«, würden Sie vielleicht sagen, wenn Sie den dritten Teil dieses Kapitels nicht gelesen hätten. So aber wissen Sie, daß es ziemlich schwer ist. Bedürfnisse maskieren sich nicht nur gelegentlich, sondern sie sind auch zum guten Teil unbewußt. Wie aber kann man dem Unbewußten auf die Schliche kommen? Das kann man etwa im Rahmen einer Psychoanalyse. Die aber sollte man ohne gewichtigen Grund niemandem zumuten. Aber muß man es denn? Man muß nicht.

Empfohlen werden kann hier etwa ein Vorgehen nach den Methoden der Transaktionsanalyse. Wenn Sie sich dafür interessieren, lesen Sie doch einmal das Buch von Thomas S. Harris: »Ich bin o.k. Du bist o.k.«. Sollte Ihnen das auch noch zu mühsam sein, können Sie wie folgt verfahren: Sie versuchen bloß den Input und Output, bloß Auslöser und Reaktionen, bloß Reize und Reizantworten möglichst genau herauszufinden. Sich selbst können Sie dabei als »Black box« betrachten.

Wie macht man das konkret?

- Achten Sie darauf, welche Emotionen wann bei Ihnen auftauchen.
- Versuchen Sie, Gründe dafür zu entdecken.
- Versuchen Sie, regelmäßig Verbindungen zwischen Gründen und Emotionen herauszufinden.
- Versuchen Sie jetzt, Ihre dominanten Bedürfnisse kennenzulernen. Werden Sie nicht »richtig« befriedigt, fühlen Sie sich unwohl (etwa aggressiv, ängstlich oder niedergeschlagen). Sie sollen also lernen, bestimmten Emotionen Frustrationen oder Bedürfnisbefriedigungen zuzuordnen.
- Auf diese Weise können Sie Ihre dominanten Bedürfnisse und die von Ihnen nach Weg und Ziel erwartete Form ihrer Befriedigung kennenlernen, um Erwartungen so zu steuern, daß Frustrationen (und die damit verbundenen negativen Emotionen) möglichst ausbleiben.

Haben Sie diese Technik einige Zeit praktiziert, werden Sie – nach vermutlich einigen Fehlinterpretationen – Ihren eigenen Bedürfnissen und Erwartungen langsam auf die Spur kommen.
Wenn das gelungen ist, können Sie versuchen, in sozial unschädlicher Weise Ihre Bedürfnisse und Erwartungen zu realisieren, auch wenn zunächst Ihre Lebenserfahrung, Ihre gute Erziehung (und was der Rationalisierungen noch mehr sind, die uns helfen, unsere Bedürfnisse zu verbergen und auf unsere Erwartungen zu verzichten) protestieren. Auf die Dauer werden Sie nur den Mut zum anderen Menschen haben (und das ist eine Voraussetzung für den, der optimal durchs Wort führen will), wenn Sie den Mut zu sich selbst gefunden haben.

3. Einige Bemerkungen zum Thema Kommunikation

Gemeinhin versteht man unter »Kommunikation« eine für den Informationsaustausch grundlegende Notwendigkeit menschlichen Verhaltens oder auch einen Vorgang, bei dem Sender und Empfänger Nachrichten austauschen mit dem Ziel, sich zu verständigen. Ich verstehe in diesem Buch »Kommunikation« enger. Sie sei definiert durch das Bemühen, soziale Kontakte aufzubauen, zu vertiefen oder zu erhalten. Das wichtigste Kommunikationsinstrument ist die Sprache. Jedwelche Führung setzt wenigstens ein Mindestmaß an Kommunikation voraus. Gut ist Führung vermutlich nur dann, wenn die Kommunikationssituation optimal ist.

Für jede Darstellung und Behandlung des Themas »Führen durch das Wort« sind einige kommunikationstheoretische Kenntnisse unbedingt vonnöten. Das hat Führungsdialektik mit jeder anderen Form von Dialektik gemein – sie vollzieht sich in Sprache. Immer aber wenn Sprache im Spiel ist, dann auch soziale Interaktion. Soziale Interaktion spielt stets auf einer sozialen Beziehungsebene, die durch diese Interaktion aufgebaut, verstärkt oder geschwächt, vertieft oder verflacht, auch abgebrochen werden kann.

Der kommunikative Aspekt ist also zweifelsfrei ganz zentral für jede verbale soziale Interaktion, für jedes Sprechen also. Wir unterscheiden in einer verbalen sozialen Interaktion (die wir abgekürzt »Sprechen« nennen) vier Aspekte (oder Botschaftsanteile), die aufeinander bezogen und oft eng miteinander verwoben sind:

- Information
- Selbstdarstellung (oder Selbstmitteilung)
- Kommunikation und
- Appell.

Selbstverständlich kann im konkreten Sprechen der eine oder der andere Aspekt so dominieren, daß er allein wichtig scheint. Aber in der Regel ist das nicht der Fall.
Dieses Kapitel wird in drei Abschnitten sein Thema behandeln:

1. Die vier Aspekte des Sprechens,
2. Gründe für Mißverständnisse (Interaktionsstörungen),
3. Kommunikationstraining.

Diese Punkte behandeln keineswegs das Thema Kommunikation auch nur einigermaßen vollständig. Doch stellen sie »Kommunikation« in einen sinnvollen Rahmen – genau den, der für jede Praxis des Führens durch das Wort wesentlich ist.

Die vier Aspekte des Sprechens

Der Sprechende sendet eine Fülle von Botschaften, die meist nur teilweise vom Hörenden wahrgenommen und verarbeitet werden. Je nach der Art der Botschaft unterscheiden wir: Information, Selbstdarstellung (Selbstmitteilung), Kommunikation und Appell. Obschon es sich meist nicht um streng gegeneinander abgrenzbare Botschaften, sondern um Botschaftsanteile handelt, will ich sie der besseren Übersicht willen gesondert behandeln.

Die Botschaft: Information

Viele halten die Informationsfunktion der Sprache für das Wesentliche im Sprechen. Sie haben nicht völlig und immer unrecht. In konkreten Sprechsituationen kann das Geben und Empfangen von Informationen durch die Sprache so zentral sein, daß alle anderen Funktionen dahinter zurücktreten. »Information« bezeichnet die Beseitigung von Unwissen (oder Unsicherheit in bezug auf Wissen). Je ungewisser der Empfänger ist, desto größer ist für ihn die Information einer ankommenden Nachricht. Information ist also eine prinzipiell quantifizierbare Größe. Neben sprachlichen Mitteilungen sind auch persönliche Erfahrungen und Wahrnehmungen erhebliche Informationsquellen. Jede Information soll uns erlauben, Entscheidungen sachgerechter zu fällen. Das setzt jedoch etwas voraus, was nicht immer als gegeben gelten darf: die Wahrheit der Information. Wie sehr sie entstellt werden kann, habe ich schon im Exkurs über Wahrheit und Gewißheit (Seite 26 ff.) dargestellt. Neben dem Irrtum kann die Lüge Information verfälschen. Über hermeneutische Probleme habe ich anderswo ausführlich gehandelt*, sie sollen hier übergangen werden.

Hier seien zunächst einige Regeln vorgestellt, die Psychologie und Soziologie zum Thema »Information« erarbeiten.

(1) Die Reaktionszeit auf Informationen wächst proportional im Verhältnis zum dualen Logarithmus der Zahl der möglichen Alternativen an (Theorem von Merkel). Von hierher kann man die Einheit des Informationsgehalts festlegen. Sie ist definiert durch die Information, die von einer zufälligen Mitteilung ausgeht, auf die eine Ja- oder Nein-Entscheidung folgen kann, so daß die statistische Wahrscheinlichkeit für Ja oder Nein gleich groß ist. Man nennt ein solches Informationsminimum 1 bit (*bi*nary-digi*t*).

(2) Im normalen Sprechverkehr kann der Hörer maximal etwa 8 bit/sec verstehend empfangen. Der Sprecher ist jedoch in der Lage, etwa 60 bit/sec zu erzeugen. Das bedeutet, daß Sprechen in informativer Absicht hochredundant sein *muß*. Das Maß der notwendigen Redundanz beträgt etwa 87 %.**

(3) Eine darüber hinausgehende Redundanz kann folgende Gründe haben:

- Das Behalten der Information soll erleichtert werden. So wissen wir,

* Dialektik für Manager, München 1974, 19–30. Manipulation durch die Sprache, München 1977, 28–50.

** Das Maß der Redundanz ist definiert durch 1 – (tatsächliche Informationsleistung: maximale Informationsleistung). In unserem Fall ist also zu rechnen: 1 – 8:60 = 0,8667 ≈ 87 %.

daß tonale Musik mit hoher Redundanz (weil nur bestimmte Tonfolgen zugelassen sind) wesentlich besser behalten wird als atonale Musik ohne bekannte Sukzessionsregeln.

- Die auf die Information folgende Entscheidung soll herbeigeführt oder beschleunigt werden. So wissen wir, daß eine Information, die nicht von vornherein unglaubwürdig ist, bei steigender Wiederholung immer weniger Widerstand gegen den in ihr enthaltenen Appell findet.
- Der Sender vermutet, er habe sich nicht verständlich genug ausgedrückt, und wiederholt sich mit »anderen Worten«.
- Der Sender empfindet Sprechen als lustvollen Selbstvollzug und spricht weiter, obschon er keine neuen Informationen anzubieten hat.

Aus meiner Trainererfahrung weiß ich, daß der letzte Grund der verbreitetste ist.

(4) Von einem »Mißverständnis« sprechen wir, wenn auf seiten des Empfängers Informationen erzeugt werden, für die auf seiten des Senders kein oder kein entsprechender Gegenwert vorhanden ist. Der Empfänger »hört« etwas, was nicht gesagt wurde. Solche Mißverständnisse sind häufig. Gründe für Mißverständnisse können sein:

- Unsachgerechte und/oder mißverständliche Ausdrucksweise des Senders.
- Falsche Informationseinbettung durch den Sender. So ist jede Information abhängig auch vom informatorischen Kontext, in dem sie gegeben wird.
- Steigerung der Informationsmenge auf über 8 bit/sec durch den Sender. Schon bei dieser Informationsdichte hat der Empfänger Beachtliches zu leisten. So muß er in jeder Sekunde $2^8 = 256$ Entscheidungen zwischen zwei Alternativen treffen, wenn er den gesprochenen Text verstehen will. Ein Schüler, der etwa Griechisch lernt und die Buchstaben beherrscht, ohne die Bedeutung der gelesenen Worte zu kennen, fällt in der Sekunde 576 Entscheidungen,

wenn er mit einer Geschwindigkeit von 2 Buchstaben in der Sekunde liest ($2^{2 . \mathrm{ld} 24} = 576$).

- Vorurteile, Erwartungen, Stimmungen, Interessen, Bedürfnisse des Empfängers entstellen die Information in Richtung auf die Befriedigung des Bedürfnisses hin. Ein sexuell stimulierter Mensch interpretiert nicht selten nichtsexuell gemeinte Inhalte sexuell. Ein Hörer, der das Vorurteil hat, alle Anarchisten seien potentielle Verbrecher, glaubt keinem Anarchisten seine friedfertigen Beteuerungen. Ein Mann, der seine Homosexualität verdrängt hat, stimmt begeistert zu, wenn jemand für eine erneute Verschärfung von § 175 StGB plädiert. In allen diesen und vielen ähnlichen Fällen kommt es alltäglich über den Inhalt oder die Begründung von Information zu Mißverständnissen.
  Die beiden klassischen Formen sind das projektive und das selektive Verstehen. Im projektiven Verstehen, projiziert der Hörende seine Wünsche, Interessen, Bedürfnisse, Sehnsüchte... in das Gehörte hinein. Beim selektiven Verstehen hört er nur das heraus, für was er einen Bezugsrahmen bereithält. Was nicht in die Vorstellungswelt eines Menschen hineinpaßt, wird abgewehrt und nicht gehört.
- Der Empfänger verwechselt die vier Aspekte, die im Sprechen eine Rolle spielen. So versteht er etwa eine informatorisch gemeinte Botschaft als Appell oder als persönlichen Angriff.

(5) Information kann Funktionswissen (und mittelbar damit auch Herrschaftswissen) sein. Ausschluß oder Beteiligung an Informationsprozessen entscheidet innerhalb organisierter Herrschaftsstrukturen nicht selten über die soziale Position eines Menschen. Theoretisch wird zwar heute zumeist die Herrschaft über das Mehr an Information abgelehnt, in der Praxis wird sie aber noch immer wieder beobachtet. Ich kenne nicht wenige Vorgesetzte, die

- Informationen unbedingt sammeln (und auf Informationseinbehalt oder gar auf ein Mehr-Wissen eines Mitarbeiters ausgesprochen sauer reagieren) und
- Information nur bedingt weitergeben (d. h., sie geben sie nur in dem Umfang weiter, in dem es zur Ausübung und Sicherung von Herrschaft nötig zu sein scheint).

Es bedarf wohl keiner Erläuterung, daß solche Personen zum Führen in einer modernen Welt weniger geeignet erscheinen. Dieses Streben nach unbedingter Informiertheit kann drollige Formen annehmen. Mir sagte einmal ein Vorgesetzter, dem ich gerade etwas mitteilte, das vielleicht fünf Minuten alt war, das sei ihm schon seit Tagen bekannt. Nun ja. Er ist kein Vorgesetzter mehr. Vermutlich fragt er sich mitunter, warum das wohl so sei.

Die Botschaft: Selbstdarstellung

Wenn wir mit anderen Menschen (sprachlich) interagieren, sagen wir ihnen nicht nur irgend etwas, sondern auch etwas über uns selbst. In einer Zeit, in der der Brief noch ein wesentliches Interaktionsmittel war, wußte der Schreiber sehr wohl darum. Es kam ihm nicht nur darauf an, Informationen mitzuteilen, sondern auch in Form und Stil etwas über sich selbst zu sagen. Lesen Sie einmal unter dieser Rücksicht die Briefe großer Menschen. Meist sind es nicht die Informationen, die solche Briefe interessanter machen, sondern die Selbstoffenbarungen ihrer Verfasser. Aber das ist nicht nur so bei Briefen.

Immer, wenn wir mit einem Menschen sprechen, teilen wir auch etwas von und über uns selbst mit. Diese Selbstmitteilung kann sehr offen sein (wenn jemand etwa über sich selbst spricht), meist aber ist sie verschlüsselt. Die Ausdrucksmittel, die – meist unbewußt – zur Selbstmitteilung verwandt werden, sind:

- verbaler und somatischer Ausdruck (das *Wie* des Sprechens),
- der gewählte Stil, die Form der Anrede,
- die gewählte Distanz (physisch, psychisch),
- die stillschweigenden Voraussetzungen (sie geben Auskunft über Vorurteile, Sicherheiten, subjektive Wirklichkeit),
- das Ob und Wie von kritischen Bemerkungen,
- die Verwendung von Unsicherheitsfloskeln (ich möchte, dürfte, wollte ...),
- die Klarheit und Verständlichkeit seiner Aussage,

- das Verhältnis zu überflüssigen Redundanzen (Selbstverliebtheit, Eitelkeit ...),
- der Sprachstil (ob restringiert oder elaboriert),
- der Wortschatz (wie weit und aus welchen Bereichen stammend),
- alle Formen der Reaktion auf Partnerbeiträge.

Diese Liste läßt sich leicht um weitere Punkte verlängern. Vor allem der erste kann in zahlreiche Unterpunkte (Tonfall, Sprechgeschwindigkeit, Lautstärke, Stimmschärfe, Tonhöhe, Mimik, Gestik ...) untergliedert werden. Ich notierte Ihnen hier nur die Punkte, auf die in einem Explorationsgespräch ein geschulter Therapeut (mit wachsender Routine zunehmend halb bewußt) achtet.
Nun ist die Beobachtung menschlichen Verhaltens mit dem Ziel herauszufinden, wer der andere eigentlich ist, mit dem man sich da unterhält, ganz unbewußt zur Alltagsroutine fast jedes Menschen geworden. Gute »Menschenkenner« unterscheiden sich von weniger guten durch die Fähigkeit, diese (und andere) Verhaltensmuster zu erkennen und zu deuten. Da dieses Buch nicht den Zweck hat, Sie in die Technik der Menschenkenntnis einzuführen, will ich auf sowieso nicht unproblematische Parallelisierungen von Ausdruck und Charakter verzichten. Es kommt hier nur darauf an, daß Sie zureichend für den Sachverhalt sensibilisiert werden:
Immer, wenn Sie sprechen, sprechen Sie auch über sich.
Sie werden lernen, auch in solchem Sprechen nichts zu sagen, was Sie nicht sagen wollen. Was Sie aber sagen, das können Sie am ehesten herausfinden, wenn Sie erkunden, wie Sie auf andere Menschen wirken, was man von Ihnen hält ...
Immer, wenn Sie sprechen, stehen Sie also in einer Art von Examenssituation: Sie geben Informationen über sich selbst. Doch solche nahezu reine Situationen der Selbstdarstellung (Examen, Bewerbungs- und Vorstellungsgespräche, Tests) sind ziemlich selten. Zumeist wird die Information über den Sprechenden nicht im Vordergrund stehen, sondern *mit*geliefert. Mehr oder weniger *bewußt* sind sich viele von uns auch durchaus dieser *Tatsache*. Herzklopfen oder gar Lampenfieber vor irgendwelchen sprachlichen

Darstellungen signalisieren uns: Hier sagst du auch etwas über dich selbst (und keineswegs nur etwas über die Sache).
Bei psychisch stabilen Teilnehmern von Trainingsseminaren, die verhältnismäßig stark gehemmt erscheinen, forciere ich mitunter den Aspekt der Selbstdarstellung bis hin zur Selbstoffenbarung, indem ich sie sich vor laufendem Videorekorder einige Minuten selbst loben lasse. Meist sind danach viele Hemmungen verschwunden. Doch woher kommt die Scheu so vieler Menschen vor jeder Selbstdarstellung? Schon Kinder vermerken, daß für alle Autoritätspersonen ihrer Umgebung nur einige ihrer Eigenschaften akzeptabel sind und durch Lob oder andere Belohnung verstärkt werden, während die Demonstration anderer Eigenschaften Strafe zur Folge hat. Durch die verbreitete Form von »Erziehung« werden solche »negativen« Eigenschaften mit Emotionen wie Schuld, Angst, Scham, Minderwertigkeit gekoppelt. Später internalisieren wir die so erlernten Wertungen zum Über-Ich (vor allem in seiner Funktion des Ichideals). Wir beginnen die uns andressierten Normen *gegen* uns selbst anzuwenden, wenn wir gegen sie verstoßen. Da aber die Ichrealität stets und notwendig hinter dem Ichideal zurückbleibt, gewöhnen wir uns daran, vor den Forderungen solchen Ideals minderwertig zu sein. So kann Mindergefühl sich komplexartig verfestigen und nicht mehr der Kritikfähigkeit des Ichs offen sein (Minderwertigkeitskomplex). Je intensiver diese Mindergefühle sind, die sich durch die Erkenntnis, das Ichideal nie zu erreichen, einstellen, um so größer ist meistens die Angst vor jeder Selbstdarstellung.
Auch die Angst, »durchschaut« zu werden, gehört durchaus hierher. Warum eigentlich sollen andere uns nicht durchschauen? Warum sollen sie uns nicht so sehen, wie wir sind? Warum versuchen wir immer, ihnen unser Ichideal vorzustellen und nicht unsere Ichrealität? Nun vermutlich, weil wir mit dem Versuch, unsere realen Bedürfnisse und Eigenschaften ungeschminkt zu zeigen, wenigstens in der Kindheit schlechte Erfahrungen machten. Das sollte uns aber nicht hindern, früher oder später doch noch erwachsen zu werden – und bereit zu sein, uns so sehen zu lassen, wie wir wirklich sind: mit einigen Charakterfehlern ausgestattet, mit intellektuellen,

volitiven, emotionalen Unzulänglichkeiten, mit Vorurteilen und Abneigungen... Es sei hier noch einmal gesagt: Die Grundlage jeder gekonnten verbalen Interaktion ist die Fähigkeit, sich selbst problemlos mitzuteilen, sich angstfrei und unverstellt selbst darzustellen. Das aber setzt voraus, daß man sich zunächst selbst erkannte und sich so annahm, wie man real ist.
Wie reagieren nun solche mit Selbstdarstellungsängsten reichlich ausgestatteten Menschen?

- Sie neigen dazu, in anderen Menschen ihre Eltern wiederzuerkennen. So phantasieren sie ihre Mitmenschen in die Rolle strenger Richter und enger Sittenwächter hinein. Sie setzen sich zum Ziel (und zwar zum ersten), vor den Augen solcher Richter bestehen zu können. Das aber können sie nur, wenn sie die Teile ihrer Persönlichkeit verbergen, die schon von ihren Eltern und frühen Lehrern als unvorteilhaft, vielleicht gar als verabscheuenswürdig negativ besetzt wurden.
- Sie neigen dazu, alles Handeln (auch etwa Spiele) auf Leistung hin zu bewerten. So wird für sie das Leben zu einer dauernden Prüfung, die sie bestehen müssen. Das kann so weit gehen, daß selbst Verluste im Glücksspiel (»Mensch ärgere dich nicht«...) von Schuld- oder Mindergefühlen begleitet werden. Solches permanente »Im-Examen-Sein« kann zu erheblichen psychischen Störungen führen. Es entwickeln nicht wenige dieser Personen Techniken, die es ihnen ermöglichen, sich niemals in Situationen begeben zu müssen, in denen sie mit anderen konkurrieren. Sie meiden nicht nur Gewinnspiele, sondern auch Berufspositionen, in denen der Bessere aufsteigt. So können sie Bademeister werden oder bestimmte Beamtenpositionen ausfüllen.

In einer Welt voller Richter und Rivalen leben zu müssen ist nicht angenehm. Die Angst vor Offenbarung der eigenen Minderwertigkeit oder Minderleistungsfähigkeit wird zum ständigen Lebensbegleiter, der früher oder später auch Freundschaften und eheliche Bindungen terrorisiert, erschwert und vielleicht gar unmöglich macht. Erst in dieser Phase suchen viele der so Gestörten einen Therapeuten oder Psychiater auf. Sie hätten sich viele Jahre Fegefeuers ersparen können, wenn sie früher den Mut zu solchem Gang gefunden hätten.

Diese Patienten haben übrigens zumeist eine Verhaltensanomalie nicht, die viele ihrer normalen Mitbürger zeigen: die Angst vor dem Psychologen. Im Gegensatz zu ihren Mitbürgern suchen sie geradezu einen Menschen, der sie »durchschauen« soll (was übrigens auch für einen geschulten Psychologen nicht ganz so einfach ist, wie sich das manche Laien vorstellen).

Spätestens an dieser Stelle muß etwas anderes deutlich gemacht werden: Es gibt Typen von Erwartungsangst oder Selbstdarstellungsscheu, die pathologisch sind und die man nicht durch die mitunter hilfreichen Ratschläge so mancher Rhetorik-Lehrbücher beheben kann. Die dort gegebenen Tips haben vielmehr den Zweck, von der Erwartungsangst (»Was geschieht mir, wenn ich mich jetzt selbst prostituiere?«) abzulenken oder die damit verbundene vegetative Instabilität in etwa zu beheben. Das kann ausreichen – muß es aber nicht. Es sind Methoden, mit Angstsymptomen fertig zu werden, nicht aber Angst zu beheben.

Fragen wir uns, wie ein Mensch mit anderen verbal interagiert, der solche Mitteilungsängste hat? Er wird zwei Techniken entwickeln, die ihn (meist zu Unrecht) vermuten lassen, er könne nun keine schadhaften Persönlichkeitsmerkmale »verraten«:

- die Imponiertechnik und
- die Fassadentechnik.

Das *Imponieren* hat den Zweck, die eigenen positiven Seiten (oder was immer man dafür hält) vorzuzeigen, ins rechte Licht zu rücken und so einen »guten Eindruck« zu machen. Imponiergehaben ist charakterisiert durch die Hoffnung auf Erfolg. Welches sind nun Imponiertechniken? Ohne jeden Anspruch auf Vollständigkeit seien einige aufgezählt:

- Eindruck schinden durch gehobenen Konsum und die Verwendung von Statussymbolen (Golfspielen, Reiten, Mercedes fahren).

- Darstellung von Bildungswissen und höheren Interessen (etwa klassische Zitate oder das Angeben mit Opernbesuchen ...).
- Elitärer Sprachgebrauch (»vornehme« Ausdrucksweise, »gewählte« Sprache, Fremdwortgebrauch).
- Scheinbar beiläufig etwas sagen, das Eindruck macht oder machen soll. (»Als ich vergangenes Jahr in Neuguinea war, da habe ich ...« – »Wie ungerecht die heutige Steuergesetzgebung ist, das können Sie daran sehen, daß ich im Jahr 150 000,– DM Steuern blechen muß!«)
- Versuche, das Gespräch auf Themen zu lenken, die ein ausdrückliches Imponieren gestatten.

Solche Imponierer wollen stets nur eines von sich sagen: »Seht, wer ich bin, was ich kann und was ich habe!« Das Imponieren kann zum Zwang werden, so daß es auch in Situationen geschieht, in denen es nicht nötig ist – etwa beim Ehepartner und bei Freunden, die um die Schwächen, die man verbergen möchte, doch längst Bescheid wissen.
Viele Imponierer aus Gewohnheit haben nahezu perfekte Techniken entwickelt, sich in ihrem Imponiergehaben genau auf den Partner einzustellen. Dem einen erzählen sie von ihren Liebeserfahrungen, dem anderen von ihren genialen Kindern, einem Dritten von ihren Beziehungen und Bekanntschaften ... Daß solche Imponierer nicht selten recht fahrlässig mit der Wahrheit umgehen, mag darin gründen, daß sie zur Realität ein gebrochenes Verhältnis haben (wegen des gebrochenen Verhältnisses zur Ichrealität). In ihrer Ichwirklichkeit sind sie großartig – und alle sollen das wissen. Dabei ist das Gefühl von Großartigkeit durchaus meist ungut. Lebenslügen lassen sich nur beschränkt verleugnen.
Mitunter wird der Grund des Imponierens selbst den schlichtesten Imponierern deutlich: Mindergefühle, Angst, Scham oder Schuldgefühle. Ein Kind sucht sich in einer Elternwelt zu behaupten.
Die *Fassadentechnik* baut eine Angstabwehrfassade (D. Duhm) auf, die – aus Furcht vor Mißerfolg – die negativen Anteile der Persönlichkeit zu verbergen erlauben soll. Fassadentechniken haben also den Zweck, sich selbst zu tarnen, unauffällig zu machen. Wiederum seien einige solcher Techniken erwähnt:

- Keine Gefühle zeigen,
- professionelles Gehaben,
- Freundlichkeit ohne Herzlichkeit (um Konflikte zu meiden),
- ungerechte, harte Kritik an Abwesenden,
- kalte Sachlichkeit.
- »Aber-Verhalten« (Ich fühle mich gekränkt, *aber* ich lächele; Ich weiß nichts, *aber* ich rede trotzdem; Ich habe Angst, *aber* ich mime eiserne Ruhe...),
- nicht fragen.

Es soll der Stil mancher »Obergefreiten alter Art« der deutschen Wehrmacht gewesen sein, diesen Fassadenstil, verbunden mit gekonnter Untertreibung, perfekt zu beherrschen. Das war oft Taktik. Für manche Menschen aber ist er Zwang und bittere Nötigung. Fassadenmenschen wollen mitteilen: »Schau, ich bin ganz harmlos, meine Gefühle belästigen dich nicht, ich bin ganz unauffällig, tue mir also nichts, denke nicht schlecht über mich!«
Solche Selbstverbergung (Schulz von Thun) wird ebenfalls keine Dauerlösung sein. Sollte die Rolle des Fassaden-Menschen zur unabnehmbaren Maske werden, ist sicherlich eine Therapie nützlich.
Beide aber, die Techniker des Imponierens und Verbergens, erschweren nicht unerheblich sinnvolle menschliche Interaktion.
Der Mut zur Selbstdarstellung ist Voraussetzung jeder gelingenden verbalen Interaktion.
Erwähnen wir noch einmal die Gefahren, die sich aus dem Imponieren und Verbergen für den so interagierenden Menschen ergeben:

- Wenn beide Gesprächspartner sich bemühen, nichts von sich mitzuteilen, was sie für negativ halten, wenn die Angst vor Tadel oder der Wunsch, gut abzuschneiden, überwiegen, wird der Sachertrag eines solchen Gesprächs nur gering, zumindest nicht optimal sein. Imponieren oder Sichverbergen ist vor allem für jede Art von Führen durch das Wort tödlich. Denn gegen die Vermutung des sich Schützenden: Auf längere Zeit wird auch dem größten Einfaltspinsel deutlich, was hier gespielt wird. Auch er wird erkennen, daß sich da jemand ängstigt oder schämt, sich so zu zeigen, wie er ist. Und wenn er geschickt ist, wird er diese Schwäche auszunutzen verstehen.

- Das sorgsame Verbergen von Schwächen, Problemen, Nöten und das Streben nach (falscher) Überlegenheit beim Imponieren baut eher zwischenmenschliche Distanzen auf, als daß es sie verringert. Versteck- oder Imponiergehaben kann sich also zu einer erheblichen Kommunikationsstörung auswachsen, die nahezu jedes sinnvolle Gespräch unmöglich macht.
  Zudem ist – wie schon gesagt – Solidarität nur zwischen Menschen möglich, die sich selbst mit ihren Fehlern akzeptieren und sie weder nach innen noch nach außen sorglichst abzudecken versuchen. Es gibt keine Solidarität der Starken (besser: der Stark-sein-Müssenden, denn kein Mensch ist stark – ohne Schwächen und Defekte), sondern nur die unter Schwachen.
  Begegnen sich zwei Menschen, die sich mit der einen oder anderen Technik zu verbergen suchen – und das kommt ziemlich oft vor –, dann schaffen sie unter gemeinsamer psychischer Kraftanstrengung eben jene Isolierung, unter der sie leiden (Schulz von Thun).
- Endlich bedeutet solches sich verbergendes Verhalten, wenn es längere Zeit durchgehalten werden muß, eine ernsthafte Gefahr für die psychische Gesundheit (wenn es nicht schon ein Symptom für eine psychische Störung ist). Das ständige Sichandersgeben, als man sich fühlt, verstärkt Ängste, Schuldgefühle, Mindergefühle, Scham ..., die doch gerade durch solches Täuschen vermieden werden sollen. Ist der Teufelskreis zwischen Verbergen und negativen Emotionen einmal geschlossen, ist die psychische Gesundheit ernsthaft gefährdet. Die Angst vor Entlarvung absorbiert zunehmend mehr psychische Kraft (es kann auch das Schuld- oder Schamgefühl sein). Das Leben mit solchen latenten oder offenen Ängsten disponiert zumindest stark zu psychosomatischen Störungen von der »vegetativen Dystonie« bis hin zum Herzinfarkt.
  Die Tragik solcher Menschen besteht darin, daß sie sich oft nach Situationen sehnen, in denen sie sein dürfen, wie sie sind, aber nicht mehr die psychische Kraft haben, solche Situationen herzustellen

oder zu suchen. Eine Gruppentherapie kann da mitunter schnelle Erfolge haben.
Wie aber soll man sich richtig verhalten? Wie sich optimal disponieren? Nun, das Wesentlichste wurde schon gesagt:

- Selbsterkenntnis und Selbstannahme sind wichtige Voraussetzungen der reifen Persönlichkeit.
- Autonomie gilt es zu erwerben und damit verbunden ein deutliches Anheben der Angst-, Scham-, Schuld- und Mindergefühlsschwelle, die uns in der Kindheit gesenkt wurde, um uns leichter sozialisierbar zu machen.

In der modernen Interaktionstheorie unterscheidet man oft unter Rücksicht der Selbstdarstellung vier Persönlichkeitsbereiche, die sich wie unterteilte Fensterscheiben (Johari-Fenster) einander zuordnen lassen. Das sieht dann etwa so aus, wie auf der Schemazeichnung unten.
Der Bereich der *öffentlichen Person* ist uns und unseren Partnern bekannt. In diesem Bereich sind wir bereit, uns selbst darzustellen. Scham und Schuld, Angst und Mindergefühle spielen bei der Darstellung der Elemente der öffentlichen Person keine (erhebliche) Rolle. Sie können aber unter Umständen schnell wechseln (jemand »kommt aus sich heraus«, jemand »zieht sich in sein Schneckenhaus zurück«).

- **Im allgemeinen ist anzustreben, daß der Bereich A sowohl der eigenen Person als auch der des Partners während des Gesprächsverlaufs eher größer als kleiner wird.**

A öffentliche Person	B private Person
C fremde Person	D unbe- wußte Person

Die einzelnen Zonen wechseln ihre Größe oft während eines Gesprächs. Diese ist bestimmt von:

- charakterlichen Dispositionen,
- Langzeitstimmungslage,
- Kurzzeitstimmungslage,
- momentaner Stimmung.

Die momentane Stimmung hängt ab u. a. vom:

- Partner,
- Thema,
- Bedürfnis, Interesse, Erwartung.

Schema der Persönlichkeitsbereiche

- **Langfristig ist eine Interaktionssituation (Ehe, Mitarbeiter...) so anzulegen, daß der Bereich A tendenziell größer wird.**

Gelingt nicht solche Vergrößerung, ist ein Gespräch oder auch eine auf Dauer angelegte soziale Bindung meist wenig erfolgreich. Die Scheu, sich selbst so darzustellen, wie man wirklich ist, muß langsam schwinden. Das aber setzt ein wachsendes Maß von Vertrauen voraus. Nur Vertrauen hilft uns über starke Vorsicht und angst- oder schuldbedingte Hemmungen hinweg.
Nicht wenige Menschen aber sind nicht in der Lage, solches elementares Vertrauen (Urvertrauen) aufzubringen (vgl. Seite 127 ff.).
Da nach dem heutigen Stand psychotherapeutischen Wissens und Könnens dieser Mangel kaum behebbar ist, wird ein so verstörter Mensch versuchen müssen, bei grundsätzlichem Urmißtrauen doch immer wieder – oft unter Angst und Zittern – das Wagnis auf sich zu nehmen, sich so zu verhalten, als ob er vertrauen würde.
Meist aber sind Vertrauensstörungen nicht ganz so dramatisch. Sie beruhen auf späteren Enttäuschungen. Hier kann die Erfahrung des Gegenteils die »schlimmen Erfahrungen« wenigstens teilweise löschen.
Der Bereich *der privaten Person* ist uns, nicht aber unseren Partnern bekannt. Die Menge von Eigenschaften, die durch B abgedeckt werden, verbergen wir bewußt. Darüber habe ich in den Ausführungen über Imponier- und Fassadenstrategien schon gesprochen. Es ist auf der anderen Seite jedoch wichtig, daß ein Mensch diesen Bereich niemals völlig, etwa zugunsten von A, aufgibt. Jeder Mensch hat nicht nur das Recht auf B, sondern auch die Pflicht sich selbst gegenüber, B zu erhalten. Es kommt nur darauf an, warum und mit welchen Strategien er erhalten wird. Das Recht und die Pflicht, eine eigene private Sphäre aufzubauen und zu schützen, wird eine autonome Persönlichkeit eben aufgrund ihrer Autonomie wie selbstverständlich realisieren. Angst oder Scheu, Schuld oder Scham spielen dabei keine Rolle, sondern nur das:

> Ich lebe mein Leben, und du lebst dein Leben,
> Ich bin nicht auf der Welt, um deine Erwartungen zu erfüllen,
> Du bist du selbst, und ich bin ich...

Jeder Mensch hat das Recht und die Pflicht, bestimmte Bereiche seiner Persönlichkeit (seiner Erwartungen und Befürchtungen) vor fremdem Zugriff zu schützen.

Er wird dabei jedoch weder die Methode des Imponierens noch des Verbergens, sondern des einfachen und offenen Verweigerns wählen.

Der Bereich *der fremden Person* ist uns selbst nicht, wohl aber unseren Partnern bekannt. Der Bereich C hat seinen Möglichkeitsgrund in der Differenz von Ichrealität und Ichwirklichkeit. Andere Menschen sind nicht selten sehr viel besser als wir selbst in der Lage, weite Bereiche unseres realen Ichs (Gewohnheiten, Vorurteile, Neigungen, Vorlieben, wunde Punkte...) genauer und sicherer zu erkennen als wir selbst. Unser wirkliches Ich ist (im Gegensatz zu realen) zumeist ein Kompromiß zwischen Ichideal und Ichrealität. Dabei können durch solchen Kompromiß ganz neue Eigenschaften herausgebildet werden, die man sich zuspricht, ohne sie (real oder ideal) zu haben.

Der Bereich C ist der Bereich der Menge der Eigenschaften, die der Ichwirklichkeit zugeordnet werden müssen. Macht man uns auf solche Eigenschaften aufmerksam, reagieren wir vor allem dann empfindlich, wenn wir unser Ichideal gekränkt fühlen oder unseren Ichwirklichkeit konstituierenden Kompromiß bedroht wähnen (beides wird zumeist als existentielle Bedrohung erlebt und mit Angst oder ihren Substituten - wie Wut, Zorn, Empörung... - abgewehrt). Je größer der Bereich C ist, um so unfreier ist zumeist die Person sich selbst und anderen gegenüber. Es gilt also:

Versuchen Sie den Bereich der Ihnen fremden eigenen Persönlichkeitsanteile möglichst klein zu halten.

Das heißt nichts anderes als: Bemühen Sie sich redlich und ernsthaft um Selbsterkenntnis. Der Weg in das eigene unbekannte Selbst ist ein Abenteuer - vielleicht das größte, das ein Mensch erleben kann. Es ist kein Abenteuer ohne Gefahren und ohne Bedrohungen oder Überraschungen. Die Psychologie hat in der Psychoanalyse eine Methode entwickelt, Menschen diesen Weg zur Selbsterkenntnis zu führen und sie dabei hilfreich zu begleiten. Sicher kommt es vor, daß im Verlauf des Selbsterkenntnisprozesses, im Verlauf des Abbaus von Lebenslügen, plötzlich ein Mensch einem Unwesen entgegenzugehen meint und sich weigert weiterzugehen. Solche Widerstände sind typisch für die Expedition hin zum eigenen Selbst. Ein psychisch Gesunder wird sie zumeist ohne allzu große Umwege überwinden.

Um so erhebender ist das Gefühl der Erfüllung, wenn man nach mitunter jahrelangem Dschungelmarsch mitten im Urwald plötzlich eine Lichtung entdeckt, die ganz anders aussieht, als man zuvor vermeinte. Sie ist dennoch aber schön und liebenswert. Man ist angelangt beim eigenen Selbst. Kann es erkennen. Kann es annehmen und kann beginnen, sich auf dieser Lichtung niederzulassen und sie zu gestalten (Selbstverwirklichung).

Der Bereich der *unbewußten Person* ist gekennzeichnet durch die Menge der Eigenschaften, die weder uns selbst noch einem Partner bekannt sind. Hierher gehören alle Antriebe, Motive, Sehnsüchte, Wünsche, Hoffnungen..., die wir abgewehrt haben, weil sie einfachhin mit unserem Ichideal unvereinbar sind. Ist die Abwehr gelungen, sind sie nicht mehr eigentlich bewußtseinsfähig. Die Psychologen sprechen dann von »unbewußt« und nennen das Reservoir, das – bildhaft gesprochen – solche Inhalte speichert und verwahrt, das Unbewußte. Welche Inhalte werden also abgewehrt?

- Alles, was nachhaltig und grundsätzlich unser Ichideal beleidigt.
- Alles, was nachhaltig und grundsätzlich dem Anspruch unseres konventionellen Gewissens widerspricht und dennoch für uns unaufgebbar ist.
- Alles, was unserer Vorurteilsstruktur widerspricht, insofern es sich bei den angesprochenen Vorurteilen um solche handelt, die für den Aufbau unserer Ichwirklichkeit wesentlich sind.

Um angstfrei mit uns selbst leben zu können, wehren wir solche Inhalte ab – und vergrößern zumeist damit den Bereich der latenten Ängste, die dann gerade manifest zu werden pflegen, wenn wir sie am wenigsten gebrauchen können. Abwehr impliziert also einen

Teufelskreis: Um angstfrei leben zu können, wehren wir ab. Das Abgewehrte produziert (latente) Ängste etc.
Einige wichtige Formen der Abwehr seien hier erwähnt:

- Verdrängen. Vorstellungen werden verdrängt, wenn der Inhalt und der Gefühlswert (etwa: Scham, Angst, Schuld) voneinander abgespalten werden. Der so »unerhebliche« Inhalt wird nahezu vergessen! Der Gefühlsbetrag zumeist langfristig in latente Angst verwandelt.
- Realitätsverleugnung. Dinge, die man nicht »wahrhaben will« (etwa positive oder negative Intentionen anderer Menschen), werden einfachhin geleugnet. Das Ergebnis solchen Verleugnens ist eine zunehmende Differenz zwischen Realität und Wirklichkeit.
- Konversion. Die Abwehr erfolgt so, daß statt des psychischen Leidens (etwa Furcht, Angst, Scham ...) somatisches Leiden eingesetzt wird. Es scheint, daß solche Konversionen zumeist »glücklich« verlaufen. Es bleiben keine Angstreste zurück, und es wird auch keine latente Angst zugeliefert.
- Verschiebung. Bei der Verschiebung wird die meist negative Emotion von einer Vorstellung auf eine andere übertragen. So kann etwa die Angst vor dem Vater ersetzt werden durch die Angst vor Gott, vor der Hölle, vor Spinnen oder Mäusen ...
- Projektion. Hier werden die eigenen Vorstellungen und Gefühle nach außen verlagert. So kann man die eigenen sexuellen Wünsche anderen Menschen zuschreiben und sie dadurch »los« werden. Oder man projiziert etwa die eigene Sehnsucht nach Vollkommenheit, Allmacht, Unsterblichkeit ... auf einen Gott.
- Regression. Bei regressivem Verhalten weicht der Betroffene aus in ontogenetisch frühere Verhaltensmuster (etwa um wieder »Kind sein zu dürfen« und rücksichtsvoll wie ein Kind behandelt zu werden). Regressionen bei psychischen Belastungen sind nicht selten. Streß erzeugende Vorstellungen (Examen, Bewerbung ...) werden abgewehrt, indem der Betroffene kindliche oder pubertäre Verhaltensmuster – vor allem im sexuellen und aggressiven Bereich – wieder aufnimmt.

- Sublimation. Sie ist die einzig wünschenswerte Form der Abwehr. In der Sublimation verbinden sich Veränderung der Triebziele mit einem gewissen Triebverzicht. So kann etwa Sexualität sublimiert werden in Kreativität oder Nächstenliebe. Gelingt die Sublimation (was nicht allzu häufig ist), dürften latente Ängste nicht entwickelt werden.

Nun baut jeder »normale« Mensch im Laufe seines Lebens, vor allem aber im Lauf seiner Kindheit, einen reichen Fundus solcher abgewehrten Inhalte auf (meist über den Mechanismus der Verdrängung) und besitzt so ein keineswegs leeres »Unbewußtes«. Die Menge der abgewehrten Inhalte, meist kaum mehr erinnerlich, bilden die unbewußte Person. Gelingt die Abwehr zureichend, merken auch andere Menschen wenig oder gar nichts mehr von den abgewehrten Vorstellungen, ihren Gründen und Folgen. Allenfalls die Konsequenzen solcher Abwehr sind merklich:

- Latente Ängste werden manifest in übermäßigen Angstreaktionen in bestimmten Situationen (die Reaktion des Betroffenen wirkt eigentümlich unangemessen).
- Physische Symptome ohne somatische Ursache werden erkennbar (Ohnmacht beim Anblick eigenen Blutes, Verdauungsstörungen, Schlaflosigkeit, Lähmungen, Sprechstörungen ...).
- Bestimmte Persönlichkeitsbereiche wirken desintegriert (etwa: das Privatleben, die eigene Sexualität, Religiosität, Emotionalität ...).

Allgemein gilt also die Regel:

- **Vermeiden Sie möglichst alle Formen der psychischen Abwehr »unangenehmer« Vorstellungen und Emotionen (außer der Sublimation).**
- **Versuchen Sie, vergangene wiedererinnerte und gegenwärtige negative Vorstellungen und Gefühle aufzuarbeiten, indem Sie sie zunächst als realen Anteil Ihrer realen Person erkennen und akzeptieren.**

Anschließend können Sie dann überlegen, ob im Hintergrund ein

Charakterfehler siedelt oder nicht. Gegebenenfalls sollten sie Strategien entwickeln, um diesen Fehler zu beheben. Die Ehrlichkeit sich selbst gegenüber ist die Grundlage jeder anderen Redlichkeit.
Wer gewohnt ist, sich selbst zu betrügen, wird auch gegebenenfalls bereit sein, andere zu trügen.

Die Botschaft: Kontakt

Ein Mensch, der mit einem anderen spricht, teilt nicht nur etwas mit (Information), sagt nicht nur etwas über sich selbst aus (Selbstmitteilung), sondern er will auch eine soziale Bindungssituation ändern (verstärken oder schwächen, aufnehmen oder abbrechen) oder erhalten. Diesen Aspekt des Sprechens bezeichnete ich als den kontaktiven (vgl. Seite 22 f.). Die Bedeutung des Kontakts und des kontaktiven Aspekts in Sprechsituationen (also auch in Führungssituationen, wenn sie über das Wort geschehen) habe ich schon behandelt. Hier sei einiges nachgetragen, was zu erheblichen Kontaktstörungen führen kann und meist auch führt: Herabsetzung und Bevormundung.
Diese beiden Aspekte werden ausgesucht, weil sie in der konkreten Führungspraxis durchaus vorkommen. Vor allem die Untersuchungen von R. und A.-M. Tausch haben die hervorragende Bedeutung dieser Fehlverhaltensweisen für ein Mißlingen der Kommunikation in Sprechvollzügen aufgewiesen.
Herabsetzung ist das Gegenteil von Wertschätzung. Herabsetzung ist gegeben, wenn der Sender den Empfänger so behandelt:

- ihn vor sich selbst oder gar vor anderen lächerlich macht,
- ihn nicht ernst nimmt,
- ihn von oben herab behandelt,
- seine Abneigung zeigt,
- abweisend (nicht mit ihm, sondern zu ihm) spricht,
- ihn herabsetzt, demütigt, Schuld-, Angst- oder Schamgefühle erzeugt.

Vor allem aber akzeptiert herabsetzendes Verhalten nicht das Prinzip der Reversibilität, das charakteristisch ist für Wertschätzung:

■ **Sprechen Sie stets zu anderen, wie diese auch zu Ihnen sprechen könnten, ohne die Beziehung zu gefährden.**

Sie meinen, das sei unmöglich. Sie mögen recht haben, daß es *Ihnen* (noch) unmöglich ist. Wollen Sie aber die Technik des Führens durch das Wort ernsthaft erlernen, müssen Sie sich nicht nur von dem Vorurteil der Unmöglichkeit trennen, sondern darüber hinaus das Prinzip von der Reversibilität zu einer der wesentlichen Grundlagen Ihres verbalen Führungsverhaltens machen.
Sie meinen, das Prinzip würde von Ihnen doch ganz selbstverständlich beachtet. Da mögen Sie recht haben, aber wahrscheinlich ist es nicht. Wir alle sind immer in Versuchung, irgendwie (oft kaum mehr bewußt) belehrend, herablassend, überheblich, abweisend (wenn uns jemand lästig fällt)... zu werden oder zu wirken, ohne daß wir dem Partner gleiches Verhalten uneingeschränkt uns gegenüber zubilligen würden.
Es ist durchaus einer gründlichen Erforschung Ihres konkreten Sprechverhaltens in Führungssituationen wert, festzustellen, ob Sie sich so verhalten, wie Sie es theoretisch für richtig achten. Sie werden sich – einmal auf diesen Sachverhalt hin sensibilisiert – wahrscheinlich wundern, wie oft Sie sich an Ihren eigenen Maximen vorbeibewegen.
Noch merkwürdiger ist jedoch, daß Sie sich wundern, wie viele Menschen manche Ihrer guten Intentionen völlig falsch interpretieren. Was aber bleibt jenen übrig, wenn Sie Ihre Intentionen in einer Weise artikulieren, die keineswegs Kommunikation fördert? Wertschätzung (das Gegenteil von Herabsetzung) meint nun keineswegs, daß Sie immer gleichbleibend freundlich sein sollten, daß Sie kritische Äußerungen nur gut verpackt vorbringen, daß Sie Anordnungen unklar und unpräzise geben. Wenn Sie zureichend autonom geworden sind, werden Sie solche Sprechweisen auch Ihnen gegenüber ablehnen. Also lehnen Sie doch solche Methoden auch im Verkehr mit Ihren Mitarbeitern ab. Das etwas einfältige Wort »Was du nicht willst, das man dir tu', das füg auch keinem andern zu!« (Tob. 4, 16) hat hier seine relative Gültigkeit. Wenn Sie so wollen: Das

Reversibilitätsprinzip ist ein Anwendungsfall unserer Spruchweisheit.
Wie aber kommt es dazu, daß manche Menschen in Führungspositionen (in Familie, Politik, Gewerkschaften, Betrieben...) sich so schwertun mit der Praxis der Wertschätzung? Das kann verschiedene Gründe haben:

- Der Vorgesetzte hat Mindergefühle, die er über den Kanal Imponieren verdecken möchte.
- Der Vorgesetzte will die Bereiche B und C seiner Persönlichkeit so groß wie möglich halten, weil ihm soziale Ängste oder Angst, sich selbst zu gefährden, eine freie Ausweitung verbieten.
- Der Vorgesetzte hat in seiner Kindheit bei der Verarbeitung vieler Millionen sozialer Nachrichten überwiegend geringschätzige Reaktionen seiner »Vorgesetzten« (Eltern, Lehrer, führenden Kameraden) ertragen müssen, und nun sind die beiden Inhalte: Führen und Herabsetzen eng und nahezu unauflösbar aneinander gebunden.
- Der Vorgesetzte hat sich dem »Stil des Hauses« angepaßt, oder er kommt aus einem Unternehmen, in dem herabsetzend geführt wurde.

Nur in diesem letzten Fall (hier handelt es sich bloß um eine dumme Angewohnheit) ist der Mangel im Führungsverhalten leicht zu beheben. In allen anderen Fällen wird richtiges Führen mühsam erlernt werden müssen. Die nötige Verhaltensänderung wird meist langsam stabilisiert werden können.
Bevormundung ist das Gegenteil von Entscheidungsfreiheit. Der Bevormundende versucht, den Mitarbeiter... dahin zu bringen, daß er in seinem Denken und Handeln sich weitgehend dem Einfluß des Vorgesetzten beugt oder doch anpaßt. Instrumente der Bevormundung sind u. a.:

- Anweisungen geben,
- Vorschriften und Gebote (Verbote) »erlassen«,
- permanente Kontrolle intendieren.

Ein hohes Maß an Bevormundung löst beim »Untergebenen«, wenn er in seinem psychischen und sozialen Verhalten intakt ist, Widerstand und Ablehnung aus.

Der psychisch und sozial gesunde Erwachsene sucht die Verantwortung, die Eigenbestimmung, die Eigeninitiative als Grundlage jeder Selbstrealisation.

Theoretisch ist das allgemein bekannt. *Theoretisch* treten vermutlich mehr als 70 % der deutschen Unternehmer für kooperatives Führen und für Subsidiarität (Delegation von Verantwortung so weit nach unten wie sinnvoll) ein. In der Praxis sieht das in nicht wenigen Betrieben ganz anders aus. Allenfalls auf der Stufe leitender Angestellter wird so etwas wie ein Recht zur Kooperation eingeräumt. Für die tatsächliche Ablehnung kooperativer Führung und der damit verbundenen Tendenz zur Bevormundung mögen folgende Gründe angeführt werden:

- Die Überzeugung vieler Vorgesetzter, autoritäres (= bevormundendes) Führen sei zeitsparender und letztlich effizienter.
- Die Unfähigkeit vieler Vorgesetzter zur Delegation von Verantwortung.
- Die Überzeugung mancher Vorgesetzter, wer die Verantwortung zu tragen habe, müsse auch entscheiden.
- Die Überzeugung nicht weniger Vorgesetzter, sie würden fürs Anordnen, Befehlen, Bevormunden ... bezahlt.
- Die Ansicht mancher Vorgesetzter, niemand wüßte so gut Bescheid wie sie und hätte so viel Erfahrung wie sie und ein sichereres Urteil als sie selbst.
- Die Unfähigkeit mancher Mitarbeiter, sich für innerbetriebliche Fragen zu engagieren, die über die eigenen Belange hinausgehen.
- Das Unvermögen nicht weniger Mitarbeiter, einmal eingeschlafene Initiative und ruhenden Autonomiewillen wieder zu wecken.
- Die Entfremdung nicht weniger Mitarbeiter von der Arbeit überhaupt, die sie als Zwangsarbeit betrachten – zu der sie gezwungen sind, um leben zu können. Bei sich sind sie nur außerhalb der Arbeit.
- Die Verweigerung reversiblen Verhaltens von seiten der Mitarbeiter (etwa grundsätzliches Mißtrauen gegen alles, was »von oben kommt«).

Es gibt ökonomische und politische Systeme, in denen Führer und Geführter beide zufrieden sind, wenn die Interaktion zwischen beiden auf der Ebene Lenkung und Abweisung geschieht. Hier kommt es nicht zu eigentlich menschlichen Begegnungen, was beide psychisch entlasten kann. Vor allem, wenn der Vorgesetzte als Repräsentant einer vom Untergebenen hochgeschätzten Struktur auftritt, kann nicht selten beobachtet werden, daß die Rollenfixierungen geradezu eine Begegnung auf den Ebenen Lenkung und Distanz (Abweisung von Nähe) erzwingt. So kann es sein zwischen Offizier und Soldaten, zwischen Richter und Angeklagtem, zwischen Bischof und Gläubigem und vielen anderen leicht faschistoid organisierten Sozialbeziehungen. Ich bin der Ansicht, daß man nicht von solchen Abweichungen auf das menschliche soziale Normalverhalten normierend zurückschließen soll. Es ist durchaus nachweisbar, daß faschistoide Strukturen oder gar Systeme keineswegs humanisierend wirken – im Gegenteil.
Doch es gibt auch Kontaktstörungen von seiten des Empfängers. Auch hier sind vor allem zwei zu nennen:

- mangelnde soziale Sensibilität und (häufiger noch)
- Überempfindlichkeit.

Im ersten Fall erkennt der Empfänger die soziale Botschaft des Senders nicht. Er versteht nicht, daß hier Beziehungen geändert oder erhalten werden sollen – und interpretiert deshalb das Gesagte falsch. So kann es dazu kommen, daß eine Divergenz des Kommunikationsinteresses als Streit auf der Ebene der Information ausgetragen wird. Ich will das – wegen der Häufigkeit dieser Störung – an einem Beispiel erläutern.

(Situation): Der Sohn will gerade die Wohnung verlassen. Seine Mutter fängt ihn dabei ab.
(Dialog): M: Komm rechtzeitig heim, du hast deine Schularbeiten noch nicht gemacht.
S: Die kann ich doch noch morgen früh machen.
M: Aber du hast doch die letzte Mathearbeit nur 4 geschrieben.

S: Das ist nicht wahr. Wenn du dich für mich interessiertest, dann wüßtest du, daß die Arbeit 4 + war.
M: Du hast gehört, was ich dir sage: Um fünf bist du wieder zu Hause!
Natürlich ist der Junge um fünf Uhr noch nicht wieder zu Hause.
Analyse:
Die Aufforderung der Mutter enthält ein Bündel an Nachrichten:
Information: Du hast deine Schularbeiten noch nicht gemacht.
Selbstmitteilung: Ich mache mir Sorgen um deine Leistungen.
Kontakt: Du bist noch nicht erwachsen genug, um auf dich selbst achten zu können.
Der Protest des Jungen richtet sich ausschließlich gegen den kontaktiven Aspekt. Tatsächlich wurde nicht über schulische Leistungen gesprochen, sondern über den Wunsch der Mutter, sich weiterhin um ihren Sohn zu sorgen. Ein kommunikationstheoretisch geschulter Sohn hätte seiner Mutter auf die erste Aufforderung geantwortet:
S. Ich verstehe deinen Wunsch. Und ich will auch meine Schularbeiten machen. Ich will aber nicht kommandiert und beaufsichtigt werden.
Diese Antwort hätte eine kommunikationstechnisch unerfahrene Mutter geärgert oder gekränkt (obschon der Sohn hier nur das Reversibilitätsprinzip verwendet und von der gleichen Ebene aus diskutiert). Eine pädagogisch geschulte Mutter wäre stolz auf diese Antwort gewesen. Sie hätte ihr als Hinweis gedient, in Sachen Autonomie ihren Sohn richtig erzogen zu haben.

Nicht selten gibt es aber auch Störungen wegen der umgekehrten Verschiebung. Sachliche Differenzen werden persönlich ausgetragen. Das geht sogar so weit, daß manche Menschen jeden sachlichen Widerspruch als persönlichen Angriff werten und entsprechend reagieren. Sie sind für Führungspositionen ungeeignet, wenn Führen durch das Wort geschehen muß. Aus beiden Fällen ergibt sich eine wichtige Regel für sinnvolle Kommunikation:

- **Verwechseln Sie selbst niemals Informations- und kontaktive Ebene. Trainieren Sie sich, daß Sie solche Verwechslungen beim Partner schnell erkennen und sich darauf einstellen.**

Sollten Sie hier häufiger Fehler machen, ist Ihre soziale Sensibilität noch unzureichend entwickelt. Vielleicht kann ein Sensibilisierungstraining weiterhelfen.
Doch auch das Gegenteil ist nicht selten: soziale Überempfindlichkeit. Solche Menschen sehen sich von jeder Kritik gleich in ihrer Existenz bedroht, hören aus relativ harmlosen Worten Drohungen heraus, bekommen Angstzustände, wenn soziale Bindungen sich lockern ... Die soziale Übersensibilität ist wohl stets Anzeichen für eine neurotisierte Persönlichkeit. Im Kern der neurotisierten psychischen Struktur läßt sich zumeist ein erheblicher Mangel an Selbstwertgefühl ausmachen. Deshalb suchen solche Menschen ständig

- Geltung und Anerkennung zu gewinnen,
- Oberhand zu behalten,
- Gefährdungen ihres Selbstwertgefühls schnell und rechtzeitig zu erkennen, so daß eine Abwehr ohne Kränkung des lädierten Selbstwertgefühls möglich ist.

Nicht selten ist der Hang zur Rache (meist nur in Gedanken) bei solcherart gestörten Menschen stark entwickelt. Sie spielen allerhand Pläne durch, wie sie dem Menschen, der ihnen Anerkennung verweigert, der sie besiegt, der ihr Selbstwertgefühl bedroht, schaden können. Früher oder später bilden sie sich ein, in einer Welt voller Gefahren und potentieller Feinde zu leben. Sie akzeptieren kaum noch Liebe und Freundschaft. In dieser Situation kommen sie dann meistens noch rechtzeitig – zum Therapeuten oder zum Arzt. Es bedarf keiner Erwähnung, daß sie, solange die Störung dauert, auch nicht geeignet sind, durch das Wort zu führen. Wir wissen heute ziemlich zuverlässig:

- **Psychische Gesundheit und die Fähigkeit zu glückender Kommunikation bedingen einander.**

Wie glückende Kommunikation die psychische Stabilität fördert (etwa indem Angst-, Schuld-, Scham-, Unterlegenheitsgefühle abgebaut werden), so setzt glückende Kommunikation ein gewisses Maß an psychischer Stabilität voraus. Kommunikationstraining kann durchaus prophylaktische und – bei geringeren Störungen auch – therapeutische Funktion haben. Umgekehrt ist eine steigende Unfähigkeit zu glückender Kommunikation ein Zeichen einer psychischen Schwierigkeit, die sich zwar mitunter von selbst behebt, doch, wenn sie über mehrere Monate oder gar Jahre währt, oft der Therapie bedarf.

Die Botschaft: Appell

Neben den drei vorgestellten Aspekten hat fast jede menschliche Rede noch einen vierten Aspekt: den Appell. In unserem Beispiel besteht der Appell in der Aufforderung der Mutter, der Sohn solle spätestens um fünf zu Hause sein. Die Appellhaftigkeit jeder Rede kann so umschrieben werden: In jeder verbalen Interaktion versucht der eine Partner den anderen irgendwie zu beeinflussen (zu erziehen, zu manipulieren, zum solidarischen Verhalten zu veranlassen).

Zunächst einige Worte zu den offensichtlichen Appellen (Befehlen, Anordnen, Gebieten, Auffordern, Bitten, Ersuchen ...). Sie sind hier relativ unproblematisch. Doch es gibt einiges zu bedenken.

Zunächst einmal kann ein Überwiegen von Appellen in verbalen Interaktionen die Aspekte Kommunikation und Information erheblich beeinträchtigen oder gar stören. Ein Vorgesetzter, der sein Führungsverhalten weitgehend auf das Senden von Appellen beschränkt, wird kaum als Mensch akzeptiert werden – in gleich welcher Position. Er wirkt als Befehlszentrale oder Befehlsweitergabe-Instanz. Appelle werden also stets Teil einer Mitteilung sein müssen, in der der Appellierende auch etwas und sich selbst mitteilt (= mit anderen teilt). Trivial die Feststellung:

- **Führen, das ist nicht befehlen, anordnen oder wünschen.**

Sicher wird in jeder vollzogenen Führung auch dieses seinen Platz haben. Aber Appelle werden im Normalfall eingebettet sein in ein Interaktionsgeschehen, in dem auch die drei anderen Aspekte des Sprechvollzuges ihren Ort haben. Ich vermute, daß das heute selbst im militärischen Bereich bekannt ist und gelehrt wird, obschon einige Studenten, die beim »Bund« waren, dies lebhaft bestreiten.
Es soll aber auch Männer in Wirtschaft und Politik geben, von denen ihre »Untergebenen« recht ähnliches behaupten. Das ist nicht sonderlich erfreulich. Nicht nur bleibt dabei ein gut Stück Menschlichkeit auf der Strecke, sondern die Effizienz der Interaktion leidet (langfristig gesehen) ganz erheblich. »Kommandeure« haben eine Tendenz zu bevormunden, die eigentliche Kommunikation auf Gegenseitigkeit nahezu ausschließt.
Auf der anderen Seite ist kein Führungsverhalten denkbar, das versucht, ganz ohne Appelle auszukommen. Dieser Versuch ist illusorisch, denn in jeder Entscheidung liegt eine Mehrzahl von Appellen verborgen: Etwa

- So wollen wir das machen.
- Sorgt bitte dafür, daß es gut ausgeht.
- Bemüht euch, setzt euch ein ...
- Sagt mir, wenn Schwierigkeiten auftauchen.

Appelle sind schon alleine deshalb notwendig, weil Führen und Appellieren untrennbar miteinander verbunden sind. In einer arbeitsteiligen Gesellschaft geht es nun einmal nicht ohne irgendeine Koordination. Wer koordiniert, muß aber sehr wohl irgendwie appellieren. In komplexeren Sozialgebilden ist eine gewisse Kontinuität der Ziele nötig. Wer für diese Kontinuität sorgt, kann das kaum ohne Appelle. In solch funktionalem Sinn geht es also nicht ohne Appellieren.
Aber:
Führen darf sich niemals aufs Appellieren beschränken.
Die meisten Leser werden sich in diesem Abschnitt vor allem für *versteckte* Appelle interessieren. Versteckt ist ein Appell, wenn man einer sprachlichen Interaktionssituation ihren Appellcharakter

nicht anmerkt. Bei solchen versteckten Appellen sprechen manche von »Manipulation«. Das werde ich allein schon deshalb nicht tun, weil es beim Manipulieren durchaus auch mit offenen Appellen zugehen kann und sicherlich nicht jeder versteckte Appell etwas mit Manipulation zu tun hat (es kann sich ja auch etwa um Edukation handeln). Um der Problematik versteckter Appelle etwas näher zu kommen, will ich zwei Thesen aufstellen und zu begründen versuchen:

- Sprache ist schon an sich appellhaltig.
- Niemand tut etwas ohne Grund (d. h., jeder verfolgt stets irgendein Ziel).

Wieso ist Sprache stets appellhaltig? Nun, weil sie nicht ein Geschehen zwischen zwei EDV-Anlagen ist, sondern zwischen zwei Menschen. Das bedeutet u. a.: Die verwandten Worte haben zum Teil auch einen emotionalen Wert. Freiheit, Glück Liebe... sind gut, Zwang, Pech, Haß... sind schlecht. Mit diesen Werten und Wertungen sind stets Aufforderungen verbunden, die sich aus dem allgemeinen Prinzip jeder praktischen Wertung ergeben: »Tue das Gute und meide das Schlechte!« Da diese Maxime nicht erst akzeptiert werden muß, sondern – logisch gesehen – analytisch ist (das Gute ist das zu Tuende...), ist sie allgemein gültig. Auf Grund von Wertungen, von denen sich nicht einmal Wissenschaftssprachen ganz lösen können, kommt es dann zu mehr oder weniger ausdrücklichen Appellen.

Das ist keine neue Erkenntnis, sondern sie ist ein uraltes Requisit aus der Rumpelkammer der antiken Rhetorik. Mitunter meinen einige Bücherschreiber, sie hätten da etwas Neues entdeckt. Selbst den Herren von der Verbrauchsgüterwerbung ist diese Wahrheit seit geraumem bekannt. In anderen Werbebereichen (Dienstleistungen, Investitionsgüter, privates Werben um die Zuneigung eines Menschen...) wird diese Einsicht mitunter vernachlässigt.

Will man sie technisch verwerten, bieten sich u. a. drei Strategien an, die, da Führen ja auch eine Form des Werbens ist (oder sein sollte), hier erwähnt sein mögen:

Ein wichtiges Werbemittel ist das *Vormachen*, wenn es durch einen Menschen geschieht, der emotional akzeptiert wird. So kann die Mutter dem Kind das Essen vormachen, um es zur Nachahmung zu bewegen, obschon es keinerlei Hunger mehr hat. So kann man Fußballstars oder Olympioniken irgend etwas konsumieren lassen, um den Konsum von diesem »Irgend etwas« zu steigern. Im Hintergrund steht die Imitationsbereitschaft der vielen. Nicht wenige Menschen sind willens, geschätzte andere oder aber auch die meisten anderen zu imitieren, weil das die Prüfungsproblematik gleichsam auf den anderen verlagert und ein physisch wie psychisch recht unaufwendiges Verfahren ist, Entscheidungen vorzubereiten. Nicht nur Kinder lernen am leichtesten aus dem Vormachen.
Ein anderes Werbemittel ist das *Konsequenzen-vor-Augen-Stellen*. Hier wird ganz unmittelbar an eine Wertvorstellung angeknüpft. Heißt diese etwa: »Gesunde Zähne sind gut«, dann wirbt die Firma A für ihr Produkt B etwa mit den Worten: »Wünschen Sie gesunde Zähne, verwenden Sie B.« Der Appell, der zur Verwendung von B aufruft, ist zwar verbal nicht offen, der Sache nach aber offenbar.
Auf ganz entsprechende Weise versuchen wir alltäglich im Umgang mit anderen, bestimmte Erwartungshaltungen auf Werthintergründe zu beziehen, und so den anderen zu einer von uns gewünschten Entscheidung zu bringen.
Solchen Attacken kann man sich nur beschränkt entziehen, denn bestimmte Wertempfindungen sind keineswegs an reale Werte, sondern oft nur an wirkliche (= Wertbesetzungen bestimmter Worte oder Wortfolgen) gekoppelt.
Man kann das biblische Gebot (mit einem sehr direkten Appell) »Du sollst nicht stehlen« auch durch einen weniger direkten ausdrücken, indem man Folgen vor Augen stellt: »Wer eine fremde bewegliche Sache einem anderen in der Absicht wegnimmt, dieselbe sich rechtswidrig anzueignen, wird wegen Diebstahls mit Freiheitsstrafe bis zu fünf Jahren bestraft.« (StGB § 242)
Sicherlich sind keineswegs alle Menschen in dem gleich, was ihnen werthaft zu sein scheint und was nicht (das liegt zum Teil an der

Verschiedenheit der Vorurteile und der Wirklichkeitskonstitution). Die Bedürfnisse und die Bedürfnisbefriedigungs-Erwartungen verschiedener Menschen können recht verschieden sein, trotz aller gemeinsamen Grundmuster. Lob und materielle Entlohnung sind nahezu für alle Menschen »Güter«, doch welche Reihenfolge beide haben, mag sehr verschieden sein. Allgemein gilt:

- **Je stärker ein Bedürfnis und je weitgehender die angebotene Bedürfnisbefriedigung den Erwartungen entspricht, um so bestimmter weiß der Betroffene, was für ihn gut ist.**

Natürlich weiß er es oft nicht im eigentlichen Sinn. Aber er glaubt es zu wissen.
Neben positiven Konsequenzen können auch negative vor Augen gestellt werden. Der unmittelbare Appell »Kommen Sie in Zukunft pünktlich!« kann ersetzt werden durch den mittelbaren gleichen Inhalts: »Wenn Sie in Zukunft nicht pünktlicher sind, müssen Sie die Konsequenzen tragen!«
Manipulatorisch wird das Ganze jedoch, wenn die angepriesenen Vor- oder Nachteile nicht in einem eigentlichen (sondern erst durch das verbale Verhalten des Sprechenden gestifteten) Zusammenhang stehen (etwa der Genuß eines bestimmten Getränks und soziale Anerkennung). Jedermann sucht nach solcher Anerkennung, er wird sie finden, wenn er das Getränk C zu sich nimmt. Vorausgesetzt, in dem angepriesenen Saft sind nicht irgendwelche Drogen enthalten, die soziale Ängste dämpfen und soziale Bedürfnisse verstärken, dann scheint mir solche Werbung entweder marktschreierisch oder unlauter zu sein. Solche Bindungen von zwei Dingen, die an sich miteinander nichts zu tun haben, von denen aber eines emotional positiv besetzt ist und deshalb auch zur positiven Akzeptation des anderen führt, sind auch in der konkreten zwischenmenschlichen Praxis keineswegs selten. Das Schema ist immer gleich: »Wenn du A (ein Gut) haben willst, dann mußt du B tun!«, auch wenn A und B an sich nichts miteinander zu tun haben.
Damit sind wir schon weit in den dritten Bereich der Werbestrategie eingedrungen: in den des *Stiftens von Assoziationen.* Dabei geht es

um die Verwendung klassischer Konditionierungsmechanismen. Ich erinnere mich daran, daß ich als Kind jahrelang keine Limonade mochte, weil sie mir nach Äther roch, mit dem man mich berauschte, um mir die Mandeln zu kappen. Hier ist also eine Verknüpfung eines Reizes (Äthergeruch) mit einer Reaktion (Angst) hergestellt worden, die sich erst in der Entbehrungszeit des Krieges löste.
Solche Koppelungen sind aber durchaus auch positiv möglich. So mag der Anblick schöner Beine an positive sexuelle Erfahrungen gebunden sein. Die positive Emotion (Reaktion) wird dann unter Umständen durch den Reiz (Frauenbeine) wieder (unbewußt) wach und die positive Emotion nun mit dem neuen Kontext (z. B. Autoreifen einer bestimmten Herstellerfirma) verbunden.
Doch solche Assoziationen sind mit nahezu allen »wichtigen« Worten verbunden – Worte werden für uns erst wichtig durch den mit ihnen legierten emotionalen Wert oder Unwert. So können für jemanden »Demokratie« oder »Sozialismus« aufgrund dieser Mechanismen »wichtige« Worte sein. Weil es aber nicht leicht möglich ist, längere Zeit verbal miteinander zu interagieren, ohne daß Worte fallen, die wenigstens für einen der beiden Partner »wichtig« sind, ist also jedes (längere) Sprechen mit Appellen besetzt. Das bedeutet:

- **Wenn wir miteinander sprechen, MÜSSEN wir aufeinander Einfluß nehmen.**

Und das, ob wir nun wollen oder nicht.
Ein besonderer Typ von versteckten Appellen sind die »Appelle in die Gegenrichtung« (Paul Watzlawick). Diese können vor allem dann angebracht sein, wenn die Appelle in der gewünschten Richtung nicht nur keinen, sondern vielleicht gar gegenteiligen Erfolg haben werden.

- Einem trotzenden Kind oder Jugendlichen eine Sache zu verbieten wird selten den gewünschten Erfolg haben.
- 1920 verbot in den USA ein Bundesgesetz Herstellung, Transport und Verkauf harter Getränke. Die Folgen waren: Schwarzbrennereien, Bildung krimineller Vereinigungen, Gesundheitsschäden ...

- Einen depressiv Gestimmten kann man nicht durch die Aufzählung der schönen Seiten des Lebens »aufheitern«, denn durch Appelle lassen sich Emotionen nicht zum Besseren ändern. Diese Methode wird den Zustand eher noch verschlimmern. Schon mancher Selbstmord hat seinen Grund in solch unvernünftigem Verhalten der Mitwelt eines depressiv Gestimmten.

Ganz allgemein gilt die Regel:

- **Wenn ein Appell in die gewünschte Richtung keinen Erfolg hat, ist stets zu prüfen, woran das liegt.**

Nicht selten wird der Grund in der Unangemessenheit von Appell und gewünschtem Ziel liegen (wie etwa bei den drei genannten Beispielen).
In der Psychotherapie prüft man in einer solchen Situation, ob nicht die Methode des Appells in die Gegenrichtung hilfreich sein kann:

- So kann man einem Hysteriker empfehlen, beim Anblick eigenen Blutes doch ohnmächtig zu werden.
- So kann man einem (neurotisch) Schlaflosen sagen, er solle prinzipiell so lange wie irgend möglich wach bleiben.
- So kann man zwei etwas reizbaren Ehepartnern empfehlen, sich jeden Abend von 19.45 bis zum Beginn der Tagesschau zu streiten (und zwar so feindselig wie möglich).

Es sind durchaus nicht wenige Fälle bekannt, in denen solche Methoden zu recht brauchbaren Erfolgen führten.
Zwei Typen von Appellen sollte man jedoch meiden:

- undeutliche Appelle und
- paradoxe Appelle.

Paradox ist ein Appell, dem man nur nachkommen kann, wenn man ihm nicht nachkommt. Ein Beispiel: »Sei doch nicht so nachgiebig! Du tust immer, was ich dir sage.« Bei solchen paradoxen Appellen kann der Empfänger, was immer er auch tut (nachgiebig sein oder unnachgiebig sein), nur verlieren. Es scheint nicht unwahrscheinlich zu sein, daß in Familien mit schizophrenen Mitgliedern solche Appelle nicht selten sind (»Sei doch mal etwas spontaner!« – »Ich möchte, daß du das freiwillig tust!«...).

Also

Vermeiden Sie paradoxe Appelle.

Unklare Appelle können sehr verschiedene Ursachen haben. Ich will hier nicht »zufällige« nennen, wie mangelnde Sprachbeherrschung oder Flüchtigkeit. Die wichtigsten dieser Ursachen scheinen zu sein:

- Der Appellierende weiß nicht, ob er dem Angesprochenen den Appell zumuten kann. Ein verschleierter Appell soll dann das Maß der Zumutbarkeit testen.
- Der Appellierende hat Angst, zurückgewiesen zu werden. Um sich eine eventuelle Absage zu ersparen, verschlüsselt er seinen Appell, indem er Bedürfnis, Wunsch, Absicht... nicht klar formuliert.
- Der Appellierende muß etwas von seinen Wünschen, Bedürfnissen... und damit von sich selbst mitteilen. Menschen, die mit der Selbstmitteilung Schwierigkeiten haben (Fassadenbauer oder Imponierer etwa), sind meist auch nicht fähig zu eigentlichen eigenen Appellen. Wenn sie appellieren, verstecken sie sich gerne hinter fremden Autoritäten (auch des Man-Typs). Zumeist legen sie Wert darauf, sich einen Rückzug offenzuhalten. (»Ich mußte das von Ihnen verlangen.« – »Das haben Sie falsch verstanden!«)
- Der Appellierende ist übermäßig rücksichtsvoll. Er verzichtet auf einen offenen Appell, weil er vermutet, daß dem Partner der Mut fehlt, eventuell nein zu sagen. Doch ist solche Rücksicht meist unangebracht und Rationalisierungsergebnis. Leicht könnte sich der Appellierende zuvor erkundigen, ob der Betroffene in dieser oder jener Richtung Probleme oder Schwierigkeiten hat. Nicht selten hält er auch jeden Appell oder doch jede Ablehnung für sozial problematisch und eine Beziehung gefährdend.
- Der Appellierende hat Angst vor Verantwortung. Der unklare Appell ist ein Kompromiß zwischen seinem Wunsch zu führen und seiner

Angst, dafür die Konsequenzen zu tragen. Er will nicht festgenagelt werden können.

- Der Appellierende will die Freiwilligkeit des Adressaten seines Appells nicht gefährden. Dieses Argument ist das einzig beachtenswerte, denn **Handlungen verändern ihren Charakter, wenn sie auf Aufforderung hin geschehen.** Manche Menschen sind bereit, freiwillig Dinge zu tun, die sie sich niemals befehlen ließen.

Abgesehen von diesem Fall gilt:
Vermeiden Sie im allgemeinen unklare Appelle.
Die zweite These, die ich entfalten will, lautet: »Niemand tut etwas ohne Grund.« Diese These ist natürlich recht provozierend formuliert. Als heuristisches Prinzip aber hat sich die Annahme bewährt, die These sei stimmig. Das »cui bono« (Wem nützt es?) der Juristen verengt zwar mitunter den Blick einseitig – ist aber sicher sehr oft nützlich, wenn man nicht annimmt, man habe jetzt alles gesehen.
Dieses finale Fragen hat seit Alfred Adler in der Psychotherapie erhebliches Ansehen gewonnen. Um menschliches Verhalten zu deuten, ist es meist schwer, die Ursachen zu erkennen – oft leichter die Gründe, Absichten und Zwecke.
Sprechen ist immer soziales Tun. Nimmt man an, alles Sprechen habe ein Ziel, verfolge eine – wenn auch dem Sprechenden nicht immer oder voll bewußte – Absicht, dann erklärt sich von neuem der wesentliche Appellcharakter allen Sprechens. Der Inhalt des Appells ist identisch mit der verfolgten Absicht. Die Frage nach der Absicht und die nach dem Inhalt des Appells sind zumeist nicht zu trennen.
Das will ich an einigen Beispielen erläutern:

- Eine Frau beginnt zu weinen. Der »normal« erzogene erwachsene Mann entwickelt nun zumeist deutliche Gefühle des Unbehagens, die sich nicht selten als Schuldgefühle offenbaren. In seiner Kindheit erfuhr er, daß die Mutter weinte, wenn er ganz »böse« gewesen war, Grund also hatte, sich schuldig zu fühlen. Dieser Mechanismus wird nun wieder in Gang gesetzt. Und das nicht selten von der Frau durchaus gezielt. Sie hat als Kind erfahren, daß der Vater ihr nicht

leicht etwas abschlug, wenn sie zu weinen begann. Weinen hat also Appellfunktion. Es will sagen: »Beseitige bitte den Grund des Weinens. Wenn du das nicht tust, ist es mir recht, daß du dich schuldig fühlst!«
Nur naive Männer projizieren: »Was müßte ich für psychische Schmerzen haben, wenn ich so weinen würde!« Weinen ist meist aber keineswegs ein Ausdruck von Trauer oder Schmerz, sondern sehr viel mehr ein Appell.

- Viele Selbstmordversuche sind keineswegs eine primäre Folge von Verzweiflung, sondern eine dringliche Bitte um Hilfe (aus Einsamkeit, aus Hoffnungslosigkeit ...).
- Viele neurotische Symptome signalisieren keineswegs den scheinbaren Befund einer psychischen oder somatischen Störung, sondern sind Anrufe des Kranken an seine Mitwelt, auf ihn Rücksicht zu nehmen. Nicht wenige psychisch Labile oder Kranke entwickeln ein reiches Repertoire an Techniken, um Aufmerksamkeit zu erregen.

Es kann hier nicht darum gehen, die »richtige« Reaktion auf solche Appelle zu lehren. Wichtig ist nur, daß man sich darauf trainiert, Botschaften nicht nur als Informationen oder Selbstmitteilungen zu interpretieren, sondern ihre grundsätzliche Appellhaftigkeit bemerkt. Mit Sicherheit wird man sonst falsch reagieren, und es kann zu einer erheblichen Interaktionsstörung kommen.
Ist es Ihnen gelungen, auch versteckte Appelle dieser Art zu erkennen (über die Frage nach dem Warum), dann werden Sie trainieren müssen, sich auch appellwidrig verhalten zu können. Das ist nicht leicht zu erlernen, denn viele Reaktionen auf Appelle erfolgen nahezu automatisch: Manche Appelle (vor allem die versteckten nach dem Schema der vorgenannten Beispiele) werden stereotyp beantwortet, als wenn es sich um Informationen handelte. Das hat seinen Grund. Der versteckte Appell »funktioniert« nur, wenn er als Information behandelt wird, denn der Appellierende will zwar appellieren, will aber nicht, daß sein Appell als Appell erkannt oder durchschaut wird.
Mitunter kann es angebracht sein, mit dem Appellierenden über die

eigentlichen Beweggründe seines Handelns oder Weigerns zu sprechen. Oft kann sich die Forderung nach appellwidrigem Verhalten nur artikulieren als die Weigerung, dem Appell zu entsprechen.
Solche Weigerung sollte auch trainiert werden bei Botschaften, deren Informationscharakter noch sehr viel deutlicher zu sein scheint. Informationen können durchaus den primären Zweck haben, Interessen durchzusetzen. Ein paar Beispiele:
»Es gibt nur die Alternative: Freiheit oder Sozialismus.«
»Die Mächte des Warschauer Pakts haben zehnmal so viele Panzer in Europa stationiert wie die Nato.«
»Neger faulenzen lieber, als daß sie arbeiten.«
»Kommunisten sind meistens Verbrecher.«
Der naive Empfänger nimmt an, ihm solle hier (eine wahre oder falsche) Information geliefert werden. Er sollte aber davon ausgehen, daß vermutlich jeder, der ihm diese Sätze sagt, ihn nicht informieren, sondern dazu bewegen will, irgend etwas an Konsequenzen (ein Tun oder Denken) daraus zu folgern. Um diese Methode zu durchschauen, hilft wieder die Frage weiter: »Warum sagt er das?« – »Wem nutzt diese Aussage?« Diese Fragen können wichtiger und erheblicher sein als die nach sachlicher Wahrheit.
Abschließend soll noch die Frage gestreift werden, wie es kommt, daß Appelle doch ziemlich oft erfolglos bleiben. Ich will hier drei Gründe nennen (vgl. Schulz von Thun):
Erstens können Appelle erfolglos bleiben, weil die Beziehung zwischen den Partnern gestört ist. Der Partner wehrt sich dann meist nicht zuerst gegen den Inhalt eines Appells, sondern gegen die Appellhaftigkeit der Nachricht überhaupt (Beziehungs-Widerstand). Solche Beziehungswiderstände können sehr verschiedene Gründe haben. Etwa:

- Der Angesprochene trainiert seine Autonomie mit pubertärem Instrumentar.
- Der Angesprochene findet den Appellierenden arrogant, unsympathisch, aufdringlich, lästig, inkompetent (er akzeptiert ihn also entweder nicht als Menschen oder als Vorgesetzten).

- Der Angesprochene ist müde, niedergeschlagen, demotiviert, seinen elementaren Bedürfnissen wird nicht in erwarteter Weise entsprochen. Der Appell steht seinen Bedürfnissen einfach entgegen.
- Der Appell wird ungenau und isoliert (von Information und Selbstdarstellung) gegeben.
- Der Inhalt des Appells erscheint unvernünftig oder unsinnig. Liegt eine grundsätzliche Schwierigkeit »zu gehorchen« (= Appellen nachzukommen) vor, läßt sich durch Bewußtmachen und eingehendes Analysieren der Schwierigkeiten oder andere geschickte Formen der Metakommunikation vielleicht einiges beheben. Sehr selten aber können Widerstände dadurch abgebaut werden, daß der Appell wiederholt oder dringlicher gemacht wird. Das verstärkt eher noch den Widerstand, wenngleich es zu einem mürrischen Befolgen der im Appell enthaltenen Botschaft kommen kann.

Zweitens können Appelle erfolglos bleiben, weil sie grundsätzlich ungeeignet sind, ein bestimmtes Problem zu lösen. Ich habe davon schon im Zusammenhang der »Appelle in der Gegenrichtung« gesprochen. Hierher gehören vor allem auch Kommunikationsprobleme. Taucht ein solches Problem auf, ist es unsinnig, seine Beseitigung »per Befehl« zu versuchen. Allgemein gilt:

- **Appelle gegen emotionale Stimmungen sind sinnlos.**

Man kann also durch einen Appell keine emotionale Stimmung herbeiordern. Man kann sie erzeugen, ja. Aber nicht als *Inhalt* der Botschaft. Es ist möglich, durch einen Appell Menschen freundlich zu stimmen, kaum aber durch den Appell:
»Seid freundlich.«
Soll ein Appell aufgegriffen werden, darf er nicht gegen

- Stimmungen, Erwartungen, Interessen,
- Bedürfnisse, Vorurteile, Wertgefühle,
- Autoritätsverhältnisse

gerichtet sein. Zum letzten ist anzumerken, daß der Appell nach

Form und Inhalt der Autoritätsrelationen zwischen Sender und Empfänger entsprechen wird, wenn er optimal wirksam sein soll.
Hat ein Mensch mit sich und anderen Probleme, helfen übrigens keine guten Ratschläge, Ermahnungen, Empfehlungen (alles das sind Appelle). Sie verschlimmern die Lage meist nur. Also:

- **Geben Sie niemals unerbetene Ratschläge, wenn Sie bemerken, daß ein Mensch Probleme mit sich selbst hat.**

Viele Formen moderner Psychotherapie vermeiden jede Form von Appellen. Vielmehr versucht der Therapeut zuzuhören, fragend die Probleme sich und dem Patienten zu verdeutlichen, sich in die Wirklichkeit des Patienten einzufinden. Der Patient sagt, was er sagen will, nicht, was der Therapeut gerne wissen möchte.
Die nichtdirektive Gesprächsführung (der Therapeut sorgt nur dafür, daß das Gespräch sinnvoll weitergeht, der Patient bestimmt das Thema und was er dazu sagen will) hat auch Einzug gehalten in die moderne Betriebspsychologie (meist mit dem theoretischen Hintergrund der Vorstellungen von Carl Rogers), ist aber hier bislang nur in den unteren Chargen der Personalabteilungen allgemeiner etabliert. Das ist schade.
Drittens kann der Appell erfolglos bleiben, weil der Empfänger für seinen Inhalt nicht empfänglich ist (es besteht dann meist eine kognitive Dissonanz). Einige Beispiele:

- Ein starker Raucher nimmt den in der Nachricht »Rauchen fördert die Disposition zu Bronchialkarzinomen und Kreislauferkrankungen« steckenden Appell nicht wahr oder hält ihn für unerheblich.
- Ein Antimarxist aus Unwissenheit (= ein Antimarxist, der den Marxismus mehr oder weniger vom Hörensagen kennt, nie aber eine Zeile Marx gelesen hat) wird der Feststellung, der Marxismus sei eine ökonomische Doktrin, deren Unbrauchbarkeit erwiesen sei, unbedingt zustimmen, nicht aber einem Partner, der ihn auffordert, erst einmal Marx zu studieren, ehe er ihn ablehnt.
- Ein Vermögender wird zustimmen, wenn jemand behauptet, nur

Tüchtige seien reich. Er wird sich damit schwertun, wenn er hört, Reichtum sei eine Folge ungerechter sozialer Strukturen.

Warum aber werden Raucher sich nicht ernsthaft mit Statistiken über gesundheitliche Folgen des Rauchens, der Antimarxist sich nicht mit Marx und der Reiche sich nicht mit der Theorie sozialer Strukturen beschäftigen? Weil sie sich durch so etwas in ihrer Vorurteilsstruktur gefährdet sehen. Weil sie dann vielleicht ihren Lebensstil ändern müßten... Jedenfalls, weil dann ein Teil ihrer Wirklichkeit in Frage gestellt wäre. Und so wehren sie alle Appelle, die die Wirklichkeit betreffen, sie angreifen oder verunsichern, ab. Es gehört einiges an Autonomie und kritischem Format dazu, sich gegen seine eigenen Selbstverständlichkeiten zur Wehr zu setzen. Und dennoch soll dieser Appell diesen Abschnitt beenden:
Wehren Sie sich – wenigstens gelegentlich einmal – gegen Ihre Selbstverständlichkeiten.

Gründe für Mißverständnisse

Im vorhergehenden Abschnitt habe ich schon verschiedene Gründe genannt, die Mißverstehen begründen oder begünstigen können. Hier bleibt nur einiges zu ergänzen.
Zunächst einmal handelt dieses Kapitel nur über Verständnisstörungen, die in der Psyche der verbal interagierenden Subjekte begründet liegen. Alle rein informationstheoretisch oder hermeneutisch auszumachenden Störungen sind hier ausgeklammert. Die weitaus meisten Mißverständnisse kommen zustande, wenn es einem oder gar beiden Partnern erheblich um Selbstschutz und/oder Selbstaufwertung geht. Ein starkes Bemühen um Selbstschutz ist immer dann zu vermuten, wenn die Interaktion, die konkrete Sprechsituation besetzt oder gar beherrscht wird von Angst-, Scham- oder Schuldgefühlen eines Partners. Diese Gefühle müssen keineswegs bewußt sein. Oft werden sie als Gründe für ein mißlungenes Gespräch erst offensichtlich, wenn ein solches Gespräch gründlich analysiert wird. Solche Selbstschutzbemühen auslösen-

den Emotionen oder Stimmungen sind wohl stets zu vermuten, wenn zwischen zwei Partnern Gespräche *regelmäßig* unbefriedigend für beide verlaufen. Aussagen wie:

- »Er versteht mich nicht.«
- »Ich komme nicht an ihn heran.«
- »Wir bleiben immer nur an der Oberfläche.«
- »Er weicht mir meistens aus.«
- »Er wirkt befangen (blockiert, nicht offen ...)«

signalisieren solche Störungen. Daraus ergeben sich zwei wichtige Folgerungen: Nach jedem unbefriedigenden Gespräch sollten Sie sich fragen:

- **Kann es sein, daß der Partner Angst-, Schuld- oder Schamgefühle in die Gesprächssituation miteinbrachte?**
- **Kann es sein, daß ich selbst mich unsicher und befangen fühlte? Und ist es möglich, daß meine Schuld-, Angst- und Schamgefühle hierbei eine Rolle spielten?**

Müssen Sie eine dieser Fragen bejahen, ist damit zumindest ein möglicher Grund der Störung der Interaktion gefunden. Da das Nicht-wissen-Warum ein weiterer zusätzlicher Störfaktor ist, kann wenigstens dieser ausgeschaltet werden. Und es wird möglich sein, in Zukunft auf die eigene emotionale Lage oder die des Partners entsprechend Rücksicht zu nehmen.
Sollten Sie jedoch entdecken, daß solche emotional bedingten Störungen eine Vielzahl Ihnen wichtiger Beziehungen belasten, ist dringend zu empfehlen, daß Sie etwas Ernsthaftes dagegen tun. Da mit eigener Einsicht oder fremden Ratschlägen selten etwas zu ändern ist, empfiehlt sich die Teilnahme an einem Sensibilisierungstraining oder auch an Therapiegruppensitzungen. Gerade für die Behandlung solcher Emotionen hat die moderne psychotherapeutische Praxis eine Fülle von Methoden entwickelt. Warum sollten Sie sie nicht nutzen?
Konkret – gleichsam von außen betrachtet – unterscheiden wir vor allem zwei typische Quellen für Mißverständnisse:

- Störungen auf einer der Sprechebenen und
- Verwechslung der Sprechebenen im Sprechgeschehen.

a) Störungen auf einer der Sprechebenen

Auf jeder der vier Sprechniveaus (Information, Selbstdarstellung, Kommunikation und Appell) sind spezifische Störungen möglich, die zumeist auf ein Bemühen um Selbstschutz oder Selbstaufwertung zurückgehen.
Auf der Ebene der *Information* ist an folgende Störungen zu denken:

- Einer der Partner will *nur* informieren oder Informationen empfangen und übersieht die Botschaften auf den anderen Ebenen oder versucht, sie zu unterdrücken. Dieser Störungsgrund ist recht verbreitet. Er wird meistens rationalisiert mit Bemerkungen wie: »Für Geschwätz habe ich keine Zeit!« – »Ich bin für unbedingte Sachlichkeit!«
- Einer der Partner sagt die Unwahrheit oder verschweigt Wichtiges aus Angst, Schuldgefühl oder Scham. Hierher gehören auch Imponierlügen.
- Einer der Partner versucht abzulenken und auf Nebenthemen auszuweichen. Vielleicht versucht er, den Gesprächsinhalt auch durch humorig erscheinende Bemerkungen zu relativieren und abzuschwächen.
- Einer der Partner trägt seine Information oder seine Reaktion auf Informationen ausgesprochen aggressiv vor.
- Informationen erscheinen eingebettet in Anklagen, Vorwürfen, Petzereien.

Auf der Ebene der Selbstdarstellung können folgende Störungsgründe beobachtet werden:

- Einer der Partner zeigt Imponier- und/oder Fassadenverhalten.
- Einer der Partner wirkt rechthaberisch, polemisch, den anderen abwertend, bevormundend, überheblich.

- Einer der Partner versucht, sich durch »Demutsgebärden« oder entsprechende Floskeln abzusichern und sich vor Aggressionen zu schützen.
- Einer der Partner überspielt seine negativen Emotionen durch ihr Gegenteil:
  Angst durch Verwegenheit, Tollkühnheit, Tapferkeit, Mut…
  Schuld durch Skrupellosigkeit, Gewissenlosigkeit,
  Scham durch Schamlosigkeit, Ehrfurchtslosigkeit,
  Mindergefühle durch gespielte Überlegenheit und Selbstsicherheit.

Auf der Ebene der Kommunikation sind folgende Störungsgründe nicht selten:

- Einer der Partner kennt seine eigenen sozialen Wünsche nicht, ist ihrer unsicher, wagt nicht, sie zu zeigen oder zu realisieren.
- Einer der Partner erkennt die Wünsche, Bedürfnisse… des anderen nicht, obschon sie ihm – vielleicht recht versteckt – signalisiert werden in der Hoffnung, sie möchten erkannt werden (es gibt natürlich auch die gegenteilige Hoffnung auf erfolgreiche Verschleierung der eigenen sozialen Bedürfnisse und Erwartungen).
- Einer der Partner erkennt nicht, daß der andere gezielt eine Veränderung der sozialen Beziehung (Verdichtung, Lockerung, Verstärkung, Abbruch…) anstrebt. Oder: Er erkennt es zwar, aber er beherrscht nicht die Strategien, das Erkannte zu verarbeiten und sich darauf einzustellen.
- Einer der Partner ist der (falschen) Ansicht, daß optimale Kommunikation möglichst enge soziale Bindung vorausgesetzt. Nicht selten ist soziale Distanz einer gelungenen Kommunikation und damit einem gelungenen verbalen Interagieren sehr viel nützlicher. Eine enge Relation kann den Partner befangen machen, kann in konkreten Situationen seine Schuld-, Angst-, Scham- und Mindergefühle eher verstärken als verringern.
- Einer der Partner verkennt die emotionale Stimmung des anderen erheblich. Er versteht es nicht, Interessen, Erwartungen, Stimmungen positiv anzusprechen.
- Einer der Partner ist der Ansicht, Sprechen habe erststellig die Funktion, Informationen mitzuteilen oder auszutauschen…

- Einer der Partner akzeptiert nicht die somatischen Ausdrucksempfindungen des anderen (z. B. er fällt ihm durch zu große körperliche Nähe, durch zu heftiges Gestikulieren oder mimisches Gebaren auf die Nerven) oder erkennt sie noch nicht einmal. Vielleicht ist er gar so desensibilisiert, daß er meint, was ihm recht sei, sei richtig und daher prinzipiell allen recht.

Auf der Ebene des Appells mögen folgende Störungsgründe genannt sein:

- Appelle werden versteckt gegeben und nicht oder nicht richtig erkannt.
- Appelle werden zu aufdringlich (zu apodiktisch, zu hart...) gegeben und reizen zum Widerspruch oder verletzen das Selbstgefühl des Partners.
- Appelle stehen nicht im informatorischen oder kommunikativen Kontext (entweder in keinem oder in einem falschen).
- Appelle werden nicht beabsichtigt und dennoch »herausgehört«.
- Appelle werden nicht akzeptiert.

Damit ist ein Katalog von gut zwanzig potentiellen Gründen aufgestellt.

- **Gewöhnen Sie sich an, bei unbefriedigenden Gesprächen diesen Katalog als Checkliste zu benutzen.**

Stellen Sie also regelmäßig fest, ob und welche der genannten Störungsquellen sicher oder vielleicht vorgelegen haben. Notieren Sie sich das Ergebnis. Sie werden wahrscheinlich bemerken, daß mißlungene Gespräche auf gehäuft drei oder vier Störungsquellen verweisen. Damit ist dann auch Ihr Trainingsfeld abgesteckt. Hier müssen oder sollten Sie Ihre Kommunikationsfähigkeit verbessern, denn:

- **Die Fähigkeit, zu führen durch das Wort, ist weitgehend abhängig von der Fähigkeit, Störungsquellen im verbalen Interaktionsgeschehen zu bemerken und zu beheben.**

Können Sie das grundsätzlich nicht, haben Sie drei Möglichkeiten:

- Sie verzichten aufs Führen überhaupt.
- Sie verzichten wenigstens auf das Führen durchs Wort (es gibt ja dispositive Funktionen, bei deren Wahrnehmung man kaum mit anderen Menschen in unmittelbaren Führungskontakt tritt),
- Sie versuchen Ihren Widerstand durch geeignetes Training, eventuell mit therapeutischer Begleitung zu beheben.

Kennen Sie noch eine vierte, dann wählen Sie sie, wenn Ihnen keine von diesen dreien gefällt und Sie dennoch durchs Wort führen wollen.

Ich will diesen Abschnitt beenden mit der Behandlung einer verbreiteten Unsitte all derer, die vermeinen zu führen. Da die Unsitte Störungen auf allen Ebenen der verbalen Interaktion anzeigen kann, zumeist aber nicht aufgrund von Verwechselung der Sprechebenen zustande kommt, sei sie hier erwähnt. Es ist die Unsitte, *Killer-Phrasen* zu verwenden. Eine solche Phrase beendet sofort jedes sachliche Gespräch. Typische Killer-Phrasen sind:

- Das haben wir noch nie gemacht.
- Dazu haben wir keine Zeit.
- Das haben wir schon mal versucht.
- Das ist doch reine Theorie.
- Ich sehe nicht, was Sie für Schwierigkeiten haben.
- Wir haben dafür kein Geld.
- Dazu müssen wir einen Ausschuß einsetzen.
- Damit wollen wir noch warten.
- Das geht uns nichts an.
- Das ist doch gegen die Vorschriften.
- Das macht zu viel Arbeit. Dafür haben wir keine Leute.
- Damit machen wir uns unbeliebt.
- Wenn Ihre Idee gut wäre, hätte sie bestimmt schon ein anderer gehabt.

- **Vermeiden Sie solche oder ähnliche Phrasen.**

Mag das Gemeinte auch noch so richtig sein: *So* darf man kein Gespräch, keine Diskussion... beenden, wenn man nicht in Kauf

nehmen will, daß sich Interaktionsstörungen zementieren. Selbstverständlich ist es am einfachsten, eine unangenehme oder (auf den ersten Blick) unbrauchbare Idee zu killen, jedenfalls ist das viel einfacher, als sich mit ihr und ihrem Urheber auseinanderzusetzen. Aber Führen bedeutet keineswegs immer, den leichtesten Weg zum Ziel zu gehen, wenn dieses Ziel sehr nahe und sehr vordergründig ist. Prüfen Sie sich selbst, ob und unter welchen Umständen und warum Sie solche Killer-Phrasen verwenden. Sie können sich bei dieser Gelegenheit gleich ein bißchen besser kennenlernen.
Auch die Transaktionsanalyse verweist auf eine Reihe von Interaktionsstörungen, die hier kurz erwähnt werden sollen, da sie nicht ganz selten sind. Die wichtigste Regel lautet:
Wenn Reiz und Reaktion im Transaktionsschema auf parallelen Linien verlaufen, ist die Transaktion komplementär (d. h., sie kann endlos weitergehen, da sie sich stets von neuem ergänzt). Verläuft die Transaktion nicht komplementär, kommt es zu Konflikten.
Komplementär ist eine Transaktion (= eine Grundeinheit sozialer Verbindungen), wenn eine Reaktion auf der gleichen Schiene läuft wie die Aktion. Sie läuft auf gleicher Schiene, wenn etwa durch ein Eltern-Ich-Verhalten eine Kind-Ich-Reaktion ausgelöst wird, die wiederum das Eltern-Ich des Partners anspricht. Es findet also ein Dialog statt zwischen konstanten Ichanteilen beider Partner. Ist das nicht der Fall, reagiert etwa ein Partner auf eine Ansprache, die sein Kind-Ich betreffen soll, mit einer Erwachsenen-Ich-Reaktion, kommt es zum Konflikt bzw. Abbruch der konkreten Interaktion. Definieren wir zunächst einmal die einzelnen Ich-Anteile:

- Das Eltern-Ich konserviert alle Ermahnungen, Bestrafungen, Belobigungen und Regeln, Gebote, Verbote, die ein Kind von seinen Eltern durch deren Worte oder Beispiel während der ersten fünf Lebensjahre erfuhr. Die Materialmenge ist ungeheuerlich. Niemand und nichts kann sie löschen. Zum Eltern-Ich zählen aber auch die Aufnahmen über die Interaktionen der Eltern miteinander. Jede äußere Situation, in der sich das Kind so abhängig fühlt, daß es sie nicht begreifen kann, wird zu Erlebnisinhalten, die im Eltern-Ich gespeichert werden.

- Das Kind-Ich sind die gespeicherten Aufzeichnungen aller emotionalen Reaktionen des Kindes auf die Ansprüche der Eltern. Zusammen mit den emotionalen Reaktionen (zu rationalen ist das Kind noch nicht fähig) werden ihre Auslöser (Gesehenes, Gehörtes, Gefühltes ...) gespeichert.
- Gegen Ende des ersten Lebensjahres beginnt das Kind sein Erwachsenen-Ich auszubilden, indem es Ursachen erkennen lernt. Es lernt langsam, die Ansprüche der konkreten Umwelt und der beiden anderen Ich-Anteile zu koordinieren.

Es seien nun einige wichtige Anzeichen (sprachliche und somatische) für das Vorwiegen eines bestimmten Ich-Anteils in einer konkreten Interaktions-Situation angegeben, die zu erkennen wichtig sein kann.

1. Anzeichen für eine Dominanz des Eltern-Ich:

gerunzelte Brauen	gespitzte Lippen
Stirnfalten	Zungenschnalzen
Seufzen	Arme verschränken
Schulterklopfen	Hände ringen

Ich werde dafür sorgen, daß das endlich aufhört.
Ich kann es nicht leiden, daß ...
Du mußt immer daran denken, daß ...
Du darfst nie vergessen, daß ...
(Immer- und Nie-Reden)
Wenn ich du wäre, dann ...
Wie konntest du nur?
Wie oft habe ich dir schon gesagt, daß ...
(autoritäre Aussagen und Ermahnungen)
dumm, widerlich, faul, böse, froh
empörend, lächerlich, sinnlos, ekelhaft
(auf Vorurteilen beruhende Wertungen)
(Formeln mit »sollte« und »müßte«)

2. Anzeichen für eine Dominanz des Kind-Ich:
   Tränen — Achselzucken
   Schmollen — Wut
   Lachen — Betteln
   Grimassenschneiden — Kichern
   Ich will ...
   Ich wünsche mir ...
   Ich möchte ...
   (Ausdrücke des Begehrens von »Eltern«)
   (Superlative wie: am besten, am wichtigsten ...)

3. Anzeichen für eine Dominanz des Erwachsenen-Ich:
   W-Fragen
   verhältnismäßig — wahrscheinlich
   ich finde, daß ... — ich meine, daß ...
   ich denke ... — ich glaube ...
   (relativierende Ausdrücke)

Besonders gestört werden Interaktionen, wenn sie »Spielcharakter« annehmen. Die Transaktionen laufen dann zwar parallel (sind also komplementär), doch in der Tiefenschicht spielen verdeckte Intentionen mit hinein, die einer Falle gleichkommen. Einige Spiele haben Namen. Hierher gehört etwa:

- Das »Warum-nicht – ja-aber-Spiel«.

  Warum kommst du mich *nicht* einmal besuchen?
  Ich käme *gerne, aber* ich habe keine Zeit.

- Das »Ist-es-nicht-schrecklich-Spiel«.
- Das »Wenn-du-nicht-wärst-Spiel«.
- Das »Jetzt-hab-ich-dich-endlich-Spiel«.
- Das »Wer-ist-jetzt-wohl-Sieger-Spiel«.

Solche Spiele sind Schutzmaßnahmen, mit denen das Individuum möglichen Verwundungen zuvorkommen will oder den Schmerz beheben will, der es in Kenntnis seiner Minderwertigkeit plagt. Spiele (im Sinne der Transaktionsanalyse) signalisieren immer erste Kommunikationsstörungen.

b) Störungen durch Verwechslung der Nachrichtenebenen

Prinzipiell gilt das auf den vorigen Seiten Bemerkte auch für solche Störungen. Sie haben oft den Vorteil, daß sie mit einem etwas geringerem Aufwand behoben werden können. Nicht selten genügt schon ein ernsthaftes Aufmerksamwerden auf die Existenz verschiedener Botschaftstypen, die in jedem Sprechen mit verschiedenen Anteilen mitgeteilt werden, ein gelegentliches Analysieren und einige Wochen aufmerksames Beobachten, was denn eigentlich während des Sprechens an eigenen und fremden Nachrichten gesendet wird, um eventuelle Fehler nachhaltig zu bessern. Der Hauptgrund von Interaktionsstörungen dieses Typs ist einfach Unwissenheit. Der zweite, die Unfähigkeit, während des Sprechens gleichzeitig bewußt auf mehreren Kanälen zu senden bzw. während des Hörens auf mehreren Kanälen zu empfangen. Da das letztere meist leichter zu erlernen ist, sollte man es zunächst einmal trainieren.

Der dritte Grund für solche Interaktionsstörungen, ist die Unklarheit, was man selbst denn eigentlich zuerst und zunächst und vor allem will: informieren, sich selbst darstellen, kommunizieren oder appellieren. Es ist nicht unbedingt hilfreich, das aufgrund unklarer Signale oder Botschaften den Partner herausfinden lassen zu wollen.

Ich will Ihnen nun Beispiele für mißlungene Kommunikation vorführen. (In Klammern wird angegeben, wo Sprecher und Hörer den Schwerpunkt des Interaktionsgeschehens sehen: auf Information, Selbstdarstellung, Kommunikation oder Appell.)

Situation: Der Chef spricht einen Mitarbeiter in der Kantine an.
C: Ich möchte Sie bitten, morgen früh doch mal zu mir zu kommen.
(Gemeint I: Wir haben etwas zu besprechen.)
(Gehört A: Sie sollen zu mir kommen.)
M: Ich glaube, das geht.
(Gemeint S: Ich bin unsicher, fühle mich verängstigt.)
(Gehört I: Ja, ich werde kommen.)
C: Ich erwarte Sie also.

(Gemeint F: abschließende Floskel ohne Bedeutung).
(Gehört I: Sie haben da Mist gemacht. Das kann nicht so weitergehen.)

Situation: M abends zu Hause bei seiner Frau.
F: Du ißt heute so wenig.
(Gemeint A: Iß bitte mehr, ich mache mir Sorgen um dich.)
(Gehört I: Vorwurf: Du ißt so wenig, weil es dir bei mir nicht schmeckt.)
M: Laß mich doch in Ruhe!
(Gemeint S: Ich habe Sorgen.)
(Gehört A: Halte deinen Mund.)
F: Ich lasse mir von dir nicht das Wort verbieten.
(Gemeint S: Du fällst mir mit deinem autoritären Wesen auf die Nerven.)
(Gehört K: Ich will mit dir nichts zu tun haben.)
M: Ich habe Sorgen.
(Gemeint A: Laß mich bitte in Ruhe.)
(Gehört S: Ich bin müde.)
F: Deine Sorgen möchte ich haben. Ich bin den ganzen Tag auf den Beinen und klage auch nicht.
Mann steht wütend auf und geht zum Fernsehgerät.

Situation: M am nächsten Morgen beim Chef.
C: Ach ja, kommen Sie. Ich wollte da etwas mit Ihnen besprechen. Nehmen Sie doch Platz.
(Gemeint I: Ich will etwas mit Ihnen besprechen.)
(Gehört K: Ich will etwas von Ihnen.)
M: Um was handelt es sich denn?
(Gemeint K: Was gefährdet mich denn?)
(Gehört I: Ich bin interessiert.)
C: Da hat B. einen Rationalisierungsvorschlag gemacht. Mich interessiert, was Sie davon halten.
(Gemeint A: Sagen Sie mir Ihre Meinung zu dem Vorschlag von B.)
(Gehört I: Sie sollen freigestellt werden.)
M: Sie wissen doch, was man von solchen Vorschlägen zu halten hat.

(Gemeint S: Ich habe Angst um meinen Arbeitsplatz.)
(Gehört I: Ich bin gegen Rationalisierung (oder gegen Herrn B).)
C: Na, wie Sie meinen. Dann eben nicht. Auf Wiedersehn.

Die drei Gespräche lassen eine gewisse psychische Belastung bei M erkennen, die aus einer aktuellen Überlastung herrühren mag. Somit ist er hoch disponiert, Gesprächsniveaus zu verwechseln. Was er dann auch regelmäßig tut. Jedes Gespräch endet mit einem Konflikt (mit sich selbst, mit seiner Frau, mit seinem Chef), den er nicht lösen kann. Auf der anderen Seite macht der Chef natürlich auch eine Folge von Fehlern. Spielen Sie in Gedanken einmal die Szene durch mit folgender Eröffnung:

C. kommt in das Büro von M.
C: Herr M. Ihr Rat ist mir wichtig. Ich weiß nicht recht, was davon zu halten ist: Herr B hat mir da einen Vorschlag gemacht, der nicht Ihre Abteilung betrifft. Deshalb werden Sie die Sache besser und unparteiischer beurteilen können...

Vermutlich wäre das Gespräch sehr gut verlaufen, denn der Chef hätte alle vier Niveaus positiv angesprochen. Zudem würde auch der häusliche Friede gewahrt worden sein.
Wie kommt es zu solchen Verwechslungen der Nachrichtenebenen? Da sind zahlreiche Gründe miteinander verwoben. Zunächst können Fehler auf einer der Sprachebenen zu Verwechslungen beitragen. Dann aber bringt jeder Mensch in jedes Gespräch mit ein:

- seine individuellen Erfahrungen über Eröffnung, Verlauf und Ende von Gesprächen, über Methoden wie die einzelnen Niveaus zu markieren sind...,
- seine individuelle Grundstimmung und seine aktuelle situationsbezogene emotionale Lage,
- seine Interessen, Erwartungen, Befürchtungen, Hoffnungen, Vorurteile...

Alles das präformiert weitgehend unklare Gesprächssituationen und kann bei Menschen, die sich nicht sehr gut kennen, zu erheblichen Mißverständnissen führen. Also gilt:

- **Sie markieren das Gesprächsniveau möglichst unmißverständlich.**
- **Sie halten – wenn möglich – die drei nicht betroffenen Niveaus positiv, wenn eines für den Partner negativ gehalten werden muß.**

Befolgen Sie diese beiden Regeln, dann wird die Menge der Mißverständnisse sicher schrumpfen. Beide Regeln sind nach einigem Training beherrschbar.

Kommunikationstraining

Die beiden vorhergehenden Abschnitte dieses Kapitels boten schon eine Reihe von trainierbaren Verhaltensweisen und Regeln. Hier sollen zwei weitere behandelt werden, die für die beherrschte Kommunikation wesentlich sind:

- die Technik der Metakommunikation,
- die Technik des »Feedback«.

a) Zur Technik der Metakommunikation (Interaktionsanalyse)

»Metakommunikation« bezeichnet Kommunikation über Kommunikation. Das Wort »Kommunikation« wird dabei in einem weiteren Sinn verwandt, als wir es allgemein getan haben. »Kommunikation« bezeichnet jetzt jede Form sprachlicher Interaktion. Metakommunikation ist also sprachliche Interaktion über sprachliche Interaktion. Metakommunikation soll vor allem dienen, Interaktionsstörungen und deren Gründe gemeinsam zu erkennen, gemeinsam zu reflektieren und gemeinsam zu beheben. Das Wesentliche der Technik der Metakommunikation besteht darin, daß man die Störungen zusammen mit dem Partner aufzuheben versucht im Zusammenhang mit der Interaktion, in der sie auftraten.

Metakommunikation wird normalerweise nicht beherrscht. Diese Methode, offene oder latente Konfliktherde (und Mißverständnisse oder nichtzufriedenstellende sprachliche Interaktionen sind allemal Symptom oder mögliche Ursache solcher Konflikte) zu beheben, muß also erlernt werden. Die Problematik der Technik liegt darin, daß *beide* Partner die Technik prinzipiell beherrschen oder doch wenigstens – wenn sie nur einer beherrscht – akzeptieren müssen, wenn sie erfolgreich sein soll.
Das Trainieren geschieht günstig in drei Stufen.
Auf der *ersten Stufe* hält man hin und wieder in Diskussionen oder Gesprächen inne, die nach Form oder Inhalt nicht befriedigend verlaufen, und sucht die Gründe für die Störung ausfindig zu machen (etwa anhand der im vorigen Abschnitt gegebenen Checkliste). Die Diskussion über eine Diskussion kann besonders dann fruchtbar sein, wenn sie auf einen Tonträger aufgenommen wurde. Andernfalls kommt es zu nicht überprüfbaren oder nicht widerlegbaren Behauptungen des einen oder anderen Partners. Auch liegt die Interaktionsstörung meist an einer Stelle, an der man sie – vor allem als Anfänger – nicht bemerkt. Es kommt aber besonders darauf an, solche kritische Stellen herauszufinden und zu analysieren.
Bei der Analyse ist Offenheit aller Partner erforderlich. Sie müssen unbefangen sagen, was warum sie ärgerte, langweilte, freute ... Die Metakommunikation als Interaktionsanalyse setzt also schon ein relativ stabiles Kommunikationsgefüge voraus. Gelungene Metakommunikation verstärkt im allgemeinen die Kommunikation wie die Fähigkeit zur Kommunikation.
Die gemeinsame Interaktionsanalyse setzt ein entsprechendes Klima voraus. Insbesondere sollen

- alle Beteiligten prinzipiell zustimmen und zur Mitarbeit bereit sein,
- die meisten Beteiligten die Theorie von Interaktionsstörungen wenigstens in ihren Grundzügen beherrschen (um Fehlanalysen vermeiden zu helfen),
- zwischen den Beteiligten keine latenten (oder gar offenen) destruk-

tiven Konflikte schwelen (weil solche Meta-Übungen zum Ausbruch des Konflikts zur unerwünschten Zeit in einer ungünstigen Situation führen können).

Wie könnte etwa eine solche interaktionsanalytische Übung verlaufen?

Situation: In einer Diskussion mit sieben Teilnehmern reden zwei oder drei. Die übrigen schweigen.
Einleitung einer Analyse: Der Leiter bemerkt:
Ich bin mir nicht sicher, ob sich alle für das Thema interessieren. Die meisten schweigen. Ich kann das Schweigen nicht recht deuten. Langweilen Sie sich, oder sind Sie ganz besonders interessiert?

Auf diese Weise ist es prinzipiell möglich, zunächst einmal herauszufinden, was der Grund für das Schweigen der meisten Mitglieder der Runde ist.
Während die gelegentliche praktische Übung der ersten Stufe im allgemeinen unproblematisch sein sollte, gilt das nicht für die Analyse von Interaktionsstörungen *auf der zweiten Stufe*. Sie ist oft nur unter Trainingsbedingungen zu realisieren. Doch dieses Training hat seinen Sinn. Nicht den, es unverändert in die Praxis zu übertragen, sondern den der wachsenden Sensibilität für Interaktionsstörungen und ihre Ursache. Für die Praxis der ersten Stufe ist es nützlich, wenn wenigstens ein oder zwei Mitglieder unter Trainingsbedingungen Erfahrungen mit der zweiten gemacht haben. Die zweite Stufe ist durch folgende Spielregeln gekennzeichnet:

- Achten Sie bei Gesprächen, Diskussionen ... auf Ihre Bedürfnisse, Erwartungen, Stimmungen, Interessen. Achten Sie auch darauf, wie sich diese ändern und warum das geschieht.
- Unterdrücken Sie diese Einsichten nicht vor sich selbst.
- Bemerken Sie, daß der Verlauf des Gesprächs, der Diskussion ... nicht Ihren Erwartungen, Bedürfnissen, Stimmungen, Interessen entspricht, und können Sie sie nicht durch einen »normalen« Beitrag zur Geltung bringen, melden Sie eine Interaktionsstörung an.
- Der Leiter hat Ihnen unverzüglich dazu das Wort zu geben.

- Sprechen Sie unbefangen von Ihren Bedürfnissen, Wünschen, Stimmungen, Erwartungen, Interessen. Sagen Sie, warum Sie mit dem Verlauf des Gesprächs oder der Diskussion nicht zufrieden sind. Dabei sind zu vermeiden:
  - Verallgemeinerungen,
  - unpersönliche Aussageformen (»Wir...« – »Man...«).
- Löst das Verhalten eines Partners bei Ihnen unangenehme oder angenehme Gefühle oder Stimmungen oder Assoziationen oder Bedürfnisse... aus, sagen Sie es, selbst wenn Sie das Gefühl... nicht genau beschreiben oder bezeichnen können.

In der Praxis ist unter günstigen Umständen ein solches Verfahren nur dann möglich und mitunter (gelegentlich) angebracht, wenn *alle* Teilnehmer am Gespräch (Diskussion...) vor nicht zu langer Zeit ein Sensibilitätstraining oder ein Kommunikationstraining mitgemacht haben. Bei solchen Trainingsformen wird diese Art der Interaktion während einer oder mehrerer Wochen ausdrücklich geübt und manchmal auch eingeübt. Allgemein sei jedoch empfohlen:

- **Interaktionsstörungen sollten nicht unbedacht im akuten Kontext behandelt werden.**
- **Interaktionsstörungen sollten im allgemeinen zunächst unter vier Augen analysiert werden.**

Wie gesagt: Es gibt Ausnahmen. Die klassische Ausnahme ist eine Gruppe voll trainierter Teilnehmer an einem Gespräch, einer Diskussion...
Ich habe erfahren, daß selbst unter Trainingsbedingungen (Dialektikseminare) die Mehrzahl der Teilnehmer nicht zu solchen Analysen in der Gruppe und durch die Gruppe interessiert ist. In Führungsseminaren, in denen auch die soziale Sensibilität geprüft oder entwickelt werden soll, sind dagegen solche Übungen notwendig.
Die *dritte Stufe* ist der Versuch, nach zureichender Sensibilisierung *private* Techniken zu entwickeln, um mit verschleierter oder auch fehlender Metakommunikation das Ziel zu erreichen, Interaktions-

störungen zu beheben. Hier können keine praktikablen Rezepte angegeben werden, weil Situationen und Menschen zu verschieden sind.
Nicht einmal in Seminaren wird es möglich sein, den Seminarteilnehmern die für sie stets günstige und in ihrer Praxis optimal geeignete Methode zu nennen.
Ich weiß, daß ich mich mit den letzten Aussagen in krassem Widerspruch zu den meisten Kommunikationstheoretikern befinde. Das hat seinen Grund: Zu oft habe ich erlebt, daß unerfahrene, aber wohltrainierte Mitarbeiter mit ihren Techniken Gruppen zugrunde richteten. Besonders unsympathisch aber ist mir der mitunter geradezu missionarische Eifer, mit dem manche Kommunikationstheoretiker ihre Thesen nicht nur verkünden, sondern auch praktiziert sehen wollen.
Dabei haben sie in einem recht: Wenn alle Menschen so miteinander umgehen würden, wie es die Theorie verlangt, stände es besser um die zwischen- und mitmenschlichen Beziehungen. Nur werden schon allein deshalb nicht alle Menschen nach den Spielregeln der Kommunikationstheorie miteinander umgehen, weil sie kein zureichendes Instrumentar bietet, mit *destruktiven* Sozial- und Individualkonflikten fertig zu werden. Angst und Haß, Mindergefühle und Ehrgeiz, Scham und Geltungswillen ... lassen sich mit den Methoden solcher Theorien bestenfalls eine Zeitlang verdecken. Niemals aber aufheben.

b) Zur Technik des Feedback

»Feedback« (= Rückkopplung) bezeichnet die Korrektur von Verhaltensweisen durch ein Individuum oder durch Gruppen mittels Rückmeldung über die Wirkung dieser Verhaltensweisen an ihren Urheber. Feedback wird also sozial erwünschte Verhaltensweisen verstärken und unerwünschte beheben helfen. Das Feedback beseitigt in Analogie zu einem technischen Regelkreis Störungen.
Wie Feedback zu geben und zu empfangen ist, darüber streiten sich die Schulen. Einige Regeln werden jedoch meist anerkannt. Sie sol-

len hier besonders hervorgehoben werden, weil das Verhalten zur Kritik (eine häufig gebrauchte Form des Feedback) durchaus auch unter diese Regeln fällt (vgl. Seite 95 f.).

- **Im Feedback bewerten Sie niemals das Verhalten eines anderen nach Ihren oder nach ethischen Normen.**

  Sie berichten ausschließlich, was Sie fühlen, meinen, empfinden. Nennen Ihre Wünsche, Hoffnungen, Sorgen ... Niemals aber legen Sie fest, wer der »Schuldige« an Ihren Enttäuschungen, unerfüllten Bedürfnissen ... ist.

- **Gibt man Ihnen Feedback, dann fallen Sie dem Partner nie ins Wort, verteidigen Sie sich nicht, stellen Sie nichts klar.**

  Seien Sie sich bewußt, daß der andere nicht beschreiben kann, wer Sie sind, sondern nur, wie Sie auf ihn wirken. Und da sind Ihre Erklärungen völlig unangebracht. Allenfalls können Sie weiterführende Fragen nichtdirektiver Art stellen, die dem Feedback-Gebenden helfen, weiterzusprechen.

- **Seien Sie dankbar für JEDES Feedback. Es hilft Ihnen, sich selbst und Ihre Wirkung auf andere Menschen kennenzulernen.**

  Nun werden Sie vermutlich den Kopf schütteln und sich an so manche unsachliche Kritik erinnern, die Ihnen im Laufe Ihres Lebens zu Unrecht gegeben wurde. Mag das sein wie es will. In 90 % der Fälle waren Sie mit Sicherheit mitschuldig an Inhalt und Form der »unsachlichen« und »ungerechten« Kritik. Oft nicht gerade in bezug auf das, was kritisiert wurde, doch mitausgelöst haben Sie sie sicher in den allermeisten Fällen. Ein dankbarer Mensch würde die Sache nicht abwehren, sondern sich fragen, was er falsch gemacht habe, daß es zu solcher Kritik kam. Falsch gemacht hat er – wie gesagt – mit ziemlicher Sicherheit irgend etwas. Nun, das kann er ja jetzt herauszufinden und – gegebenenfalls – abzustellen versuchen. Und wenn Sie schon nicht dankbar sein können, bleiben Sie doch wenigstens gelassen.

- **Geben Sie Feedback, beziehen Sie sich auf konkrete Einzelheiten.**

Allgemeine Eindrücke sind zumeist wenig hilfreich. Wenn Sie Feedback empfangen (und Sie halten es für hilfreich), können Sie ebenfalls nach Einzelheiten fragen, wenn sich der Partner zu sehr im Allgemeinen bewegt.

- **Geben Sie Feedback, bemühen Sie sich eine Weise zu finden, die das Selbstgefühl des anderen nicht schädigt und dennoch das gewünschte Ziel erreicht.**

Feedback, das solcher Forderung nicht genügt, sollte man eher als Meckern, Mäkeln, Beleidigen … bezeichnen. Geben Sie Feedback also stets in der Weise, in der Sie wünschen, daß man es Ihnen gibt.

- **Geben Sie Feedback, betonen Sie, daß Sie Ihre Eindrücke … wiedergeben und nicht das Wesen Ihres Partners beschreiben wollen. Unterwerfen Sie Ihre Beiträge allgemeiner Überprüfung, und geben Sie zu, daß Sie sich irren können.**

Wenn Sie in der Lage sind, das *Wesen* eines Menschen zu erkennen, sind Sie ein Genie ganz außerordentlichen Formats. Im Regelfall wird ein Psychoanalytiker, der sich einige Jahre mehrmals wöchentlich mit seinem Patienten unterhält (und zwar so, daß dieser nach und nach eine Maske nach der anderen ablegt), nicht behaupten, er kenne einen Menschen in seinem Wesen. Er kennt nur einige Schalen, die den Personkern wie Hüllen umgeben. Sie kennen meistens von einem anderen Menschen (selbst von Ihrem Ehepartner) nur die äußerste – und die sehen Sie auch noch projektiv und selektiv.
Hüten Sie sich also davor, anzunehmen, Sie hätten einen Menschen verstanden oder gar »durchschaut«.
Bestenfalls verstehen Sie die *Handlungen* eines Menschen. Der andere aber ist Ihnen allenfalls in Ihrer eigenen Wirklichkeit präsent, niemals aber in Realität. Diese Einsicht soll stets Ihr Urteil über andere bestimmen – auch das kritische.

Feedback als eine Form konstruktiver Kritik ist immer dann hilfreich, wenn es folgende Bedingungen erfüllt:

- Es ist offen.
- Es ist nicht verletzend oder kränkend.
- Es ist konkret.
- Es ist wertfrei.
- Es ist möglichst spontan (und nahe an den bezogenen Verhalten).

Sind diese Bedingungen erfüllt, kann Feedback hilfreich sein, Interaktionsstörungen zu beheben oder zu vermeiden. Da man aber im Führen durch das Wort kaum etwas mehr fürchten sollte als Störungen in der verbalen Interaktion, ist man in Führungspositionen unbedingt auf Feedback angewiesen. Wer nicht weiß, was seine Mitarbeiter von ihm denken, wer nicht weiß, wie einzelne seiner Entscheidungen aufgenommen werden, kann unmöglich die richtigen Taktiken des Führens einsetzen. Man kann nicht führen, ohne zu wissen, wen man führt. Das aber ist stets ein Mensch auch mit seinen Vorurteilen, die man nicht ändern, sondern nur feststellen kann, um sich danach zu richten. Und im Feedback erfahren Sie oft eine Menge von den Vorurteilen Ihrer Mitarbeiter. Also:
Wer führt, braucht Feedback.
So trivial der Satz ist, so selten wird er beherzigt. Je höher die Führungsposition, um so abgeschnittener ist der Führende im allgemeinen von jedem sachlichen und unverstellten Feedback. Mitunter kann hier eine gute Sekretärin hilfreich sein (wenn sie selbst als Chefsekretärin nicht auch schon vom kritischen Informationsfluß abgeschnitten ist).
Umgekehrt ist Führen weitgehend auch ein Feedback-Geben. Da sollten Sie sich hüten, destruktive Kritik hinter scheinbar harmlosen Formeln zu verbergen. Dazu einige abschreckende Beispiele:

- Wie oft habe ich Ihnen das schon gesagt?
- Warum erfahre ich das erst jetzt?
- Warum haben Sie das immer wieder aufgeschoben?
- Was soll dieser Unsinn? Was haben Sie sich dabei gedacht?

Und noch einmal die goldene Regel jedes Feedback:
Wählen Sie eine Form, die auch Ihnen erwünscht wäre, wenn man Ihnen Feedback geben würde.

Fallbeispiele zum Thema Motivation und Kommunikation

Die folgenden Beispiele sollen das in den beiden vorigen Kapiteln Dargestellte etwas vertiefen. Beantworten Sie dazu die angeführten Fragen. Dabei kommt es nicht darauf an, das niederzulegen, was Sie theoretisch für richtig oder ideal halten, sondern das auszumachen, was Sie in der Praxis tun würden. Erst wenn Sie die Fragen beantwortet haben, sollen Sie prüfen, ob Ihre Reaktionen auch theoretisch richtig sind. Auf Seite 301–315 finden Sie einige Hinweise, die in einer idealen Lösung hätten mitbedacht werden sollen.

1. Sie stellen fest, daß ein bewährter Mitarbeiter Ihnen seit einigen Wochen ausweicht. Was tun Sie? Warum tun Sie das?
2. Sprechen Sie mitunter dienstlich mit Ihren Mitarbeitern in neutralen Räumen (Kantinen, Gängen ...)? Bestellen Sie Mitarbeiter in solchen Räumen zu sich? Warum tun Sie das?
3. Kooperative Führung setzt voraus, daß Entscheidungen im Team zusammen mit dem (oder den) Entscheidenden vorbereitet werden. Streben Sie kooperatives Führen an? Warum? Wer sollte Ihrer Ansicht nach die Diskussionen oder Gespräche im Team leiten?
4. Sie stellen fest, daß sich ein Mitarbeiter ausschließlich auf sachorientierten verbalen Kontakt beschränkt. Wie bewerten Sie dieses Verhalten? Warum? Was tun Sie?
5. Gestatten Sie Ihren Mitarbeitern Zusammenkünfte, bei denen jeder sagen kann, was ihm gerade zu einem Problem oder einer Frage einfällt? Warum? Könnten Sie selbst an solchen Veranstaltungen teilnehmen, ohne zu stören?
6. Was würden Sie tun, wenn ein Mitarbeiter eine von den beiden fol-

genden Ansichten ernsthaft vertritt, ohne jedoch den Betriebsfrieden dadurch zu stören:

- Die Herrschaft des Menschen über den Menschen muß möglichst beendet werden, da beide – der Herrschende wie der Beherrschte – menschlich korrumpiert werden.
- Der Staat ist für den Staat das höchste zu schützende Rechtsgut.

7. Sind Sie der Meinung, ein Mitarbeiter sei grundsätzlich ersetzbar? Wie begründen Sie Ihre Ansicht?
8. Was tun Sie, wenn Sie bemerken, daß ein Mitarbeiter weit überdurchschnittlich aktiv und erfolgsabhängig ist? Warum?
9. Sollten Ihre Mitarbeiter ausschließlich nach Maßgabe ihrer Leistung belohnt werden? Warum?
10. Sind Sie der Ansicht, daß ein Für-andere-Verantwortung-Tragen eine quantifizierbare und entlohnbare Leistung ist? Warum?
11. Was tun Sie, wenn Sie vermuten, daß ein Mitarbeiter Angst vor Ihnen hat? Warum? Was tun Sie, wenn er Angst vor Mißerfolg hat? Warum?
12. Was tun Sie, wenn Sie bei Ihren Mitarbeitern als launisch gelten? Warum?

4. Praktische Führungsdialektik

Dieses Kapitel ist praktischer als die vorhergehenden, da es auf Fehler aufmerksam machen wird, die Sie unbedingt vermeiden können müssen. Die vorigen Kapitel versuchten eher die positiven Seiten des »Führens durch das Wort« darzustellen, indem sie vor theoretischem Hintergrund zu konkreten Postulaten führten. Das soll jetzt anders werden. Ohne jeden weiteren theoretischen Bezugsrahmen sollen die wichtigsten Techniken vorgestellt werden, die beherrscht werden *müssen,* wenn Führen durch das Wort optimal geschehen soll. Nicht, daß Sie sie immer anwenden sollen, aber Sie sollten sie anwenden *können,* wenn Sie es für richtig halten.

Wenn Sie nicht mehr ganz am Anfang der praktischen Erfahrungen mit Führungsdialektik stehen, dann können Sie versuchen, die in diesem Kapitel ausgeführten »Regeln« nur dann nicht zu beachten, wenn Sie vernünftige Gründe dafür haben.

Es geht also um Regeln. Diese Regeln enthalten prinzipiell eher Verbote als Gebote, selbst wenn sie in positiver (also gebietender Form) angeführt werden. Trainingsziel ist also vor allem ein Vermeiden von Verhaltensfehlern, die Führen durch das Wort erheblich erschweren können (nicht müssen!).

Ich beginne damit, Ihnen noch einmal die drei Grundregeln der Führungsdialektik (der partizipativen Dialektik) vorzustellen.

1. Achten Sie mehr auf den Menschen, den Sie überzeugen wollen, und auf die Sache, von der Sie überzeugen wollen, als auf sich selbst (Postulat der Alterozentrierung).
2. Legen Sie bei der verbalen Interaktion den Akzent auf die Kommunikation (Postulat der einwandfreien Kommunikation).
3. Beachten Sie, daß Sie einen Menschen nur überzeugen können, wenn keine emotionalen Widerstände vorhanden sind (Postulat des emotionalen Anspruchs).

Aus diesen Grundregeln aller Dialektik ergeben sich recht praktische Forderungen, die hier ausgeführt werden wollen:

- die Forderung, richtig zuzuhören,
- die Forderung, richtig darzustellen,
- die Forderung, sich optimal auf den Partner einzustellen,
- die Forderung, richtig zu fragen.

Damit sind zugleich auch die vier Abschnitte dieses Kapitels benannt.

1. Postulat: Richtiges Zuhören

Nur wenige Menschen sind in der Lage – untrainiert –, richtig zuzuhören. Dafür gibt es eine Folge von Gründen:

- In der verbalen Interaktion sehen sich viele als den gebenden Part. Die Unfähigkeit zu alterozentriertem Handeln verbietet es ihnen, zu nehmen. Zumeist steht dahinter die Vermutung, daß der Gebende der wichtigere, der entscheidendere, der führende Partner sei. Diese Vermutung ist falsch. Führen bedeutet keineswegs an erster Stelle geben: Informationen, Kommunikationsgebote, Anordnungen ..., denn niemand kann geben, es sei denn, er hätte zuvor genommen und erhalten.
- Für nicht wenige ist Aktivität in der verbalen Interaktion lustvoller Selbstvollzug, der an erster Stelle dazu dient, die eigenen Bedürfnis-

se zu appellieren, zu informieren, sich selbst mitzuteilen und soziale Bindungen aufzubauen oder zu verstärken, nach dem Maßstab der eigenen Erwartungen zu befriedigen. Daß Sprechen auch diese Funktion haben kann und oft auch haben soll, sei unbestritten. Doch der dialektisch Geschulte wird das Bedürfnis nach lustvollem Selbstvollzug nicht als höchstes akzeptieren, sondern Überzeugen, Führen ... als qualitativ höhere Motivatoren akzeptieren können.

- Häufig begegne ich im Seminarverlauf Menschen, die Sprache auf Appell- und Informationsfunktion zurückgenommen haben. Wenn ihnen etwas gesagt wird, das keinen Appell oder keine Information enthält, »schalten« sie ab und hören nur noch – wenn überhaupt – gelangweilt oder gar gequält-höflich zu.
- Andere wieder sind der Meinung, daß verbale Interaktion eine recht unproblematische Sache sei, daß es leicht sei, herauszufinden, worin denn eigentlich der Kern der Botschaft eines anderen Menschen bestehe. Sie haben nicht verstanden, daß wir in allem Verstehen an erster Stelle uns selbst verstehen. Das Verstehen eines anderen Menschen und seiner Worte ist nur insoweit möglich, als wir etwas von uns selbst in diesem Menschen und seinen Worten mitverstehen können. Das Ganz-Andere ist uns unverständlich. Das Etwas-Andere ist uns schwer verständlich. Im Regelfall machen wir uns davon ein Bild nach unserem eigenen Gleichnis. Trivial gesagt: Wir alle verstehen nur, was wir verstehen können, wozu wir zureichende Dispositionen mitbringen. Wir verstehen nur, wenn die Worte auf einen Acker (»hermeneutisches Potentialfeld«) fallen, auf dem sie keimen können. Und niemals sehen wir dann die Saat, sondern das aus ihr auf dem Acker unserer Möglichkeiten Gekeimte.
- Wieder andere Menschen sind »von Natur aus« ungeduldig. Sie sind der Meinung, was man sagen wolle, könne man auch kurz sagen. Sie neigen dazu, bei längeren Ausführungen des Partners bald abzuschalten oder gar zu unterbrechen.

Sicherlich sind das nur Bruchstücke eines Spiegels, in die gelegentlich jeder, der mit anderen Menschen umzugehen hat, einmal blikken sollte. Er wird sich – in gebrochenem, aber durchaus nicht total verstelltem Bild – in solchem Spiegel wiederfinden. Ein gewisses

Maß an Redlichkeit im Umgang mit sich selbst einmal vorausgesetzt. Richtiges Zuhören muß gleichsam in drei Stufen erlernt werden als

- geduldiges Zuhören,
- genaues Zuhören und
- analytisches Zuhören.

Geduldiges Zuhören

Sicherlich beruhen viele Mißstände im zwischenmenschlichen Verkehr auf der Unfähigkeit, einander *geduldig* zuzuhören. Geduld wird in der aristotelischen und stoizistischen Tradition als Teil der Tapferkeit verstanden. Ihr entgegen steht zum einen die Ungeduld, zum anderen das resignierende Dulden. Nicht nur Ungeduld widerspricht der Geduld, sondern durchaus auch das resignierende Dulden. Wer sich »in sein Schicksal fügt«, und sei es auch nur in der Situation des Zuhörenden, ist keineswegs geduldig. Geduld setzt stets aktives Interesse voraus. Sie ist wie die Tapferkeit eine aktive Fähigkeit, die jedoch falschen Aktivismus verbietet.

Ich will hier nicht eine lange Analyse versuchen, die Ihnen deutlich machen könnte, warum wir Heutigen so wenig mit der Geduld im Sinne haben und sie meist als passives Über-sich-ergehen-Lassen denunzieren. Eines scheint aber deutlich zu sein: Wo humane Aktivität durch Überaktivität abgelöst wird, wo Aktivität zum Selbstwert wird, da hat Geduld kaum mehr etwas zu suchen.

Wer aber nicht geduldig zuhören kann, kann überhaupt nicht zuhören. Für einen recht ungeduldigen oder auch im Zuhören resignierenden Menschen sind die Worte des anderen vielmehr ein Warten aufs eigene Wort, ein Planen der eigenen Darstellung, das nur durch die Worte des anderen ausgelöst, modifiziert oder bestenfalls erweitert wird. Daß ein solches Verfahren kaum sonderlich kommunikativ ist, wird jedermann einsehen. Daß es aber auch nicht die optimale »Verwertung von Zeit« ist, werden schon weniger zugeben. All jene, die nicht richtig zuhören können, entschuldigen dieses Unvermögen, das nicht selten ein eigentlicher Charakterdefekt ist, mit ihrem Zeitmangel.

Ungeduldiges oder resigniertes Zuhören aber widerspricht ziemlich radikal allen Grundregeln der Dialektik. Geduld ist also eine (triviale) Voraussetzung aller Dialektik. Wie aber kann man geduldiges Zuhören lernen?
Die elementarste Form des geduldigen Zuhörens ist die Fähigkeit, andere ausreden zu lassen und sie nicht zu unterbrechen. Diese elementare Form läßt sich durchaus trainieren. Etwa so:

- Sprechen Sie erst, wenn der andere wenigstens drei Sekunden schweigt.
- Strafen Sie sich selbst, wenn Sie jemanden unterbrachen.
  Eine solche »Strafe« mag sein, daß Sie sich zwingen, nun einmal ganz sorgfältig und genau hinzuhören. Sie können aber auch einmal versuchen, das nicht zu sagen, was Sie sagen wollten, als Sie den anderen unterbrachen.

Nun ist der erste Punkt im Training scheinbar leicht zu proben, wenn man sich nur über die Dauer von drei Sekunden klar wäre. Zahlreiche Tests haben ergeben, daß eine Sprechpause von etwa 1,8–2,2 Sekunden kaum mehr emotional toleriert wird (mitunter auch nicht von dem, der bislang sprach), so daß einer der Partner unter Sprechzwang vorzeitig die Pause beendet. Andererseits stellte sich heraus, daß die Zeiten fast stets falsch geschätzt wurden. Drei geschätzte Pausen-Sekunden lagen meist unter der kritischen Grenze der zwei realen. Dennoch sind Gespräche, die so geführt werden, zumeist ungewöhnlich ertragreich (selbst in Trainingssituationen):

- der gesamte Sprechfluß wird ruhiger,
- die Intensität und Menge der Botschaften nehmen deutlich zu,
- der somatische Ausdruck (nach der ersten Trainingsphase) wird besser und stellt sich mitunter zutreffender als das akustisch Vermittelte ein.

Die Pausentechnik ist vor allem dann dringend zu empfehlen, wenn einer der Partner emotional »überwältigt« ist. Bei unfairen oder kritischen, bei tadelnden oder scheltenden Aussagen des anderen kann eine solche Pausentechnik hilfreich sein.

- Zum einen kommt es nicht so leicht zu einem wechselseitigen emotionalen Aufschaukeln beider Partner und damit zu einer nur schädlichen Weise, den Konflikt auszutragen.
- Zum anderen aber sinkt der Aggressionspegel eines Menschen, der sich völlig aussprechen, sich »alles von der Seele reden« kann, ohne unterbrochen zu werden, ja durch Pausen noch ermuntert wird, immer weiter zu sprechen, mitunter bald ab, wenn der Zuhörende geduldig zuhört (und nicht resigniert oder aufgebracht oder desinteressiert . . .).

Es kann sein, daß ein aggressiver Ausbruch nach wenigen Minuten zusammenbricht. Sorglichst ist jedoch darauf zu achten, daß der Hörende nicht durch *zu* langes Schweigen den Partner frustriert und so wiederum neues aggressives Potential bereitstellen läßt.

Ein solches Pausentraining will vorbereitet sein, damit Sie es in den richtigen Situationen auch beherrschen. Denken Sie sich also Gesprächssituationen aus, in denen Sie, ohne irgendwelchen Schaden anzurichten, diese Taktik üben können. Besonders nützlich kann solches Training sein, wenn der Partner nicht weiß, daß Sie trainieren.

Die Unsitte des Unterbrechens können Sie dagegen getrost in nahezu allen Situationen abzulegen versuchen. Es gibt nur sehr wenige Gesprächssituationen, in denen ein Unterbrechen angebracht ist. Angebracht könnte es sein, wenn der Partner etwas sagt oder sich zu sagen anschickt, das irgendwelche irreparablen Schäden bewirken könnte. Niemals aber soll die eigene Ungeduld, der eigene Wunsch, sich zu produzieren, ein Grund sein, den anderen zu unterbrechen. Ich vermute, daß Menschen, die andere überdurchschnittlich häufig unterbrechen, einen Hang zum Egoismus haben – zumindest ist ihr positives Verhältnis zu alterozentrierten Verhaltensmustern nicht zureichend entwickelt.

Geduldiges Zuhören kann aber auch trainiert werden durch die Beherrschung *nichtdirektiver Techniken* des Sprechens. Das soll heißen, der Zuhörende stellt nur Fragen, die den Partner dazu führen, in der von ihm selbst gewünschten Art weiterzusprechen. Hier tritt das Sprechen ganz in den Dienst des Hörens. Es kommt dem Partner auch in seinem Wunsch (oder Bedürfnis) nach Selbstverwirklichung optimal entgegen. So wird denn solche nichtdirektive (oder partnerzentrierte) Gesprächsführung zu einer guten Motivationsgrundlage.

Zwar ist die Technik der nichtdirektiven Gesprächsführung zunächst entwickelt worden, um kranken Menschen zu einer sinnvollen Organisation ihrer unbewußten Selbstanteile zu verhelfen (seit 1940 von Carl Rogers und anderen), doch wird sie seit dem zweiten Weltkrieg auch in jeder Form der Menschenführung verwandt, nachdem sich herausgestellt hatte, daß falsche (und das heißt oft: egozentrierte) Gesprächsführung zu erheblicher Demotivation und zu kaum zu behebenden Mißverständnissen führen kann. Der nichtdirektiv Führende versucht folgende Eindrücke zu vermitteln:

- »Ich bin da, um dir unbegrenzte Zuneigung zukommen zu lassen.«
- »Ich stehe zu dir, was auch immer du sagst.«
- »Ich versuche, dich so zu verstehen, wie du bist.«

Gelingt es, diese Eindrücke in einer verbalen Interaktion festzumachen, wird es nicht leicht vorkommen, daß Störungen auf den Ebenen der Kommunikation und der Selbstmitteilung den gesamten verbalen Prozeß stören. Nach einiger Zeit wird der Partner in der Lage sein, ein weitgehend angst-, scham-, schuldfreies Gespräch zu führen. Damit ist eine Basis für optimales Führen geschaffen.

Selbstverständlich wird nicht jedes Gespräch nichtdirektiv ablaufen können oder sollen. Aber es werden hin und wieder nichtdirektive Gespräche oder Gesprächsteile das gesamte Gesprächsklima wesentlich befruchten.

Sicherlich dürfen die in solchen Gesprächen oder Gesprächsteilen vermittelten Eindrücke nicht einfach identisch mit den in der sonstigen Interaktion vorherrschenden sein, denn dann käme es zu Abläufen, die zwar therapeutisch wünschenswert, aber in der üblichen Weise durch das Wort zu führen weder ertragreich noch nützlich sind (etwa zu starken positiven emotionalen Besetzungen mit projektiven Anteilen). Bei der Verwendung solcher Techniken ist darauf zu achten, daß es wichtiger ist, die genannten Eindrücke zu vermitteln, als den Partner am Sprechen zu halten. Das nur »Am-Sprechen-Halten« kann sonst sehr bald als eine Art Verhör betrachtet werden. Die wichtigsten Regeln der partnerorientierten Gesprächsführung sind:

- Niemals unterbrechen und immer ausreden lassen.
- Keine überflüssige freie Information geben.
- Gespräch fortsetzen, indem man um Erläuterung, Erklärung bittet.
- Gespräch weiterführen durch die fragende oder besinnende Wiederholung der letzten Worte des Partners oder auch eines vermutlich emotional besetzten Wortes des letzten oder vorletzten Satzes.

Sicherlich wurde diese Methode der »dialektischen Therapie« häufig mißbraucht. In den Personalabteilungen mancher Betriebe gibt es Leute, die diese Methode verwenden, um eigentliche Probleme zuzudecken und einen Zustand von Pseudozufriedenheit in einem Betrieb herzustellen.
Ganz allgemein liegt in der Verwendung und Verwertung therapeutischer Methoden in der betrieblichen Praxis ein erhebliches Problem. Für einen Patienten kann das Verdecken von sozialen Problemen im Augenblick notwendig sein, für einen Mitarbeiter ist es aber eine zweifelhafte Weise der »Problemlösung«. Doch immer wieder begegne ich Mitarbeitern, die nicht gegen erhebliche Mißstände aufzubegehren wagen (um dem damit verbundenen Schuld- oder Schamgefühl zu entgehen), weil der Chef doch ein so »prächtiger und verständiger Mensch« sei. Daß ein solches »Übersehen« von Fehlern, ein »Zudecken mit dem Mantel christlicher Liebe«, selbst wenn es um noch so hoher persönlicher Rücksichtnahme willen geschieht, keineswegs von Vorteil sein muß, wird jeder Vorgesetzte theoretisch bejahen. Insgeheim aber schätzt er sich glücklich, daß »seine Leute für ihn durchs Feuer gehen«, weil er halt ein so sympathischer und freundlicher Mensch ist. Zugegeben, ein solcher Ruf erleichtert das Führen – nicht aber immer das gute Führen.

Auf die Dauer gesehen wird geduldiges Zuhören nur gelingen, wenn die Ungeduld behoben wird. Ein häufiger Grund für Ungeduld aber ist eine falsche Einschätzung der eigenen Bedeutung, des formalen Führens, der Bedürfnisse und Erwartungen anderer Menschen. Menschenverachtung - auch in den geringsten Ansätzen - wird geduldiges Zuhören unmöglich machen.

Genaues Zuhören

Wird das geduldige Zuhören einigermaßen beherrscht, kann das genaue Zuhören trainiert werden. »Genau« nenne ich ein Zuhören, das versucht herauszufinden, was der andere gemeint hat und wie er es gemeint hat. Es kommt also darauf an, alle vier Botschaften in den richtigen Anteilen und mit den richtigen emotionalen Wertungen des Sprechenden wahrzunehmen. Die Fähigkeit, herauszufinden, wo der gemeinte Schwerpunkt eines Satzes liegt: in der Selbstmitteilung, in der Kommunikation, in der Information oder im Appell ist schon nicht leicht. Noch schwerer ist es herauszufinden, was der eigentliche Inhalt der vier Botschaften ist und wie sie emotional besetzt (also »gemeint«) sind. Warum ist das so schwierig?
In dem, was wir verstehen, verstehen wir uns immer selbst. Das Verstandene ist also stets ein Zusammengesetztes aus einer objektiven Botschaft und eigenen Erwartungen, Interessen, Stimmungen, Kenntnissen, Erfahrungen... Dieses müßte - theoretisch - wieder auseinandergenommen werden, um den einen vom anderen Bestandteil zu trennen. Das aber ist im Regelfall praktisch nicht möglich.
Aber wir Menschen haben die Möglichkeit durch längere, verschiedentlich wiederholte Gesprächssequenzen herauszufinden, was und wie der andere etwas sagt, wenn er etwas meint und fühlt. Bei Menschen, die viele Jahre miteinander zusammengelebt haben, kann unter Umständen ganz unmißverständlich ein Blick mehr mitteilen, als es Jahre zuvor ein langes Gespräch getan hätte.
Ungenaues Zuhören kann neben diesem prinzipiellen Grund eine Fülle von eher zufälligen Ursachen haben: Dazu gehören

- falsche (etwa überhebliche) Einstellung dem Partner gegenüber,
- durch Angst, Schuldgefühle, Scham oder Mindergefühle verursachte Projektionen oder Selektionen,
- Gleichgültigkeit gegenüber den Interessen, Erwartungen, Bedürfnissen, Stimmungen, Kenntnissen des anderen (manche Menschen gehen von der eigenartigen Voraussetzung aus, der andere habe gerade die gleichen Erwartungen, Bedürfnisse, Interessen ... Kenntnisse wie sie selbst),
- Erschöpfung, Müdigkeit, Niedergeschlagenheit,
- starke Emotionen (Liebe, Haß, Neid, Wut, Zorn, Ehrgeiz ...).

Solche zufällige Ursachen sind oft nicht leicht zu beheben, denn sie besitzen die Neigung, sich zu fixieren. Sind einmal einige Gespräche zwischen zwei Partnern stets unter dem gleichen Hindernis genauen Verstehens abgelaufen, haben die folgenden die Tendenz, auch darunter zu leiden. Sind fünf Gespräche so abgelaufen, daß A Angst hatte vor B, dann »lernt« A unter Umständen Angst und Mit-B-Sprechen zu verbinden.

Solchen Schwierigkeiten kann man nur beikommen, wenn man sie erkennt. Ich kenne Partner, deren Gesprächsklima jahrelang durch eine völlig unbegründete negative Emotion vergiftet wurde. Sie kamen niemals auf den Gedanken, daß es sich hier um eine Kommunikationsstörung handeln könnte, die prinzipiell durch metakommunikative Techniken behebbar ist.

Einem Außenstehenden können solche Mißverständnisse sehr viel leichter erkennbar sein. Deshalb mag es oft durchaus angebracht erscheinen, daß bei dauernden oder doch häufiger genaues Zuhören unmöglich machenden Stimmungen ... ein dritter hilft.

Wie auch schon das geduldige Zuhören, so fordert das genaue vor allem reales Interesse am anderen Menschen. Ich vermute, daß nur der geeignet ist, durchs Wort zu führen, der sich für andere Menschen interessiert. Ein Mangel auf diesem Gebiet kann durch Fachwissen oder durch beherrschte Führungsstrategien oder durch noch so großen Ehrgeiz nicht wettgemacht werden. Interesse am anderen setzt aber zumeist voraus, daß man sich auch für sich selbst interessiert, ja daß man sich selbst angenommen hat. Es könnte sonst sein, daß sich das Interesse an Geld oder Ehre als Interesse am anderen kaschiert.

Analytisches Zuhören

Werden die beiden ersten Fähigkeiten im Bereich des Zuhörens wenigstens im wesentlichen beherrscht, können Sie beginnen, die dritte zu trainieren. Diese Reihenfolge ist durchaus nicht unerheblich. Ich habe Menschen kennengelernt, die zwar analytisch, nicht aber geduldig zuzuhören vermochten – und nachdem sie es gelernt hatten, geduldig zuzuhören, erst wieder das analytische trainieren mußten.

Was meint hier »analytisch«? Gemeint ist, daß der Zuhörer schnell und sicher die

- sachlichen und
- logischen

Voraussetzungen, Implikationen und Konsequenzen des Gesagten erkennt und mitbedenkt. Er soll in der Lage sein, das Gehörte während des Hörens nicht assoziativ, sondern analytisch zu bedenken. Assoziatives hörendes Begleiten fremder Rede ist uns sehr geläufig. Während der andere spricht, gehen mir zahlreiche Gedanken durch den Kopf. Ich höre nur mit »halbem Ohr« zu und schenke die andere Hälfte meiner Aufmerksamkeit meinen eigenen Begleitgedanken, die durch die Rede des anderen ausgelöst werden. Bestenfalls ersinne ich schon meine verbale Reaktion, plane meine Worte, überlege, wie ich mich jetzt für mich am günstigsten ins Spiel bringe. Das aber alles ist ein Verstoß gegen das erste Prinzip der Dialektik (Alterozentriertheit).

In einem im wesentlichen sachorientierten Gespräch wird der durchschnittlich geschulte Hörer immer dann Voraussetzungen, Implikationen und Konsequenzen erkennen, wenn sie

- nahezu offensichtlich sind und
- ihn selbst emotional betreffen.

In allen anderen Fällen ist das nicht so einfach. Ich lasse sachlich-analytisches Zuhören mitunter so trainieren: Der Seminarteilnehmer erhält einen Satz aus der Tageszeitung. Er soll herausfinden, was alles sein müßte, damit man sagen kann, »dieser Satz ist zutreffend«. Vor allem eignen sich Kommentare zu dieser Übung. Die Übung wird weitergeführt mit einer Auflistung aller Konsequenzen (»Was hätte das für Folgen, wenn der Satz wahr wäre?«). Nach einigem Training finden nahezu alle Seminarteilnehmer nichttriviale Voraussetzungen und Konsequenzen zu nahezu allen nicht zu kurzen Sätzen.
Die Technik der sachorientierten Analyse darf natürlich nicht so stark ein verbales Interaktionsgeschehen bestimmen, daß sie allein den Gesprächsverlauf bestimmt. Das würde zumeist ein Überwiegen informatorischer Anteile in der Gesprächssituation bedeuten. Doch sollte man in der Lage sein, die wichtigsten Voraussetzungen und Konsequenzen gleichsam mitzuhören.
Neben der sachorientierten Analyse sollte auch die formale (logische) beherrscht werden. Warum? Die weitaus meisten Menschen beweisen ihre Behauptungen »kurzschlüssig«. Sie schließen einen Sachverhalt mit einer Konsequenz aus dem Sachverhalt kurz. Solche Schlüsse sind jedoch zumeist unstatthaft. Ein Sachverhalt bedarf nämlich immer des interpretierenden Rahmens, um etwas Bestimmtes aus ihm zu folgern. Jemand behauptet: Werbung gaukelt eine Scheinwelt vor (Faktum). Also manipuliert Werbung (Konsequenz). Stillschweigend wird hier vorausgesetzt, daß alles, was eine Scheinwelt vorgaukelt, Manipulation sei. Diese Aussage ist aber offensichtlich falsch. Träume nämlich gaukeln uns eine Scheinwelt vor, ohne uns zu manipulieren.
Die Fähigkeit, stillschweigende *logische* Voraussetzungen zu erkennen, ist bei nahezu allen nicht logisch geschulten Mitteleuropäern extrem unterentwickelt. Somit fallen sie auf die eigentümlichsten »Beweise« herein, ohne sich ernsthaft dagegen wehren zu können. Zwar stellt sich noch gelegentlich ein »ungutes Gefühl« ein (»da stimmt doch irgend etwas nicht!«). Doch damit ist das kritische Potential zumeist schon erschöpft. Ich will Ihnen hier die Möglichkeit geben, sich selbst zu testen.

Aufgabe (Lösungen auf Seite 312 f.)

Gegeben ist stets ein Faktensatz (dessen Wahrheit hier einmal vorausgesetzt werden soll) und ein Schlußsatz, von dem (implizit) behauptet wird, seine Wahrheit folge aus der des Faktensatzes. Sie sollen nun die stillschweigenden logischen Voraussetzungen finden, die stimmig sein müssen, wenn der Schluß richtig ist.

1. Anarchisten gefährden den Staat.
   Also müssen Anarchisten eingesperrt werden.

2. Kein Faulpelz soll toleriert werden.
   Also soll kein Faulpelz Beamter werden.

3. Alle Jusos stehen links.
   Also gehört kein Juso in eine leitende Stellung.

4. Keinem Kommunisten kann man trauen.
   Also sind einige Kommunisten gefährlich.

5. Bankaktien sind rentabel.
   Also sollten Bankaktien gekauft werden.

6. Faschisten sind faul.
   Also sind alle Faschisten Drückeberger.

7. Kein Arbeiter verrät seinen Kollegen.
   Also ist der Arbeiter X vertrauenswürdig.

8. Alle Unternehmer sind gewinnstrebend.
   Also ist kein Unternehmer menschlich.

2. Postulat: Richtiges Darstellen

Die Gründe für unrichtiges Darstellen sind zunächst einmal ganz die gleichen wie die für nicht beherrschtes Zuhören: mangelnde Alterozentriertheit, Verkennen der Rolle von Kommunikation und Emotionen in der verbalen Interaktion. Dazu kommen noch einige weitere:

- die Unfähigkeit zu diszipliniertem Denken,
- die Unfähigkeit, Einheit von Inhalt und Ausdruck zu wahren,
- die Unfähigkeit, sich optimal zu verbalisieren (etwa weil der aktive Wortschatz zu gering ist oder die Konzentrationsfähigkeit nicht zureicht).

Was gehört nun alles zur richtigen Darstellung? Wiederum werden hier einige Verhaltensweisen erwähnt werden, die Sie beherrschen sollten, ohne sie jedoch stets und immer anzuwenden. Die wichtigsten Fähigkeiten, etwas und sich selbst richtig verbal darzustellen, können so formuliert werden:

- **Informationen müssen sachlich und verständlich gegeben werden.**
- **Überflüssige Redundanzen sind zu unterlassen.**
- **Inhalt und Ausdruck müssen übereinstimmen.**
- **Der verwandte Sprechstil soll dem des Hörers möglichst entsprechen.**

Diese vier Grundregeln des richtigen Darstellens müssen beherrscht werden, wenn Überzeugungs- oder gar Führungsdialektik eingesetzt werden soll.

Verständliches Sprechen

Informationen müssen sachlich und verständlich gegeben werden. Sachlichkeit ist vor allem dann anzustreben, wenn die Weitergabe und der Empfang von Informationen im Mittelpunkt der verbalen Interaktion stehen. Was aber bedeutet »sachlich«? »Sachlich« meint, daß der Austausch von Informationen und Argumenten auf ein Sachziel bezogen wird. »Sachlich«, das fordert ein Abwägen möglichst ohne Beeinflussung durch Gefühle, Stimmungen, Vermutungen.
Nun aber kann man Gefühle, Stimmungen, Vorurteile ... nicht einfach eliminieren, denn im konkreten verbalen Kontakt begegnen sich zwei verschiedene Wirklichkeiten, die ganz an der Wurzel –

zumeist völlig unbewußt – schon durch Emotionen, Stimmungen, Vorurteile konstituiert sind.
Oft wird unter dem Vorwand der Sachlichkeit gerade Unsachlichkeit geboten. Zwar wird Information scheinbar sachlich dargeboten, doch ist sie nichts anderes als ein trojanisches Pferd, in dessen Bauch Appelle oder Selbstdarstellung hausen, die miteingeschleust werden sollen. Es kann durchaus vorkommen, daß solche Scheinsachlichkeit das Verhältnis zwischen einzelnen Menschen gerade in der betrieblichen Alltagswelt bestimmt. So kann es geschehen, daß ein Partner an erster Stelle sich selbst recht zu produzieren sucht und dafür das Vehikel der Informationsweitergabe wählt. Da diese Verzerrungen anfangs nicht leicht erkannt werden, wird es beim Empfänger nicht selten zu Fehlinterpretationen (etwa Überbewertungen der gelieferten Information) kommen. Ganz allgemein gilt:

- **Man suche die nichtsachlichen Anteile im verbalen Interaktionsgeschehen nicht zu unterdrücken, weil sie sich sonst oft als Information sachlich maskiert vorstellen.**

Sachlichkeit läßt sich also nicht ganz so einfach – etwa durch einen Befehl (»Seien Sie doch sachlich!«) – erreichen. Um die Sachlichkeit im Bereich der Information zu verbessern, müssen nicht selten Störungen im Bereich der Kommunikation behoben werden. Die weitaus meisten Menschen sind unsachlich, nicht weil sie nicht sachlich sein können, sondern weil sie – oft unbewußt – einen anderen Aspekt als den der Information im konkreten Sprechereignis in den Vordergrund stellen.

- **Nicht selten lassen sich Sachprobleme leicht(er) lösen, wenn die Kommunikationsebene ungestört ist.**

Kommunikationsstörungen sehr verschiedener Art stellen sich aber wohl stets ein, wenn Menschen miteinander zu tun haben. Die sozialen Erwartungen und Bedürfnisse in bezug auf den anderen können sich innerhalb weniger Augenblicke ändern – und schon verläuft die Vermittlung im Bereich der Informationen anders. Wird nun einer der Partner in seinen sozialen Erwartungen und/oder

Bedürfnissen häufig frustriert, ist eine Kommunikationsstörung fast notwendige Konsequenz, denn in die Kommunikationssituation werden Ängste, Aggressionen, Niedergeschlagenheit... eingespielt, ohne daß der andere Partner den Grund wissen könnte.
Es gilt also die Gründe für kommunikative Störungen ausfindig zu machen. Das kann man sicherlich, indem man sich über das Verhalten des anderen *zutreffende* Gedanken macht. Das aber ist nicht leicht. Die sicherste Methode, die Bedürfnisse und Erwartungen eines anderen Menschen in einem Kommunikationsprozeß kennenzulernen, ist das Verfahren der Metakommunikation. Dabei sprechen beide Partner von ihren Erwartungen, Bedürfnissen, Frustrationen und deren Folgen. Da können etwa Themen behandelt werden wie diese:

- Warum fühle ich mich in Ihrer Gegenwart unwohl?
- Warum habe ich Angst, meine wirkliche Meinung offen zu sagen?
- Warum neige ich dazu, Ihnen zunächst einmal zu widersprechen?
- Warum vermeide ich persönliche Gespräche mit Ihnen?

Selbstverständlich setzt solche Metakommunikation voraus, daß beide Partner den Mangel ernsthaft beheben wollen und prinzipiell diese Technik kennen und akzeptieren. Ist das nicht der Fall, bleibt oft nur der Weg der Theorienbildung, auf dem Sie versuchen, den Grund für Störungen herauszufinden, um sie zu beheben oder doch weitgehend unschädlich zu machen.
Prinzipiell aber sollten Institutionen (Betriebe, Familien, Kirchen...) darauf achten, daß solche metakommunikativen Verfahren erlernt und praktiziert werden. Nur so ist ein Optimum an Sachlichkeit möglich.
Die bloß sachliche Darstellung allein genügt nicht, um Informationen optimal weiterzugeben. Sie müssen auch *verständlich* sein. »Verständlich« nenne ich eine Information dann, wenn der Partner sie im wesentlichen richtig wiederholen kann. In diesem Kontext gilt somit die Regel:

- **Sie sprechen verständlich, wenn Ihr Zuhörer das, was Sie gesagt haben, im wesentlichen richtig wiedergeben kann.**

Nun werden Sie vermutlich meinen, das sei doch ganz leicht. Damit irren Sie sich. In Anfängerseminaren ist kaum die Hälfte der Beiträge verständlich, d. h., kaum die Hälfte kann inhaltlich einigermaßen zutreffend von anderen Teilnehmern reproduziert werden. Wie aber kann man den Verständlichkeitsgrad erhöhen? Hier gibt es vier beherzigenswerte Regeln:

- Sprechen Sie einfach. Verwenden Sie
  - kurze Sätze,
  - bekannte Worte,
  - anschauliche Formulierungen.
- Sprechen Sie geordnet (nicht amorph).
- Sprechen Sie kurz und prägnant, ohne dabei zu übertreiben.
- Verwenden Sie zusätzliche Stimuli (Beispiele, Fragen, Zitate in direkter Rede ...), doch übertreiben Sie dabei nicht.

Zu diesen vier Regeln einige Notizen.
Das Gegenteil von einfach ist kompliziert. Kompliziertes Sprechen galt einmal als Ausweis von Bildung und Gelehrsamkeit. Lange und verschachtelte Sätze, viele unbekannte Fremdworte, unanschauliche Formulierungen waren einmal das Maß, an dem sich Wissenschaftlichkeit messen ließ (vor allem in den sog. Geisteswissenschaften). Das ist heute nicht mehr so. Daß es aber heute nicht mehr so ist, hat sich noch nicht überall herumgesprochen. Hier hat der Autor ein ausgesprochen schlechtes Gewissen: Er gibt Ihnen den Rat, unbedingt verständlicher zu sein als er. Andererseits zeigt auch der Stil dieses Buches die Grenzen der Trainierbarkeit.
Ein Wort zum Thema »anschauliche Formulierungen«. »Anschaulich« bedeutet, daß der Zuhörer beim Zuhören etwas anschaulich erfährt. Ein Text ist dann anschaulich, wenn er selbst optische Bilder anspricht oder aber als Begleiterscheinungen anregt. Menschen sind vor allem Augenwesen. Das Gesehene wird nicht so leicht vergessen wie das bloß Gehörte. Es kommt also darauf an, will man verständlich sein, auch den optischen Sinn (wenn vielleicht auch nur über die Phantasie) anzuregen. Sie sprechen gut, wenn der Hörer zu dem, was Sie sagen, optische Vorstellungen entwickelt oder entwik-

keln kann. Die bildfreie Rede ist unanschaulich und wird deshalb kaum behalten.
Zum zweiten sollen Informationen gegliedert vorgetragen werden. Manche Menschen neigen dazu, Informationen in ein Bett von assoziativ geketteten Gedanken zu packen oder sich schwammig auszudrücken.
Beides ist nicht sonderlich wünschenswert.
Das *assoziative Verpacken* ist recht häufig vor allem bei intellektuell untertrainierten Personen. Wie kommt es zu solchem Verpacken? Während des Sprechens eines Satzes stellen sich eine Reihe von begleitenden Assoziationen ein. Mitunter wird dabei irgendeine Vorstellung aufgebaut, die vom Sprechenden emotional (positiv oder negativ) besetzt ist. Diese Vorstellung wird dann leicht zum Kern eines neuen Satzes. Die so entstehende Satzfolge ist assoziativ.
Das mag so lange unerheblich und weniger störend sein, wie die Informationsfunktion im Sprechen nicht dominieren soll (etwa bei primär personenorientierten Gesprächen) oder wenn der Hörer ganz ähnliche assoziative Verknüpfungen realisiert wie der Sprechende. Doch nicht selten sind solche assoziativen Kettungen zu Zwängen geworden. Nicht wenige Menschen scheinen kaum anders als assoziativ gekettet sprechen zu können. Dieser Fehler ist bis in höchste Chefetagen durchaus nicht selten.
Die *schwammige Darstellung* gibt der gesamten Rede einen amorphen Ausdruck. In dieser Darstellungsform ist es dem Zuhörenden meist nicht möglich, Wichtiges von Unwichtigem zu trennen. Der ungegliederte Informationsbrei läßt keine Strukturen erkennen, die solche Trennung möglich macht. Zudem werden amorph dargestellte Inhalte kaum erinnert. Für einen nicht spezifisch trainierten Menschen sind Satzfolgen von mehr als etwa 40 Sekunden Dauer nicht erinnerbar, wenn er sie nicht in sinnvolle Teile, die unter dieser Schwelle liegen, gliedern kann. Nun soll man diese Arbeit des Gliederns nicht unbedingt ausschließlich der analytischen Begabung seiner Zuhörer überlassen. Der Sprecher soll vielmehr darauf achten, daß Blöcke von einigen Sätzen als Sinneinheiten erkannt

und registriert werden können. Je weniger intellektuell trainiert sein Publikum ist, um so kleiner werden die Einheiten sein und um so deutlicher die Markierungen und Abgrenzungen.

Die Sätze sollen also nach einem erkennbaren Ordnungsprinzip aufeinander folgen.

Sicherlich lassen sich *Kürze und Prägnanz* auch übertreiben (etwa Sprechen im Telegramm-Stil), doch zumeist besteht eher die Gefahr, daß Sprechen zum lustvollen Selbstvollzug oder zur lustvollen Selbstdarstellung wird – und deshalb ausufert. Das besorgt unmittelbare oder mittelbare Widerstände gegen aufmerksames Zuhören.

Unmittelbar sind Verstehenswiderstände dann, wenn die Verstehenseinheit durch zu große Ausführlichkeit zu lang wird und so nicht mehr als Einheit wahrgenommen wird. Das aber bedeutet, daß der Hörer den Eindruck einer amorphen Darstellung gewinnt.

Mittelbar kann solch ein Verstehenswiderstand sich aufbauen, wenn der Hörer sprechbereit ist – der Sprecher aber immer noch weiterredet. Es gibt kaum einen Zuhörer, der, obschon sprechbereit, noch aufmerksam zuhört. Er ist vielmehr mit dem beschäftigt, was er sagen will und wie er es sagen sollte. Die meisten Menschen signalisieren Sprechbereitschaft durch Körpersignale. Hierher gehören etwa

- Zurücknehmen oder Vorbeugen des Oberkörpers,
- Gesten,
- Abbruch des Blickkontakts (der während des Zuhörens normal angeboten wird),
- Unruhe.

Werden solche Zeichen übersehen, und spricht der Sprechende weiter, dann muß er unter anderem folgende Nachteile in Kauf nehmen:

- Der Angesprochene hört nicht mehr recht zu,
- er ist frustriert und entwickelt Abneigung.

Es gilt also die Regel:

- **Signalisiert der Hörer Sprechbereitschaft, soll der Sprecher möglichst bald enden.**

Solches Enden kann durchaus auch mitten im Satz geschehen. Je schneller der Partner zu Wort kommt,

- um so entspannter wird die Sprechsituation sein,
- um so weniger latente Aggressivität wird manifest werden,
- um so besser funktionieren auch – größere Störungen einmal ausgeschlossen – die die Informationsschicht tragenden kommunikativen Prozesse.

Das Gegenteil von kurz und prägnant ist weitschweifig. Sie selbst werden sich erinnern, daß weitschweifige Menschen eine Pein für ihre Mitwelt sein können. Haben Sie schon einmal daran gedacht, daß auch Sie durch Ihre gelegentliche Weitschweifigkeit Ihre Mitmenschen tyrannisieren könnten?
Der Eindruck der Weitschweifigkeit ist nun keineswegs bloß abhängig von dem objektiven normierbaren Tatbestand. Oft wirkt ein Sprecher auf einen Hörer nur deshalb weitschweifig, weil der Hörer sich nicht im geringsten für das Thema interessiert oder weil er im Augenblick andere Bedürfnisse und Erwartungen hat. Wird Desinteresse oder Frustration signalisiert, dann sollte man zunächst den Partner ein anderes Thema festlegen lassen. Er wird ohnehin versuchen, entweder das Gespräch abzubrechen oder es auf ein anderes Geleise zu bringen.

- **Versuche, das Thema zu wechseln, sollen nie überhört werden.**

Sie signalisieren stets Desinteresse (zumindest relatives). Ein unbedingtes Beim-Thema-bleiben-Wollen nützt nur in seltenen Fällen der Informationsweitergabe und schadet im Regelfall der Kommunikation. Werden jedoch Kürze und Prägnanz übertrieben, wird also von *notwendigen* Redundanzen abgesehen (Zusammenfassungen, knappe Wiederholungen, wenn die Sinneinheitsgrenze überschritten wurde...), dann kann es ebenfalls zu Mißverständnissen oder Unverständnisreaktionen kommen. Diese können eher informationstheoretischer oder menschlicher Art sein. Informationstheoretisch wissen wir, daß kaum 35% des *einmalig* Gesagten erinnert werden. Das bedeutet konkret, daß die Ausführungen deutlich redundant sein müssen, damit der Hörer das Gemeinte wahrnehmen und verstehen *kann* .

Aber diese notwendigen Redundanzen sind uns zumeist so in Fleisch und Blut übergegangen, daß auffällt, wenn sie nicht verwandt werden. Zu groß sind Kürze und Prägnanz zumeist nur, wenn sie deutlich negativ auffallen.

Zum anderen aber kann eine Rede auch zu kurz sein, wenn der Sprechende versucht, die kommunikativen oder selbstmitteilenden Momente seines Sprechens nach Null hin tendieren zu lassen, indem er sich etwa auf bloße Mitteilung von Information beschränkt. Solche Versuche besorgen zumeist eine soziale Störung im kommunikativen Bereich. *Jede* verbale Interaktion hat *stets* alle vier Momente bei sich. Wird eines auffällig vernachlässigt oder gar bewußt unterdrückt, dann wird das als Versagen gegenüber dem Wesen der sprachlichen Interaktion erlebt. Und das zu Recht, denn menschliche Sprache spielt stets in allen vier Dimensionen. Andernfalls ist sie nicht menschlich.

Der vierte Aspekt der Verständlichkeit nennt zusätzliche Stimulanzien. Diese haben oft erhebliche Bedeutung. Einige davon seien hier erwähnt.

Die wichtigste Stimulanz, eine Rede verständlich zu machen, ist sicher die Verstärkung der Anschaulichkeit durch Bilder oder Vergleiche. Weil Menschen Augenwesen sind, wird sich ein Sprechender also stets fragen, ob es möglich ist, das Gemeinte optisch zu verdeutlichen. Das kann geschehen durch Photos, Graphiken, ad hoc angefertigte Skizzen ... Allgemein gilt:

- **Der Verzicht auf Anschauungsmaterial muß begründet sein.**

Die meisten Menschen verfahren genau umgekehrt. Sie vermeinen, daß die Verwendung von Anschauungsmaterial eigens begründet werden müsse (etwa weil der Gegenstand sonst unanschaulich oder unübersichtlich sei). Das ist falsch. Denn der sprachlich dargestellte Sachverhalt, zumindest, wenn es sich nicht um triviale Bemerkungen oder sehr kurzgefaßte Ausführungen handelt, kann *stets* noch veranschaulicht werden durch optische Hilfen. Vor allem bei Ge-

sprächen, deren Akzent auf der Informationsvermittlung oder auch -ermittlung liegt, wird der halbwegs geschulte Dialektiker stets auf Hilfsmittel (Skizzen, Graphiken, Gliederungen...) zurückgreifen. Dem Anfänger sei empfohlen, den Einsatz solcher Mittel vorher zu planen (wie, was, wann soll demonstriert werden).
Auch das Instrument der rhetorischen Frage kann hilfreich sein. Doch solche Fragen sind nur dann wirkungsvoll, wenn zwischen Frage und Antwort eine Pause von einigen Sekunden liegt. Sicher ist die Situation einer unbeantworteten Frage für alle Beteiligten irgendwie unangenehm. Doch solche Spannungszustände sind gewollt, um die Aufmerksamkeit des Hörers wiederzugewinnen. Erst wenn er sich selbst vor die Nötigung, eine Antwort geben zu müssen, gestellt sieht, wird er sich (eventuell) von seinen eigenen Gedanken abwenden und sich dem Fragenden und seinem Thema wieder widmen. Allgemein gilt:.

- **Nach rhetorischen Fragen ist stets eine Pause von einigen Sekunden einzulegen, ehe sie »beantwortet« werden.**

Doch man kann auch die Aufmerksamkeit seines Hörers wiedergewinnen durch eine alte Schulmeistertaktik: die der zu beantwortenden Frage. Schon allein die Möglichkeit, plötzlich gefragt zu werden, hindert nicht selten den Zuhörer, ganz abzuschalten oder sich vorwiegend den vorbeiziehenden eigenen Assoziationen zuzuwenden. Diese Schulmeistertechnik ist jedoch mit äußerster Vorsicht anzuwenden, denn kein Mensch läßt sich gerne seiner Unaufmerksamkeit überführen.
Auch das Referieren von Gesprächen in direkter Rede kann ein ziemliches Stimulanz sein, das schwache oder schwach gewordene Aufmerksamkeit wiedergewinnt. Hier fühlt sich der Zuhörer gleichsam im Theater, das reales Leben spielt. Werden konkrete Dialoge nicht allzu langatmig dargestellt, dann wird das im Regelfall »interessanter« sein, als das Berichten über einen Dialog.

Vermeiden überflüssiger Redundanzen

Dieses Gebot (oder besser: Verbot) scheint seine Problematik in dem »Überflüssig« zu haben. Das stimmt nur in der Theorie. In der Praxis weiß zumindest der Hörer durchaus, welche Wiederholung, welche Ausführlichkeit überflüssig ist. Ganz allgemein gelten hier folgende Regeln:

- **Sagen Sie nur das, was Sie sagen wollten, ehe Sie zu sprechen begannen, und hören Sie dann auf.**
- **Der bloße Verdacht, sich unklar ausgedrückt zu haben, ist noch kein Grund, sich zu wiederholen.**
- **Schaffen Sie ein Gesprächsklima, in dem der Partner sofort fragt, wenn ihm etwas unklar ist.**

Diese Regeln – wiederum auf den ersten Blick ganz trivial und selbstverständlich – sollen etwas ausgeführt und begründet werden.

Viele Menschen haben nicht den Mut, eine Pause nach dem eigenen Sprechen durchzuhalten. Sie fallen sich selbst ins Wort. Andere wiederum halten das, was ihnen während des Sprechens einfällt, für so erheblich, daß sie vermeinen, es unbedingt noch sagen zu müssen. Beide Gruppen handeln recht undiszipliniert. Der Mut, einen Augenblick des Schweigens durchhalten zu können, verläßt vor allem Menschen, die unter Ängsten, Schuld- oder Schamgefühlen oder an Minderwertigkeitsgefühlen leiden.

Nicht selten werden solche emotionalen Stimmungen durchaus erhebbar aus der Weise, wie ein Gesprächspartner mit Pausen nach eigener und fremder Rede umzugehen versteht. Natürlich sollen solche Pausen nicht »künstlich« wirken. In einem lebhaften Gespräch werden sie nach Länge und Häufigkeit anders aussehen als in einem bedenklichen.

Vermutlich wird jedermann die Kunst der Pause für sich trainieren müssen, weil die Pausentechnik ein individuelles Ausdrucksmittel ist. Solche Mittel eigenen Ausdrucks einzusetzen ist jedoch nur beschränkt normierbar. Zwar läßt sich in der Analyse eines konkreten Gesprächs sehr oft die Qualität der Pausentechnik bewerten. Kaum aber abgelöst von dem Sichgeben eines konkreten Menschen.

Ganz allgemein kann festgestellt werden, daß die weitaus meisten Menschen ein gestörtes Verhältnis zum Schweigen (und Pausen bedeuten Schweigen) haben. Sie füllen es aber nicht mit Rede, sondern mit Gerede.

Häufiger noch – wenn möglich – begegnen wir dem Fehler, daß jemand irgendwelche meist assoziativ produzierten Einfälle unbedingt loszuwerden versucht. Das Arge ist, daß nahezu alle Menschen dazu tendieren, das, was ihnen gerade einfällt, für wichtiger zu halten, als das, was sie noch vor einer Minute für das Wichtigste hielten. So reden sie in assoziativer Kettung immer weiter und weiter. Die Rede wird langatmig und langweilig, und der Zuhörer fühlt sich wieder einmal frustriert – ganz abgesehen davon, daß er sich kaum mehr für das Gesagte interessiert.

Das Kanzel-Syndrom ist hier zu nennen: Manche Predigten sind nämlich assoziativ angelegt. Die Zuhörer warten aufs Ende. Kein Mensch interessiert sich fürs Gesagte (ein Effekt, der nach spätestens zehn Minuten Predigt nahezu immer eintritt), hinterher werden zumeist nur noch einige Beispiele, bestenfalls noch das Thema erinnert. Im übrigen trifft die Predigt das vernichtende Urteil: »interessant«.

Nun sind viele Leute in der Kirche durchaus bereit, um ihrer Religion willen das Opfer einer viertelstündigen Langeweile zu bringen. Nicht aber darf man davon ausgehen, daß auch Betriebe, Schulen oder Familien religiöse Anstalten dieses Typs sind. Das aber bedeutet, daß das Predigt-Syndrom hier nichts zu suchen hat.

Die Regel, nur das zu sagen, was man sagen wollte, ehe man zu sprechen begann, gilt in dieser allgemeinen Form nur für Gespräche mit dem Schwerpunkt auf der Information. Sie bringt außer dem erwähnten, daß man nämlich nichts Überflüssiges sagt und so den Hörer langweilt, noch den Vorteil, daß man auch nichts sagt, was man »eigentlich« gar nicht hatte sagen wollen. Viele Menschen haben sich schon über den Zwang, assoziativ aufkeimende Einfälle unbedingt

sagen zu müssen, um Kopf und Kragen geredet. Da überhaupt die Tendenz besteht, zu viel zu reden und dabei zu wenig zu sagen, ist diese Regel sehr wohl beherzigenswert. Auf alle Fälle muß sie beherrscht werden können. Ohne sie läuft in der Dialektik gar nichts.
Nicht selten erleben wir, daß in uns der Eindruck aufkeimt, wir hätten uns unverständlich ausgedrückt. Dieser Eindruck wird zumeist durch das Verhalten der Hörer bewirkt. Vor allem, wenn

- der Hörer schweigt, wenn Sie eine Frage oder Bemerkung erwarten, sind Sie geneigt anzunehmen, daß Sie irgend etwas falsch gemacht haben,
- der Hörer Zeichen von Langeweile und Desinteresse zeigt, nehmen Sie das als persönliche Beleidigung und vermeinen, daß es eigentlich nicht an Ihnen gelegen haben könnte, sondern nur daran, daß Sie etwas unklar geblieben sind.

Jetzt reagieren Sie, indem Sie sich wiederholen. Und das ist falsch. Es ist vielmehr sehr wohl angebracht zu vermuten, daß der an unpassender Stelle schweigende Zuhörer deshalb schweigt, weil Sie ihm auf die Nerven fallen, und das nicht primär, weil Sie sich unklar ausgedrückt haben. Es ist wahrscheinlicher, daß Sie ihn durch Ihr zu langes, zu ungegliedertes und zu undiszipliniertes Reden abstoßen. Auch Langeweile und Desinteresse haben nur selten ihren Grund darin, daß Sie zu kurz und zu prägnant gesprochen haben. Das Gegenteil kommt oft der Wahrheit schon näher. Wiederholen Sie sich jetzt auf Verdacht hin, dann machen Sie das Ganze nur noch schlimmer.
Wenn das häufiger geschieht, kann eine akute und beiläufige Interaktionsstörung zu einer erheblichen Kommunikationskrise ausarten. Wiederholen Sie sich also niemals auf bloßen Verdacht hin.
Das setzt natürlich voraus, daß Sie ein Gesprächsklima schaffen können, in dem jeder, der Sie nicht verstanden hat, Fragen stellt. Es ist also – um im Jargon zu bleiben – darauf zu achten, daß die Gesprächssituation nicht monologisch entartet, sondern dialogisch bleibt. Dialogisch setzt aber voraus,

- daß die Partner auf das eingehen, was der andere gesagt (oder gemeint) hat,
- daß sie auch versuchen, sich auf der Sprachstufe zu begegnen, auf der sich der andere jeweils befindet.

Zwei parallel laufende Monologe, die immer dann akustisch wahrnehmbar weiterlaufen, wenn gerade der andere nicht spricht, machen noch längst keinen Dialog aus.
Es ist mitunter erstaunlich, zuzuhören, wie intensiv zwei Menschen aneinander vorbeireden können. Das mag legitim sein, wenn der Informationsaspekt unerheblich ist und es ausschließlich auf Kommunikation ankommt. In allen anderen Fällen sind aber solche Pseudodialoge tunlichst zu meiden. Und dieser Meidevorsatz ist um so wichtiger, je häufiger das monologische Moment im Sprechen durchbricht.
Ich kenne nicht wenige Menschen, die – obschon nicht im eigentlichen Sinne psychisch krank – nahezu dialogunfähig (geworden) sind. Ihre Beteiligung an Diskussionen, Konferenzen, Debatten, Sitzungen, Gesprächen läuft nach dem Schema ab: »Ich wollt', ich wär' zwei kleine Hunde, dann könnt' ich miteinander spielen.«
Menschen, die jede Frage, weil ihre eigene Rede an nicht geplanter Stelle unterbrechend, als lästig empfinden, sind gar nicht so selten. Oft befinden sie sich noch im Vorfeld des »Zwei-Hunde-Stadiums«, aber beste Dispositionen, es einmal zu erreichen, sind durchaus gegeben.
Sie werden sich angewöhnen müssen, jede Frage eines anderen ernst zu nehmen. Das aber bedeutet, daß sie – in Ihren Gesprächsfluß eingebettet – keineswegs die Funktion hat, Sie zu stören (wenn Sie nicht gerade Ihr täglich Brot als Lehrer verdienen), sondern ein Bedürfnis des Partners vorliegt, das befriedigt werden soll und muß, wenn optimale Kommunikation nicht gefährdet werden soll.

- **Nehmen Sie also jede Frage ernst.**

Sicherlich liegt der Ernst einer Frage nicht immer in ihrem Inhalt. Er kann sich auch hinter der Tatsache des Fragens überhaupt verber-

gen. Wer Fragen nicht ernst nimmt oder nicht nach bestem Mühen aufzulösen sucht, beläßt den Partner in der durch viele Fragen besorgten Oppositionsstimmung. Diese Stimmung ist in der Situation der gutgemeinten und ehrlichen Frage meist nur ganz schwach angedeutet und kaum bewußt. Wird aber die Frage nicht zufriedenstellend aufgelöst, kommt es mitunter zu Reaktionen, die die oppositionelle Position nicht nur bewußt machen, sondern auch – aggressiv angeheizt – darstellen. Das aber ist nicht immer unbedingt wünschenswert. Vor allen Dingen dann nicht, wenn Sie nur unzuverlässige Strategien beherrschen, mit Konflikten konstruktiv fertig zu werden. Ganz abgesehen davon, daß man Konflikte – auch nicht harmlose – fahrlässig provozieren sollte.
Sie können dem Partner den Mut zur Frage geben, wenn Sie sich selbst nicht scheuen, Fragen zu stellen. Mitunter sehen Menschen im Fragen einen Ausweis von Schwäche, Unterlegenheit..., und sie ängstigen sich, im Fragen etwas davon offenzulegen. Deshalb fragen sie oftmals erst gar nicht. Diesen Menschen kann man helfen, in eine psychische Stimmung hineinzukommen, die Fragen erlaubt, indem man seine eigene Dominanz zurücknimmt. Das kann durchaus geschehen, indem eigenes Unverstehen eingestanden wird. Kaum aber durch die Aufforderung: »Wenn Sie etwas nicht verstanden haben, fragen Sie doch!« Solche Bemerkungen wirken auf etwas sensiblere Menschen überheblich bis zynisch. Sie sollten in der Regel vermieden werden. Hat aber ein Partner nach einigem Zögern endlich den Mut zur Frage gefunden, dann werden Sie alles tun, diesen Mut mit positiven Emotionen zu legieren. Ernstnehmen, sorgfältiges Eingehen, Loben ... sind mögliche Strategien.

Einheit von Inhalt und Ausdruck

Dieser Punkt gehört eigentlich nicht zur Dialektik, sondern in die Rhetorik. Da er aber – unbeherrscht – in dialektischen Situationen erheblichen Schaden anrichten kann, soll er hier behandelt werden. Ich will diesen Abschnitt mit einigen theoretischen Bemerkungen einleiten, da sie mir für die Praxis wichtiger zu sein scheinen als genau fixierende Übersetzungskataloge zu Ausdrucksbedeutungen, die ich zudem schon an anderer Stelle vorgestellt habe.*

Mit H. Rohracher (1969) definieren wir Ausdruck als »dasjenige an einer Wahrnehmung, was ohne Mitwirkung des Denkens eine positive oder negative Stellungnahme auslöst«. Allgemeiner kann man Ausdruck bestimmen als »körperliche Begleiterscheinung von Gefühlen«. Er ist zu unterscheiden vom »Eindruck«. Das ist das körperliche Erscheinungsbild, das wir zu machen wünschen. Im konkreten Fall sind Ausdruck und Eindruck miteinander verschränkt. Wenn ich freundlich aussehen will, bin aber ungeduldig, dann werden auf die Ausdrucksmomente, die Ungeduld mitteilen, Eindruckselemente aufgesetzt, die Freundlichkeit mitteilen wollen. Allgemein gilt die Regel, daß Ausdruckselemente spontaner und sicherer wahrgenommen werden als Eindruckselemente.

Für den Ausdruck als Element der »Körpersprache« scheint eine ganz ähnliche Vierschichtung zu bestehen wie für die Sprache der (rein) verbalen Interaktion. Es ist zu unterscheiden:

Information (bewußte und unbewußte Anteile),
Selbstmitteilung,
Kommunikation und
Appell.

Diese Unterscheidung ist jedoch recht akademisch. Wir wissen, daß in der verbalen Interaktion neben den reinen Sprechanteilen die Ausdrucksanteile ganz erhebliche Bedeutung haben. In »normalen« Interaktionssituationen werden sicherlich mehr als 50 % der Botschaften vor allem von Ausdruckselementen abgenommen. Vor allem die Zuordnung zu einer der Schichten der Interaktion geschieht weitgehend über das (meist unbewußte) Interpretieren von Ausdruck.

Die Bedeutung des Ausdrucksanteils kann sehr schwanken. So mag sie bei einem wissenschaftlichen Referat (mit ausschließlicher Informationsintention) auf 20 % zurückgehen. Sie wird aber in

* Dialektik für Manager, München [9]1977, 70–99.

Situationen, in denen etwa die Selbstmitteilungsintention oder auch die der Kommunikation groß ist, auf über 80% ansteigen. Wenn ein Mann seiner Freundin zuraunt: »Mein Mäuschen«, dann will er nicht mitteilen, daß er sie für ein Exemplar der Spezies Mus musculus hält, sondern das Wort wird zum reinen Vehikel, auf dem Emotionen oder Stimmungen übertragen werden sollen.
Ausdruck wird mitgeteilt durch Ausdruckserscheinungen. Dazu gehören im Bereich des spontanen Ausdrucks vor allem:

- Mimik (Mienenspiel),
- Pantomimik (Gestik und Veränderung der Körperhaltung) und
- Phonik (Sprechweise).

Ferner können noch erheblich sein: Motorik (Weise des Sichbewegens, vor allem des Gehens), Handschrift und Ergebnisse objektiver Gestaltung (Zeichnungen...). In allen Fällen überlagert die Steuerung des Verhaltens durch eine Absicht (Darstellungsprinzip) die durch eine den Handelnden beherrschende Stimmung (Ausdrucksprinzip).
Die Ausdruckslehre geht davon aus, daß

- jede subjektive psychische Veränderung von bestimmten körperlichen Vorgängen begleitet wird und
- bestimmte Weisen des Ausdrucksverhaltens sehr alt und gleichsam angeboren sind.

So scheinen die Ausdrucksweisen für Trauer, Wut, Demut... bei allen Menschen ganz ähnlich zu sein, so daß die Vermutung, hier handle es sich um ein angeborenes – vielleicht gar vom Stammhirn gesteuertes – Verhalten nicht abwegig zu sein scheint.
Es gilt zu bedenken, daß die Wortsprache erst eine relative junge Erwerbung der menschlichen Gattung zu sein scheint. Es gibt vernünftige Gründe anzunehmen, daß Menschen erst seit etwa 80 000 Jahren sich begriffssprachlich in der uns vertrauten Weise verständigen können, während die Verständigung über den Ausdruck (mit informativen, selbstmitteilenden, kommunikativen und appellartigen Anteilen) sicher schon beherrscht wurde, als die Ahnen der heu-

tigen Menschen daran gingen, Kultur zu entwickeln (vielleicht vor 2 000 000 Jahren). Da auch Tiere sich (hier sogar nahezu ausschließlich) über Ausdrucksverhalten verständigen und mitteilen, liegt es nahe, anzunehmen, daß die Grundlagen des menschlichen Ausdrucksrepertoires sehr viel älter sind. Darauf verweist auch die Tatsache, daß manche Ausdrucksformen von Menschenaffen den menschlichen zumindest analog sind. Was aber folgt daraus für die Praxis?

- Ausdrucksverhalten ist sehr viel radikaler und unmittelbarer für die sprachliche Interaktion von Bedeutung als das Sprechen selbst.
- Während das gesprochene Wort täuschen kann, ist die Täuschung über den Ausdruck kaum möglich, da Eindrücke allenfalls den Ausdruck überlagern, selten aber bestimmen können.

Die Symptomenlehre müht sich, die Bedeutungen bestimmten Ausdrucksverhaltens herauszufinden. Schon peripathetische Schulschriften des 2. nachchristlichen Jahrhunderts versuchten sich in dieser Kunst. Das 17. und 18. Jahrhundert sah gar eine wahre Flut von Publikationen zu solchen Fragen. Sie finden in mancher Hinsicht ihre Fortsetzung in amerikanischen Schriften zur »Body language« oder Kinesik.
Die ernstzunehmende Symptomenlehre geht von zwei Daten aus:

- Alle Menschen haben schon erfahren, daß man ihnen Stimmungen oder Emotionen richtig ansah, obschon sie sie gar nicht zeigen wollten. Ebenfalls haben wir alle schon erfahren, daß wir durchaus zutreffend herausfanden, wie die emotionale Stimmung eines Menschen war, der gar nicht daran dachte, sie uns mitzuteilen (etwa Verlegenheit, Scham, Angst, Sorge). Offensichtlich haben wir Menschen also noch ein Gespür für diese »nichtverbale Interaktion« bewahrt.
- Geht es um kompliziertere Ausdruckselemente, täuschen wir uns oft. Das Ausdrucksurteil und das Testurteil in bezug auf die Eigenschaft »Intelligenz« korrelieren nur geringfügig ($r = 0{,}10$).

Seit Ludwig Klages (1872–1956) ist dann auch an die Stelle der Deutung einzelner Zeichen die Einsicht getreten, daß jedes Merkmal grundsätzlich mehrdeutig ist. Es hängt von dem Gesamtbild ab (vor allem von dessen »Formniveau«), wie es zu deuten ist. Ausdruckselemente bezeichnen also oft nicht eindeutig eine bestimmte Stimmung oder Emotion. Sie sind nicht nur semantisch zu interpretieren, sondern erhalten ihre Bedeutung auch durch den Kontext mit anderen Zeichen. Dieser Kontext gehorcht bestimmten syntaktischen Regeln. Obschon eine Vielzahl solcher Regeln den Ausdruckspsychologen bekannt sind, werden sie unbedingt H. Rohrachers Warnung (1956) akzeptieren:

»Methoden, mit denen man den Charakter eines Menschen rasch und sicher feststellen kann, gibt es nicht.«

Dieser Satz sei auch allen angeblichen »Menschenkennern« unter denen, die zu führen beanspruchen, ins Poesiealbum geschrieben. Es ist uns Menschen nicht gegeben, den Charakter eines anderen in seiner Realität zu erkennen (zu »durchschauen«), da wir ihm stets nur vor dem Horizont unserer Wirklichkeit begegnen.

Wie aber ist es möglich, daß wir dennoch, nicht selten zutreffend, konkrete Stimmungen und Emotionen ausmachen können bzw. andere sie bei uns richtig feststellen. Die brauchbarste Theorie stammt von W. B. Carpenter (1813–1885). Seine »Rudimente-Theorie« ist experimentell gut gesichert. Sie besagt, daß wir fremden Ausdruck rudimentär mitvollziehen und so – unbewußt – ansatzhaft einen entsprechenden emotionalen Zustand bei uns selbst auslösen. Willy Hellpach hat (1951) diese Theorie in seinem Ideorealgesetz weiter ausgeführt. Die Rudimente-Theorie gelte auch für alle subjektiven Erlebnisse und Vorstellungen, insofern sie auch die Antriebe zu ihrer objektiven Verwirklichung einschließen und so im Ausdruck vorgestellt werden.

Die Rudimente-Theorie läßt verständlich werden, warum wir uns

- beim Ausdruck starker Stimmungen und Emotionen selten täuschen und uns
- so oft Gruppenemotionen und -stimmungen anpassen.

Diese elementare Einführung in die Ausdruckspsychologie wird uns helfen, die Fragen des Ausdrucks – insoweit sie für die Dialektik erheblich sind – richtig zu interpretieren und im richtigen Rahmen zu sehen.

Eine der wichtigsten Regeln der Führungsdialektik heißt:
Sprechen Sie MIT den Menschen (und nicht zu ihnen)!
Diese Regel mag in der dialogischen Situation eines Zweier-Gesprächs noch erfüllbar sein. Sie wird jedoch kaum mehr erfüllt, wenn Konferenz- oder gar Redesituationen vorliegen. Nahezu jeder Mensch hat eine bestimmte Grenze, die von der Zahl und dem Vertrautheitsgrad der anwesenden Personen einerseits und seiner eigenen emotionalen Stimmung andererseits abhängt, jenseits derer er beginnt, *zu* Menschen zu sprechen. Ohne jede Normierung vorzunehmen, mag das Gemeinte durch folgende Formel verdeutlicht werden:

$$Z = \left(\frac{1}{N} + \frac{1}{K}\right) + S\,(N, K, X)$$

Z sei der kritische Wert, jenseits dessen die Tendenz zum Zu-Sprechen schnell anwächst. N ist die Zahl der Zuhörer, K der Wert der kollektiven Kommunikationssituation, wie sie vom Sprechenden realisiert wird, und S ist seine subjektive Stimmung (die teilweise von den vorhergenannten Parametern abhängen kann). S wird bei Ermüdung, Niedergeschlagenheit, Schmerzen, Ärger, Zorn ... (X) sehr bald hohe negative Werte annehmen, so daß die kritische Zahl klein wird. Sie kann so weit sinken, daß der Betreffende nicht mehr in der Lage ist, *mit* einem einzelnen Menschen zu sprechen, sondern mit dem Zu-Sprechen beginnt.
Manche Ehemänner werden sich erinnern, daß sie abends erschöpft zu Hause nur noch *zu* (und nicht mehr mit) ihrer Frau zu sprechen in der Lage waren. Sie werden sich sicher auch erinnern, daß solche Gespräche nicht sonderlich ertragreich waren. Der Grund: Im Zu-Sprechen wird zumeist die Informations- und/oder Appellseite der Interaktion so stark überbetont, daß zur Selbstmitteilung oder zur Pflege der Kommunikation kaum noch etwas übrigbleibt. (»Laß

mich in Ruhe« – »Ich habe heute wieder viel Ärger gehabt!« können solche Zu-Reden sein.)
Wie aber sind Zu- und Mit-Sprechen voneinander unterschieden? Der Unterschied liegt zumeist und primär keineswegs im Was des Sagens, sondern vielmehr im Wie. Der sprachliche, gestische und mimische Ausdruck ändern sich, je nach dem Grad der Anonymität und Unverbindlichkeit der gewünschten oder tatsächlichen Kommunikationssituation. Ein hoher Grad von Anonymität oder ein intensiver Distanzwunsch führen »automatisch« zu einer verstärkten Disposition zum Zu-Reden.
Wir wollen hier die Sprechsituation, die das Mit-Reden begünstigt, dialogisch, jene, die das Zu-Reden erleichtert, rhetorisch nennen. Somit können wir unsere Regel umformulieren:
Versuchen Sie stets eine dialogische Gesprächssituation zu erzeugen!
Wie aber macht man das? Nun, vor allem, indem man das Ausdrucksrepertoire des Dialogs verwendet. Wie aber verwendet man dies? Indem man sich psychisch aufs Mit-Sprechen einstimmt. Das ist nicht immer ganz leicht. Es sind folgende Voraussetzungen zu erfüllen:

- Soziale Ängste, die Distanzwünsche erzwingen, sollen möglichst nicht vorhanden sein. Hierher gehören durchaus die bekannten Erwartungsängste, die von rhetorischen Situationen erzeugt werden und diese wiederum verstärken, so daß eine Wandlung in eine dialogische kaum mehr möglich zu sein scheint.
- Die Ausdrucksweisen der dialogischen Situation sollten aktiv beherrscht werden. »Aktive Beherrschung« liegt dann vor, wenn der Ausdruck die Stimmung beeinflussen kann. Verwenden Sie das Ausdrucksrepertoire des Dialogs einige Zeit, dann wird sich zumeist auch eine dialogische Stimmung bei Ihnen wie Ihren Zuhörern einstellen. Das ist eine Folge des Ideorealgesetzes und der Umkehrbarkeit von Ausdruck und Stimmung (über Ausdrucksnachahmung kann Stimmung erzeugt werden).

In jedem Fall aber sollten Sie Ihre Ausdrucksmittel kennen. Es ist

durchaus nützlich, wenn Sie wissen, welche Ausdrucksmittel (mimisch, gestisch, stimmlich) Ihnen in dialogischen Situationen zur Verfügung stehen.
Beobachten Sie also selbst in dialogischen Situationen Ihre Stimme *(Änderung* in Lautstärke, Stimmschärfe, Tonhöhe, Sprechgeschwindigkeit, Sprechpausen) und Gesten. Diese akustischen und optischen Ausdrucksmittel sollen Sie anzuwenden verstehen in – äußerlich gesehen – rhetorischen Situationen.
Es ist nun falsch, sich ständig zu beobachten. Das würde Stimme und Gestik nur verkünsteln. Man kann aber sehr wohl im »Begleitbewußtsein«, ohne die Spontaneität der dialogischen Situation allzu sehr zu beeinträchtigen, auf seine stimmlichen Varianten und seine Pantomimik achten. Anfängliche Spontaneitätsbeeinträchtigungen werden sich bald legen.
Im Bereich der Stimme empfiehlt es sich, Tonträger zur Hilfe zu nehmen. Nur wenige Menschen kennen ihre normale dialogische Stimme. Das gilt nicht nur für die allgemeine Tonfärbung. Auch werden Modulationen zumeist nach Stärke deutlich überschätzt. Der Grund: Wir hören unsere eigene Stimme zum guten Teil vermittelt über die Knochenschwingungen der Schädelknochen, während andere unsere Stimme durch das Medium Luft vermittelt wahrnehmen. Daß das Medium Stimmen ganz erheblich verändert, werden Sie als Kind festgestellt haben, wenn Sie versuchten, eine verbale Interaktion unter Wasser aufzubauen.
Nur durch häufiges Hören der eigenen Normalstimme (das ist nicht dasselbe wie die Diktatstimme) wird man sich langsam an die über Luftschwingungen vermittelte Stimme gewöhnen und Änderungen der Sprechvariablen so einsetzen, wie man möchte, daß andere sie wahrnehmen. Dabei ist wichtig zu wissen, daß nicht die Länge, sondern die Häufigkeit des Übens zu guten Erfolgen führt.
Haben Sie sich einmal an Ihren »normalen« Gestus gewöhnt, dann werden Sie nicht nur über Ausdruck Ihre und fremde Stimmung beeinflussen können, sondern werden auch nicht mehr den klassischen Anfängerfehler machen, eigens einstudierte Gesten in rhetorischen Situationen zu demonstrieren. Wenn Sie sich dennoch mit

solchen Darbietungen versuchen, müssen Sie sich damit abfinden, daß Ihre Rede wenig überzeugend – oft gar unglaubwürdig wirkt.
Sie kennen Politiker, deren Rede eigentümlich distanziert oder unglaubwürdig wirkt. Wenn Sie einmal für Ausdruckserscheinungen sensibilisiert sind, werden Sie den Grund bald bemerken: Inhalt und Ausdruck stimmen nicht überein. Ein einigermaßen sicherer Garant, solche Nichtübereinstimmung zu erreichen, ist das Einproben von Gesten, die Sie normalerweise nie machen würden. Solche Gesten sind Fremdworte in der Sprache Ihres Ausdrucks. Sie sind syntaktisch nicht integrierbar, selbst wenn ihre Semantik eindeutig sein sollte. Syntaktisch nicht integrierte Ausdruckselemente wirken gekünstelt, unwahrhaftig, theatralisch... Guter Ausdruck ist immer intraler Bestandteil von Ausdrucksganzheiten, die durch gleichzeitige Ausdrucksmomente und einander folgende Ausdruckssequenzen konstituiert werden. Taucht da etwas Nichtintegriertes auf, wirkt die Ganzheit gestört. Sie verliert ihren Kontext zum Wort. Wie ein falsches Wort einen Satz zerstören und unverständlich machen kann, so auch ein falscher Ausdruck den nichtverbalen Anteil des Interaktionsgeschehens. Wie ein Satz eine Einheit ist, die, recht labil, bestimmten Ganzheitsgesetzen (Syntax) gehorcht, so auch eine ganzheitliche Ausdruckssequenz.

Lernen Sie Ihren normalen Ausdruck kennen und einzusetzen.

Das ist eine der elementarsten Regeln der Rhetorik. Beherrschen Sie sie, können Sie damit beginnen, rhetorische Situationen in dialogische zu wandeln.
Ich versuchte verschiedentlich mit suggestiven Mitteln eine Umstimmung vom Zu-Sprechen auf das Mit-Sprechen zu erreichen. Oft mit folgendem Erfolg:

- Die Rede des Betreffenden kam sehr viel besser an,
- er hatte kaum mehr Lampenfieber (denn dialogische Situationen sind uns alltäglich),
- die Ausdrucksumstimmung geschah wie von selbst.

Sicher können auch Sie diesen Weg gehen. Doch setzt er voraus, daß Sie zuverlässige Techniken autosuggestiver Beeinflussung (etwa des autogenen Trainings) zureichend beherrschen. Mit einem einfachen Sich-selbst-gut-Zureden ist da meist nichts getan.

Die Einheit von Inhalt und Ausdruck setzt natürlich nicht nur voraus, daß das Was und das Wie miteinander harmonieren, sondern auch, daß das Was und das Wo (die soziale Situation) aufeinander abgestimmt sind. Gemeint ist hier nichts anderes, als daß das Verhalten im Rahmen der Rollentoleranz bleiben soll und die Rolle der sozialen Situation angemessen sein muß. Wenn Sie den Rahmen der Rollentoleranz sprengen oder aber in Verkennung der Umstände eine falsche Rolle darstellen, wird Ihr Verhalten kaum überzeugend wirken. Die Rollentoleranz ist bestimmt durch die Erwartungen Ihres Publikums.

Stellen Sie sich außerhalb der von Ihnen in einer bestimmten Situation erwarteten Verhaltensweisen, dann wird

- mögen sie auch noch so natürlich sein und
- mögen sie noch so sehr dialogisch angelegt sein,
- mögen sie vollständig mit Ihren eigenen Bedürfnissen und Erwartungen übereinstimmen -

ein Zuhörer Sie kaum recht verstehen. Ein Pfarrer, der auf der Kanzel unanständige Witze reißt, wird kaum verstanden werden, was auch immer er mit solchem Verhalten bezweckt. Ebenso wird ein Chef, der unerwartet die Kameradenrolle spielt, obschon der Situation nach die Vorgesetztenrolle von ihm erwartet wird, kaum sonderlich gut und erfolgreich führen.

Verhalten ist weitgehend rollenspezifisch festgemacht.

Wer sich von solchen Festsetzungen frei macht, muß schon gewichtige Gründe dafür haben.

Die überzeugende Einheit von Inhalt und Ausdruck läßt sich also dann optimal erreichen, wenn wir auch unter schwierigen Umständen die Gesprächssituation reproduzieren können, die wir am sichersten beherrschen und in der kaum Fehler der Nichtübereinstimmung vorkommen: das dialogische Gespräch. Das Mit-Sprechen gelingt hier im allgemeinen wie selbstverständlich. Das Mitsprechen ist zudem auch die Weise des Sagens, in der zumeist die vier Interaktionsstufen optimal miteinander verbunden sind.

Das Mit-Sprechen kann jedoch nicht nur durch falsches Ausdrucksverhalten (etwa rhetorisches oder rollenunsicheres), sondern auch durch äußere Umstände erheblich erschwert werden.
Hier gilt die Regel:

- **Meiden Sie alles, was Distanzen vergrößert.**

Wenn Sie hinter einem Podium stehen, sich eventuell daran festhalten, von einem Manuskript ablesen, ein Mikrophon verwenden, aus einer räumlich unnötig erhöhten Position sprechen, die ersten Ihrer Zuhörer weit von Ihnen entfernt sind..., dann *können* Sie und auch Ihr Publikum kaum die psychische Stimmung des Mit-Sprechers (des Dialogs also) erzeugen. Im Dialog steht »man« nicht hinter einem Podium, hält »man« sich nicht fest, verwendet »man« kein Mikrophon... Wollen Sie also dialogisch reden,

- stellen Sie sich frei vor Ihr Publikum (eventuelle Notizen möge ein Notenständer tragen),
- sprechen Sie frei (ohne Manuskript),
- verwenden Sie weder Mikrophon noch Brille, wenn sie nicht dringend nötig sind,
- achten Sie darauf, daß die ersten Zuhörer Ihnen recht nahe sind.

Abschließend sei neben dem Mit- und Zu-Sprechen noch ein drittes Sprechen erwähnt, das jedoch tunlichst gemieden werden soll: das Über-etwas-Sprechen. Dieses Sprechen ist an sich völlig asozial. Die Anwesenden sind gleichsam nur Staffage, die dem, der über etwas spricht, nur den würdigen Rahmen für seine Leistung bieten. Dieses Über-Sprechen ist keineswegs so selten, wie Optimisten meinen mögen. Unter anderem Namen sind wir ihm etwa schon im Kleine-Hunde-Syndrom begegnet.
Es gibt Menschen, die nicht den Dialog, nicht die rhetorische Situation suchen, sondern den Monolog. Das Über-Sprechen ist mehr oder weniger offen ein solcher Monolog. Natürlich sollte man im Mit-Sprechen *auch* über etwas sprechen, doch darf dieses Über niemals zum Hauptzweck des Sprechens werden. Die zur zwanghaften Monologie verdammten Menschen sind anderen oft eine gar arge

Last. Wie können Sie feststellen, ob Sie zu Monologen neigen? Nun, es gibt einige Symptome. Hierher zählen:

- Ihre Partner suchen das Thema zu wechseln.
- Sie sprechen zeitlich länger als ihre Partner.
- Ihre Partner zeigen Zeichen von Ungeduld.
- Ihre Partner gehen nicht auf das von Ihnen gewählte Thema ein.

Entdecken Sie solche Symptome bei sich, können Sie sich durchaus noch helfen, denn der klassische Monologist entdeckt diese Symptome bestenfalls bei anderen, wenn diese ihn überhaupt noch so weit interessieren, daß er ihre Fehler bemerkt. Bemerken Sie aber häufiger solche Reaktionen, sollten Sie sich gründlich um Abhilfe sorgen. In monologischen Rollen kann man kaum jemand anderen überzeugen – sondern allenfalls sich selbst. Das aber ist nicht der Sinn von Dialektik – vermutlich nicht einmal der von Sprache.
Mit dieser Einsicht nähern wir uns schon dem folgenden Punkt:

Einstellen auf Sprachstil (Code)

Daß es recht verschiedene Sprachstile gibt, wird wohl seit jeher bekannt sein, objektiviert sich doch in Sprache die Wirklichkeit eines Menschen und die ist – wenn wohl Realität konstituierend – doch keineswegs durch Realität konstituiert. So schlägt sich dann im Sprachstil eines Menschen seine Welt- und Gesellschaftswirklichkeit nieder.
Erst in unseren Jahrzehnten wurde man darauf aufmerksam, daß es Merkmale in Sprachstilen gibt, die auffällig häufig zusammen vorkommen oder fehlen. Die Bindung dieser Merkmale ist statistisch signifikant. Die Merkmalskombinationen faßte B. Bernstein unter dem Namen »Code« zusammen. Ein Code ist also eine für bestimmte Menschengruppen übliche Weise, Vorstellungen in Sätze zu übertragen.
Bernstein unterschied (idealtypisch, aber statistisch legitim) ein entwickeltes Sprechmuster (Elaborated Code) und ein beschränktes Sprechmuster (Restricted Code), die ich im folgenden, der englischen Gewohnheit folgend, mit EC und RC abkürzen werde.

Vier wichtige Unterschiede der beiden Sprechmuster werde ich vorstellen:

- Im EC wirkt die Sprache weniger stereotyp, weil Verben, Adjektive und Adverbien treffend (differenziert) verwendet werden.
- Im EC werden häufiger Beziehungen bezeichnende Begriffe verwandt. So ist es leichter möglich, individuelle Ansichten und Wertungen wiederzugeben.
- Im EC werden logische und sachliche Beziehungen durch verschiedene Konjunktionen oder Satzkonstruktionen ausdrücklich benannt.
- Im EC werden Über- und Unterordnungen sprachlich treffend wiedergegeben.

Diese vier Unterschiede seien an je einem Beispiel erläutert:

Die Szene: Zwei Personen berichten über spielende Jungen.

1. Zwei Jungen spielen Fußball. Plötzlich läuft aus einer Haustür ein dritter hinzu, der mit einem von beiden offensichtlich verfeindet ist, denn er beginnt sofort eine zünftige Prügelei. Obwohl die Straße zu dieser Zeit recht belebt ist, nehmen die Passanten kaum Kenntnis von der heftigen Schlägerei. Der unbeteiligte Junge scheint Angst zu haben, denn er ergreift hastig den Fußball und verschwindet atemlos hinter jener Straßenecke.

   Zwei Jungen spielen Fußball. Aus dem Haus kommt auf einmal noch ein dritter gerannt. Er verprügelt einen. Die Leute kümmern sich nicht darum. Der andere Junge nimmt mit einem Mal den Fußball und läuft weg. Da, hinter der Ecke ist er verschwunden.

2. Ich habe nichts dagegen, wenn sich Jungen prügeln, wenn sie sich nur nicht verletzen. Ich erinnere mich an meine Jugend: Jungen und Prügeln, das gehört halt zusammen.

   Das war eine böse Schlägerei. Richtig schlimm. Hoffentlich ist nichts passiert. Mein Gott, wir waren auch so. Jungens verprügeln sich halt.

3. Erschöpft trennen sich beide. Doch plötzlich greift einer der beiden einen Stein, um seinen Gegner zu treffen. Aber der Stein landet in der Fensterscheibe, die daraufhin zerspringt.

   Endlich sind sie fertig. Einer nimmt auf einmal einen Stein. Er wirft ihn hinter dem anderen her. Der Stein fliegt gegen das Fenster. Das geht kaputt.

4. Der Junge erschrickt und rennt fort. Hastig verschwindet er zwischen den Fahrzeugen. Sehen Sie die Pkw und die beiden Laster – dahinter flüchtet er sich. Ich vermute, daß er Angst vor Strafe hatte. Er scheint zu den Rowdies zu gehören, die nicht für das einstehen, was sie anrichten.

   Der Junge haut ab. Hinter den Pkw und zwischen den Lastern verschwindet er. Er hat wohl Angst. Er ist ein Rowdy, der sich drückt.

Seit Wilhelm von Humboldt (1767–1835) vermutet man, daß Unterschiede im Sprachstil nicht nur von der verschiedenen Weise der Sprachbeherrschung abhängen, sondern Ausdrucksweise des ganzen Menschen sind, unabhängig von seiner sonstigen Begabung oder Intelligenz. Die Art der Sprache gibt zugleich auch die Weise und Grenze des Wahrnehmens wieder, denn das Unsprachliche läßt sich nicht denken, und wie wir sprechen, so denken wir. Sprache betrifft auch zugleich die Möglichkeiten und Grenzen des begrifflichen Verstehens.
Bernstein konnte eine Reihe von Parallelen zwischen sozialen Verhaltensdispositionen und Code-Differenzierungen ausmachen:

- Dem RC entspricht eher eine konventionelle, eher dem Status als einer Person verpflichtete Interaktion.
- Dem RC entspricht ein einfacheres und meist auch geringeres erkenntnismäßiges und emotionales Antriebspotential und ein eher fixiertes Denken und Fühlen.
- Dem RC entspricht die Tendenz, an einmal erworbenen Meinungen festzuhalten.
- Dem RC entspricht die Neigung, eher von Ängsten als von Schuldgefühlen beherrscht zu werden.

- Dem RC entspricht eher eine konservative denn radikale Neigung.

Dazu noch zwei wichtige Anmerkungen:

- Die Benutzer eines EC erlernen oft auch schon recht früh einen RC. Ist das nicht geschehen, sollte es nachgeholt werden. Die ursprünglichen Benutzer eines RC erlernen so gut wie nie den EC.
- Codes sind Soziolekte. Es sind also per se durchaus gleichgeordnete und »gleichwertige Sprachen«. Da aber in der Bundesrepublik Deutschland etwa 90 % der Erwachsenen einen EC verwenden, gilt der RC meist als minderwertig (weil anders und nicht dem bürgerlichen Sprechideal entsprechend). Intelligenz und Emotionalität können bei beiden gleichwertig entwickelt sein. Dabei neigen die Benutzer eines RC zu mehr Spontaneität und Ursprünglichkeit.

Es scheint heute zureichend gesichert zu sein, daß der EC verbunden ist mit einer personenorientierten primären Sozialisation, während dem RC eine eher statusorientierte zuzuordnen ist. Da nun im bürgerlichen Bildungsmilieu eine Vorliebe für personenorientierte primäre Sozialisation besteht, konnte Bernstein feststellen, daß Kinder aus bürgerlichem Milieu zumeist einen EC, solche aus proletarischem eher einen RC verwenden.
Es ist nun durchaus wünschenswert, daß Sie – vorausgesetzt, Sie sprechen in einem EC – gelegentlich trainieren, Texte aus dem EC in einen RC zu übersetzen. Besonders geeignet für solche Übersetzungsübungen sind Kurzkommentare aus überregionalen »anspruchsvollen« Zeitungen (FAZ, Süddeutsche ...), die in aller Regel im EC gehalten sind.
Die Sprache eines Menschen ist natürlich auch von anderen Elementen geprägt als vom Stil, der eher die Syntax bestimmt. Ich habe schon berichtet, was außerdem sprachlich noch zu beachten ist, wenn Sie verständlich bleiben oder werden wollen (Seite 232 ff.).

3. Postulat: Einstellen auf andere

Sie werden vielleicht der Ansicht sein, daß wenigstens diese dialektische Kunst Ihnen keine Schwierigkeiten macht. Warten wir's ab. In der verbalen Interaktion bildet sich stets eine Gruppe. Diese hat (im Gespräch unter vier Augen) die minimale Menge von zwei Mitgliedern. Dennoch gelten schon bei solch kleinen Gruppen allgemeine Regeln, die von der Soziologie für das Gruppenverhalten überhaupt ausgemacht werden. So wissen wir z. B., daß Ehepartner sich anders verhalten, wenn sie allein sind oder wenn sie zusammen auftreten. Allein realisieren sie etwa die geschlechtsspezifischen Rollen sehr viel weniger deutlich, als wenn sie zusammen sind. Eine sonst durchaus selbstbewußte Dame kann in Gegenwart ihres Gatten eine Heimchenrolle spielen müssen (Kinder, Küche, Kirche), ohne daß ihr das bewußt wird. Nur ein oft vages »ungutes Gefühl« zeigt an, daß offensichtlich latentes Konfliktmaterial vorhanden ist.
Die Paarbindung kann (wie jede intensive Gruppenbindung) gar so weit führen, daß der eine Partner sich vom anderen psychische Gesundheit »leiht«. Es kann kaum bestritten werden, daß in gleicher Ursprünglichkeit Menschen nicht nur Individuen, sondern auch Gesellschaftswesen sind. Da Führung diese Einsicht als erheblich wird berücksichtigen müssen, seien hier einige theoretische Hinweise mit praktischem Hintergrund vorgetragen.
Dieser Abschnitt soll gegliedert werden in folgende Teile:

- Organisation und Gruppe (Führen als Organisieren)
- Gruppenprozesse
- Führen als Gruppenbeeinflussung (Führungsstile, Gruppeneinstellung).

Organisation und Gruppe

Neben dem Begriff »Gesellschaft« geben diese beiden Begriffe die wichtigsten Kategorien an, die wir benötigen, um die »Gesellschaftlichkeit« des Menschen rational zu fassen. »Organisation« bezeichnet

- eine zielgerichtete Regelung von Aufgaben und Tätigkeiten in Sozialgebilden (Betrieben, Verbänden, Kirchen, Parteien), so daß alle Elemente der Organisation und die daraus gebildeten Organisationseinheiten in das Gefüge dieses Sozialgebildes eingegliedert werden,
- das Ergebnis des zielgerichteten Regelns (der Organisation als An- und Einordnung).

Organisatorische Regelungen sind Maßnahmen, die eine Struktur als formalen Ausdruck der geschaffenen Ordnung hervorbringen. Jede Organisation ist nach Aufbau und Ablauf ihrer Kooperationsstrukturen von

- langfristig geplanten,
- kurzfristig geregelten (Disposition),
- im Einzelfall geregelten (Improvisation) und
- ungeplanten Beziehungen bestimmt.

Organisationen weisen, um den Ablauf und Aufbau ihrer Kooperationsstrukturen möglichst stabil und funktionsfähig erhalten zu können, Strukturen auf, die

- Autoritätsverhältnisse,
- Informationsverhältnisse und
- Interaktionsverhältnisse

regeln.

Dabei unterscheiden sich die realen Organisationsverhältnisse von den idealen (geplanten) dadurch, daß

- Einflüsse der Umwelt der Organisation und
- private Interessen, Bedürfnisse, Erwartungen der Elemente, die sich auf das Organisationsziel störend wie fördernd auswirken können, das reale Organisationsgeschehen weitgehend mitbestimmen (bis hin zur Änderung der Organisationsziele).

Diese Beschreibung läßt offenbar werden, daß Führen, wenn es im institutionellen Rahmen abläuft, zumeist als Funktion im Rahmen einer Organisation geschehen wird. In diesem Rahmen impliziert es:

- ein zielgerichtetes Regeln von Aufgaben und Tätigkeiten (etwa in einem Betrieb),
- die Integration von Organisationseinheiten zu einem organisatorischen Ganzen,
- langfristige Planung und kurzfristige Regelung im Aufbau und Ablauf von Kooperationsstrukturen in der Organisation sowie der Beziehungen der Organisation nach außen (Kunden, Lieferanten, politische Organisationen ...),
- die Wahrnehmung und Stabilisierung von Strukturen, die die Autoritäts-, Informations- und Interaktionsverhältnisse regeln,
- die Stabilisierung der Organisation in ihrer Wechselbeziehung mit privaten oder öffentlichen organisationsfremden Ansprüchen sowie die Regulierung solcher Ansprüche zum Nutzen der Organisation.

Ich habe diese etwas ausführlichere Darstellung gewählt, um deutlich zu machen, daß Führen keineswegs auf das Interagieren mit Gruppen beschränkt werden darf. Führen durch das Wort hat also vor dem organisatorischen Hintergrund sehr verschiedene Aspekte. Ihnen allen aber ist es gemeinsam, daß sie nur optimal realisiert werden können, wenn der Umgang mit Gruppen beherrscht wird, denn kein einziges der erwähnten Führungselemente ist asozial (frei von zwischenmenschlichen Kontakten, die zumeist als Gruppenkontakte darzustellen sind) zu verwirklichen. Das erheblichste Strukturelement jeder Organisation sind Menschen – zumeist zusammengeschlossen in Gruppen.
»Gruppe« kann (sozialwissenschaftlich) irgendeine Mehrzahl von Menschen bezeichnen, die wenigstens ein Merkmal gemeinsam haben (Gruppe der 50jährigen, Gruppe der Millionäre, Gruppe der Schwarzen). Ich will hier »Gruppe« (soziologisch) enger verstehen. Das Wort bezeichnet eine Mehrzahl von Menschen, die *besondere soziale* Beziehungen untereinander und gegenüber Außenstehenden unterhalten. Diese besonderen Beziehungen sind zumeist ir-

gendwie geregelt und zeitlich dauernd (werden also im allgemeinen nicht nur einmal realisiert). Solche Beziehungen können eingegangen werden, um gemeinsame Ziele zu erreichen oder gemeinsame Bedürfnisse und Erwartungen zu befriedigen. Dabei kann das Bedürfnis auch nur das der »Geselligkeit« sein.

Werden die Beziehungen spontan eingegangen oder beruhen sie auf persönlich-emotionalen Bindungen (Familie, Freundschaft...), spricht man oft von Primärgruppen. Ist die Gruppenbeziehung durch gemeinsame Zielsetzungen (nach innen oder außen) bestimmt (Arbeitsgruppen, Spielmannschaften, Parteien, Aktiengesellschaften...), nennt man solche Gebilde Sekundärgruppen.

Formal ist eine Gruppe, wenn sich ihre Beziehungen aus dem geplanten System der Arbeitsteilung innerhalb einer Organisation heraus ergeben (Arbeitsgruppen im Betrieb, Spielmannschaften).

Informal ist eine Gruppe, wenn sich ihre Beziehungen in Reaktion auf formale Gruppen oder aus der sozialen Umwelt der formalen Gruppen ergeben (alte Gewerkschaften, Bürgerinitiativen, Cliquen).

Führen ist also offensichtlich ein Vorgang, der innerhalb einer Gruppe (Innen-Führung) *oder* aber durch Einwirkung auf eine Gruppe stattfindet (Außen-Führung). Ich unterscheide Innen-Führen und Außen-Führen, je nachdem es Führen (von innen) durch ein Gruppenmitglied oder Führen (von außen) durch einen Gruppenfremden ist.

In beiden Fällen hat Führen seine erheblichen Probleme. Wir haben schon erkannt, daß Führen eine Koordination von verschiedenen Bedürfnissen und Erwartungen voraussetzt. *Hier* geht es zunächst um die (oft sehr schwierige) Koordination der individuellen Bedürfnisse der Mitarbeiter mit den gruppenspezifischen.

Jeder Mensch hat als Individuum Erwartungen und Bedürfnisse. Diese wurde zum Teil von Maslow beschrieben (vgl. Seite 109). Dazu kommen aber auch Bedürfnisse und Erwartungen, die die der Gruppe sind, in der er lebt und deren Zugehörigkeit ihm wichtig ist. Da zudem jeder einzelne in eine Mehrzahl von Gruppen eingebunden ist (etwa: Betrieb und Familie), können auch die Gruppenbedürfnisse und -erwartungen, die er zu den seinen machte, durchaus miteinander nicht vereinbar sein. So kommt es mitunter zu einer Mehrzahl von Bedürfnis- und/oder Erwartungskonflikten. Die jeweils dominanten Bedürfnisse eines Mitarbeiters können etwa so aussehen:

- individuell: Fremdenanerkennung,
- familiär: höhere Entlohnung,
- betrieblich: mehr Autonomie.

Diese drei Bedürfnisse sind oft durchaus nicht miteinander vereinbar. Werden solche Bedürfniskonflikte viele Jahre lang durchgetragen, kann es zu erheblichen psychischen Störungen kommen, die auch die Motivierbarkeit beeinträchtigen. Wir wissen, daß schon private Bedürfniskonflikte (individuell: Autonomie, familiär: Anerkennung als Frau; oder: individuell: sexuelle Handlungen, schulisch: gute Leistungen) zu erheblichen Lebenskrisen etwa während der frühen Menopause oder der Pubertät führen können. Wird der Bedürfniskonflikt gar dreigliedrig, dann werden – wenn die Führung versagt – stets notwendig einige dominante Bedürfnisse frustriert werden. Es kommt dann oft zu aggressiven oder resignierenden Verhaltensweisen, die in allen Bereichen (nicht nur in dem, in dem die Frustration des Bedürfnisses erlebt wurde) bestimmend werden können. Von hierher ergibt sich eine nicht unerhebliche Einsicht:

Führung ist stets Menschenführung.

Diese aufs erste trivial anmutende Notiz will besagen, daß es Führen durch das Wort stets mit dem ganzen Menschen, einschließlich seiner privaten und Gruppenbedürfnisse zu tun hat und nicht nur mit dem »Mitarbeiter«. Die Beschränkung des führenden Interesses ausschließlich auf die Funktion des Mitarbeiters als Mitarbeiter kann bald zu völligem Versagen alles Führungsinstrumentars führen.

Führen heißt also immer, sich einstellen auf den *ganzen* Menschen. Damit aber ist ein Problem angesprochen, das nicht leicht zu lösen ist. Im Fall eines Bedürfniskonflikts (oder auch eines Erwartungskonflikts) weiß der Betroffene nicht selten nichts von seinem Konflikt. Im Betrieb und in Wahrnehmung seiner betrieblichen Rollen nimmt er vielleicht nur *ein* Bedürfnis als dominant wahr. Die andern sind – ebenso rollenspezifisch – im Moment nicht aktuell. Das aber sagt nicht, daß sie nicht vorhanden sind. Man kann einen Menschen durchaus in einer Rolle, in der er sich gerade realisiert, durchaus zufriedenstellen, ohne daß er bemerkt, daß seine Bedürfnisse, die mit anderen Rollen dominant verbunden sind, frustriert werden. Dennoch kommt, sobald die andere Rolle realisiert wird, das Frustrationsempfinden »hoch« – oft nicht sehr bewußt, sondern eher als »ungutes Gefühl«, das sich jedoch durch die oft folgende Aggressivität oder Resignation als Frustrationsfolge entlarvt.

Wie aber kann eine solche Koordination der Bedürfnisse geschehen, die wir als wichtige Führungsaufgabe erkannten? Sicherlich nicht nur durch bloßes Zureden. Es muß vielmehr gelingen, den Geführten dahin zu bringen, daß auch, wenn er sich in einer anderen Rolle als der betrieblichen realisiert, die Dominanz der Bedürfnisse, die an diese Rolle geknüpft sind, erhalten bleibt. Dazu kann es notwendig sein, menschliche Kontakte herzustellen, die über die betrieblichen hinausgehen. Der Führende wird unter Umständen, vor allem, wenn er der Konfliktsituation seines Mitarbeiters sicher ist, mittelbar oder gar unmittelbar über die Personen, die in den anderen Rollen wichtig sind, Einfluß zu nehmen versuchen auf die Bedürfnisse und Erwartungen, die in diesen Rollen vorherrschen. Das alles meint das Wort »Menschenführung«.

Im Raum der Kirchen ist man sich längst darüber einig, daß es wenig nutzt, nur die religiösen Bedürfnisse und Erwartungen eines Menschen zu befriedigen, vor allem wenn diese Bedürfnisse und Erwartungen konkurrieren mit irgendwelchen profanen, sondern daß es nötig ist, entweder die Bedürfnisse zu ordnen, um dann das bleibend dominante zu befriedigen, oder aber daß man versuchen muß, alle gleichzeitig anzugehen. Auch politischen Gruppierungen ist das mitunter deutlich – je politischer und je ideologisch uniformer, oft um so deutlicher. Nur im Betrieblichen ist diese Kunde und diese Technik meist noch recht unterentwickelt. Sie gipfelt allenfalls in der Einsicht, daß ein Mitarbeiter, der private Sorgen hat, im Betrieb nicht seine optimale Leistung bringt. Das ist zwar meist richtig und immerhin mehr als nichts – aber für eine optimale Führung ungenügend.

Dazu kommt noch ein Weiteres: Der Mitarbeiter, dessen Bedürfnisse – an welche Rollen auch immer gebunden – nicht befriedigt werden, tendiert dazu, seine Aggressivität – meist als Unzufriedenheit erlebt – in informalen Gruppen, die sich im Betrieb oder auch außerhalb bilden, auszuleben. Er kann ein Opfer aller demagogischen Bemühungen werden, denn die Aggressivität gegen Organisationen und Institutionen ist zumeist weniger vom Über-Ich verboten als die gegen Menschen.

Gruppenprozesse

Gruppenprozesse können sowohl die Bedürfnisse des einzelnen bestimmen wie modifizieren. Sie können zur Motivation führen wie zur Demotivation. Sie können ein Instrument von Führung werden oder Führung erschweren oder gar unmöglich machen. Offensichtlich also gilt es, wenigstens einige Gruppenprozesse zu kennen. Ich werde Ihnen hier einige wenige vorstellen. Die Auswahl ist so getroffen, daß häufiger übersehene oder falsch interpretierte Prozesse referiert werden, die sich vor allem auf die betriebliche Realität negativ auswirken können. Da ich kein Lehrbuch der Soziologie schreiben soll, werden ausschließlich Ergebnisse mitgeteilt werden.

(1) Nicht selten werden Mitarbeiter von anderen regelmäßig gehänselt, ja physisch beeinträchtigt (Rempeleien bis hin zu Prügeleien). Es gehört dabei zum Comment, daß alle Beteiligten solcher Aktionen »nach oben« dichthalten. Vor allem werden jene Mitarbeiter Objekte der Machtgelüste von Gruppen, deren Gegenwehr nur schwach ist, weil sie etwa ein mangelhaft ausgeprägtes Selbstbewußtsein (in der konkreten Rolle zumindest, die sie jetzt darstellen) haben oder der Rückhalt im familiären Milieu schlecht ist. Diese Mitarbeiter sind die »geborenen« Aggressionsobjekte ihrer Kollegen.
Hier können Vorgesetzte einiges falsch machen:

- wenn Sie das aggressive Spiel mitbetreiben und auch so die Rolle des Mitarbeiters fixieren,
- wenn Sie über solche Vorkommnisse hinwegsehen (»Das sollen die Leute unter sich regeln!«),
- wenn Sie nicht gezielt die Gruppenintegration des Aggressionsobjekts betreiben, sondern ihn gar noch durch spezielle »Behandlung« aus der Gruppe herauslösen.

Sicher kann es richtig sein, einem solchen Mitarbeiter nahezulegen, sich eine andere Stelle zu suchen. Das aber nutzt meist wenig, denn die aggressiv gestimmte Gruppe wird bald ein anderes Opfer finden, und der gepeinigte Kollege wird oft an einem anderen Arbeitsplatz ganz ähnliche Schwierigkeiten haben. Die optimale Möglichkeit wird darin bestehen, das aggressive Potential der Gruppe abzubauen oder wenigstens zu kanalisieren.

(2) Die Rangreihe (»Hackordnung«) der Mitarbeiter ist relativ stabil. Sie kann folgende Momente berücksichtigen:

- Leistungsfähigkeit und Gesundheit,
- Fähigkeit, mit destruktiven Konflikten fertig zu werden,
- Intelligenz und Leistung,
- gefälliges Äußeres,
- hohe informelle Autorität.

Der Rangplatz der Beliebtheit muß vom Führenden sehr wohl erkannt werden, weil die Bedürfnisse und Erwartungen des »Beliebtesten« sich nicht selten durchsetzen. Die Beliebtesten machen außerdem oft Meinung und Stimmung. Also kommt es darauf an, je nach Situation, diese »Meinungsführer« zu integrieren in das organisationelle Ganze oder aber sie zu isolieren. Auf keinen Fall darf man ihre Ansichten oder Haltungen, ihre Bedürfnisse oder Erwartungen übersehen oder ignorieren.

Gelingt es Ihnen, die Opinion leaders für sich zu gewinnen, können Sie oft die ganze Gruppe gewinnen.

Zwar ist es meistens falsch, die Funktion der Meinungsmacher in einer Gruppe einfachhin als vom Schicksal vorgegeben zu akzeptieren, doch berücksichtigt werden muß sie allemal. In einer gut geführten Gruppe (vor allem bei »Führung von innen«) werden zudem die informellen Herrschaftsrollen in einer Gruppe weitgehend relativiert.

(3) Die Mitarbeiter gleicher sozialer Herkunft, die sich oft an außerbetrieblichen Interessen und sprachlichen Eigenheiten (etwa Codes) ausweist, schließen sich nicht selten zu informellen Gruppen, Cliquen, zusammen. Die Identifikation mit den Maßstäben der sozialen Herkunft ist meist auch bei Erwachsenen noch sehr stark. Intensiv Verhalten bestimmend aber ist sie bei Jugendlichen oder jüngeren Mitarbeitern. Selbst Freundschaften überspringen die Schranken der Herkunftsklasse nur selten.
Da die meisten Führungskräfte (in Wirtschaft, Parteien, Kirchen, zunehmend auch Gewerkschaften) bürgerlicher Herkunft sind, tendieren sie dazu, Menschen mit gleicher sozialer Herkunft zu bevorzugen, weil beide weitgehend gleiche Normen (in bezug auf Leistung, Gehorsam, Umgangsformen, Fleiß, Ausdauer, Verzicht...) akzeptieren. Die Ähnlichkeit der außerbetrieblichen, im Über-Ich fixierten Normsysteme ist meist sehr viel bindender als betriebliche Kooperation.
Manche Führungskräfte neigen dazu, die Bedeutung der sozialen Herkunft zu unterschätzen. In einer Umwelt, die sich nahezu ausschließlich im RC vorstellt, wird ein EC-Benutzer stets als Außenseiter (allenfalls noch als »Fachmann«) eine Rolle spielen. Umgekehrt gilt durchaus ähnliches.
Ich habe in Trainingsseminaren erlebt, wie die Schranken, die durch die Weise der primären Sozialisation aufgebaut wurden, nicht nur Kommunikation erschwerten, sondern auch das Objekt der Aggressivität der übrigen definierten.

(4) Früher einmal war man der Ansicht, daß für die soziale Akzeptation eines Mitarbeiters durch seine Kollegen die betriebliche Leistung oder ein positives Verhältnis zum Vorgesetzten eine unerhebliche oder keine Rolle spielen. Heute ist zureichend gesichert, daß – normales Arbeitsklima vorausgesetzt – die Beliebtheit den Leistungs-

willen verbessert und der Leistungswille die Beliebtheit, so daß zwischen beiden ein Wechselverhältnis besteht, solange der Mitarbeiter nicht als Outcast (wegen übertriebenen Ehrgeizes oder egoistischer Verhaltensweisen) deklassiert und praktisch aus der Gruppe ausgesondert wird.

Auch dieser Zusammenhang wird mitunter in der täglichen Führungspraxis übersehen. Erfolg ist ein starker Motivator. Und das meint vor allem den von den Kollegen anerkannten Erfolg.

Um ein optimales Gruppenklima zu gewährleisten, sollte zwischen dem von den Kollegen und dem vom Vorgesetzten anerkannten Erfolg keine allzu erhebliche Differenz bestehen, d. h., die Vorgesetzten sollten sich in ihrem Belohnungsverhalten so weit als möglich an den Bewertungsordnungen der Mitarbeiter orientieren.

Sicher kann das auch zu erheblichen Unzuträglichkeiten führen. Vor allem werden so verhärtete Rollen innerhalb der Mitarbeitergruppen noch verstärkt, was keineswegs wünschenswert ist. Solche Verhärtungen können zu erheblichen intrasozietären tyrannischen und manipulatorischen Aktionen führen, bei denen einige wenige die ganze Gruppe beherrschen, ohne daß diese sich wehrt. Wir kennen solche Situationen etwa aus Gefängnissen. Doch auch in Betrieben sind sie nicht so selten, wie manche Vorgesetzte meinen. Solche von wenigen tyrannisierte Gruppen fördern keineswegs das Arbeitsklima. Sie können, da nun die Gruppenbedürfnisse und -erwartungen den einzelnen Mitgliedern geradezu aufgezwungen werden, erhebliche und kaum reparable Demotivationsprozesse in Gang setzen und über Frustrationsmechanismen aggressives Potential bereitstellen, das da auszufließen pflegt, wo der Comment es erlaubt. Das aber können durchaus die Organisation oder ihre führenden Vertreter sein. Bestehen solche Gruppen, empfiehlt es sich zumeist, sie behutsam aufzulösen. Eine Akzeptation der Normen einer solchen Gruppe dürfte sich im Regelfall verbieten.

(5) Gruppenprozesse mit ihren Status- und Rollenzuweisungen sind oft für die Gruppenmitglieder eine Existenzfrage, die sie meist viel tiefer berührt, als ihnen bewußt ist. Das Selbstbewußtsein eines Men-

schen ist weitgehend abhängig von der Anerkennung durch die Gruppe. Oftmals ist es kaum etwas anderes als Spiegelung der Gruppenanerkennung. Leistung und Haltung vieler nicht sonderlich autonomer Menschen werden geradezu durch die Erwartungen ihrer Mitwelt *diktiert.*

Zwar kann die Zugehörigkeit zu mehreren Gruppen einen gewissen Ausgleich schaffen. So wird ein Mensch, der in seiner Familie akzeptiert und hoch geschätzt ist, die fehlende Anerkennung im Betrieb leichter meistern. Doch wird er sich langsam emotional aus der Sphäre zurückziehen, die seine Bedürfnisse und Erwartungen nicht oder weniger befriedigt als eine andere. Nicht von ungefähr leben nicht wenige Arbeiter »eigentlich« zu Hause und nicht wenige leitende Angestellte »eigentlich« im Betrieb. In einem Bereich geknicktes Selbstbewußtsein (gebrochen durch mangelnde Fremdanerkennung) hat die Eigenschaft, leicht ganz gebrochen zu werden.

Wer jedoch in einem Bereich starke Zuwendung und Anerkennung erfährt, tritt auch in anderen Rollen selbstsicherer auf, wird nicht um Liebe und Anerkennung buhlen. Somit wird er große Chancen haben, auch in diesen anderen Rollen angenommen und anerkannt zu werden. Das Bibelwort »Wer etwas hat, der wird mehr erhalten. Und wer wenig hat, dem wird man auch das noch nehmen«. (Mt 25.29) bekommt hier eine böse Richtigkeit. Spätestens an dieser Stelle soll deutlich werden, was das erste Kapitel (das über Selbstsicherheit) in diesem Buch verloren hat.

- **Vermittlung von Selbstsicherheit ist ein wichtiges Ziel allen Führens.**
- **Alles Führen setzt ein gewisses Maß von Selbstsicherheit voraus.**

Eben weil es ein bestimmtes Maß an sozialer Anerkennung voraussetzt.

Auch hier kommt es zu manchen Fehlern im Führungsverhalten. Manche Vorgesetzte kümmern sich nicht darum, wie die Rollenzuweisungsprozesse in den ihnen unterstellten Gruppen verlaufen, oder sie halten sie für unerheblich. Sicher ist es schwer, in diese Pro-

zesse unmittelbar einzugreifen, wenn »von außen« geführt wird. Dennoch kann über das Training von Selbstsicherheit manches korrigiert werden. Ich kenne Fälle, daß Menschen, die ganz unten in der Gruppenhierarchie standen, nach einem solchen Training ins gute Mittelfeld der Gruppe aufrückten und hier die für gute Leistung und Identifikation mit der Organisation und ihren Zielen zwingend notwendige Geborgenheit fanden.
Allerdings sollte man seine Kräfte auch nicht unnötig verschleißen. Ist jemand einmal für längere Zeit in der Position des »schwarzen Schafs«, dann ist er nicht selten nicht mehr integrierbar. Die einzige Möglichkeit, zu bessern, besteht dann nur in der Zuteilung dieses zum Rande Gedrängten zu einer anderen Gruppe. Damit er aber dort nicht dasselbe Schicksal erfährt, sollte er zuvor einige neue Verhaltensmuster trainieren und erlernen.

(6) Je höher eine Person in einer Gruppe eingestuft wird, desto größer ist die Anzahl der Menschen, die suchen, mit ihr Kontakt aufzunehmen oder Interaktionen einzuleiten (George C. Homans). Auch sie sucht zumeist häufiger Kontakte aufzunehmen und Interaktionen einzuleiten. Ganz allgemein gilt also: Je höher die Position in der Gruppe, um so seltener hindern soziale Ängste die Kontaktaufnahme und um so kontakt- und interaktionsfreudiger auch außerhalb der Gruppe wird die Person.
Hier kommt es darauf an, das Klischee von intro- und extravertiert zu modifizieren. Das Sozialverhalten eines Menschen, seine Kontaktbedürfnisse und -fähigkeiten, sind keineswegs primär anlagebedingt, sondern hängen weitgehend von der sozialen Position innerhalb der Gruppen ab, in denen er lebte und lebt. Es kann jedoch bei sehr frühen oder sehr langdauernden fixierten Status innerhalb von Gruppen zu Verhaltensmustern kommen, die primär psychischer Natur zu sein scheinen. Doch ist nicht zu vergessen, daß psychisch bedingtes Verhalten und soziale Bindungen einander weitgehend bedingen und jede einseitige Sicht zumeist unrichtig ist.
Gelingt es einem Menschen, in einer Gruppe eine Führungsrolle zu übernehmen, kann sich sein gesamtes Verhaltensbild weitgehend

ändern – zumeist zum Positiven hin. Diese Geschichte hat eine einfache Moral, die schon längst in die Führungspraxis eingegangen ist: Jeder Mensch wächst mit den Erwartungen, die an ihn gestellt werden, vor allem wenn es sich um Führungserwartungen handelt. Wir alle kennen Menschen, denen niemand zuvor Führungsqualitäten zugesprochen hatte, die dennoch aber, einmal in entsprechender Position, sehr viel besser führten als Menschen, die zuvor einen hohen Beliebtheitsgrad in einer Gruppe hatten und hier im Informellen ihre Führungsfähigkeiten total erschöpften. Vorausgesetzt ist jedoch für einen »neuen Führer«, daß die Vorurteilstruktur der beteiligten Gruppen ihn überhaupt »aufkommen« läßt. Das ist nicht selten nicht der Fall.

(7) Ist jemand im Grad der Beliebtheit stark nach unten abgesunken, so verhindert die Gruppe im allgemeinen den Wiederaufstieg (etwa durch gute Leistungen). Die Gruppe versteht ihn über psychosoziale Mechanismen zumeist erfolgreich davon zu überzeugen, daß für ihn gute Leistung oder Anerkennung durch Vorgesetzte anomal sei. Damit wird verhindert, daß sich durch Leistung oder Anerkennung das Selbstwertgefühl festigt und stärkt und so eine Disposition für einen Beliebtheitsaufstieg gegeben wäre. Die Vorstellung der Anormalität der guten Leistung beeinträchtigt dann die Haltung zur eigenen Leistung negativ. Nach längerer Zeit wird er tatsächlich nur noch das leisten, was mit den Gruppenvorstellungen übereinstimmt, oder er wird die Gruppe verlassen.

Solche Parallelen zwischen Erwartung und Leistung (oder Verhalten allgemein) lassen sich leicht und oft nachweisen. Vom Beliebten werden höhere Leistungen erwartet – und er erbringt sie. Vom Unbeliebten werden keine Leistungen erwartet – und er erbringt keine – trotz allen guten Willens. Läßt man die Mitglieder einer Gruppe mit Pfeilen nach einer Zielscheibe werfen, dann entspricht die Trefferhäufigkeit – unabhängig von den tatsächlichen Zielqualitäten – weitgehend den Erwartungen der Gruppe. Und diese sind um so höher, je höher der Beliebtheitsgrad (Margaret Mead).

Diese Rückkoppelung von Erwartung und Verhalten, wobei die

Erwartung bei gefestigten Gruppen das Verhalten bestimmt, ist eine wichtige Einsicht, die jedem Führenden geläufig sein muß. Das hat unter anderem die Konsequenz, daß ein Führen gegen *gefestigte* Verhaltenserwartungen der Mitarbeitergruppe kaum Aussicht auf Erfolg hat. Ist jemand für einige Zeit auf das Minimum an Beliebtheit abgesunken, ist ein Aufstieg außerordentlich unwahrscheinlich. Es ist zu empfehlen, ihm in einer anderen Gruppe eine neue Chance zu bieten.
Die Beeinträchtigung – mitunter gar Determinierung – des Verhaltens durch vorurteilsbesetzte Erwartungen bezeichnet man als »Halo-Effekt«. Dessen Bedeutung wird meist als zu gering eingeschätzt. Er besorgt unter anderem, daß ein Versagen auf einem Gebiet, wenn es zu dem Vorurteil »Versager« führt, den Betroffenen auch auf weiteren Gebieten versagen läßt. Der »Versager« spürt den Erwartungsschwund und den damit verbundenen Abfall an Beliebtheit, wird dadurch verunsichert, und zwar solange, bis er einen neuen stabilen sozialen Zustand gefunden hat: den des Versagers.

(8) Hier liegt auch einer der Gründe für Fehlbeurteilungen. So übersehen Beurteilende bei leistungsstarken und beliebten Mitarbeitern Fehler evident häufiger oder beurteilen sie milder als bei leistungsschwachen und unbeliebten Mitarbeitern. Dabei besteht die Tendenz, die Leistungsfähigkeit oder -unfähigkeit von einem Gebiet auf alle anderen zu übertragen. Die weitaus meisten Beurteilungen bewerten oder referieren nicht die objektive Leistung, sondern wiederholen das Vorurteil über den allgemeinen Leistungsstand eines Mitarbeiters.
Man hat versucht, mit verschiedenen Techniken ein objektiveres Bild zu erreichen. Doch wird meist schon bei der Aufstellung von Fragebögen übersehen, daß in sie selektive soziale Wahrnehmung mit eingeht: Menschen neigen dazu, aus der Menge von Eindrücken, die auf sie einstürmen, besonders die herauszuerkennen, die im Bereich ihrer Interessen, Bedürfnisse, Vorurteile ... liegen.
Doch auch Stereotypisierung ist nicht ausschließbar. Hier werden Menschen allein aufgrund von Gruppenzugehörigkeit bestimmte Eigenschaften zugesprochen (Mitglied der DKP: also Verfassungs-

feind..., Mitglied der richtigen Studentenverbindung: also führungsgeeignet...).
Endlich entstellen auch »implizite Persönlichkeitstheorien« die Objektivität von Beurteilungen. Im Laufe ihrer Erfahrung stellen fast alle Menschen fest, daß bestimmte Eigenschaften gehäuft miteinander verbunden auftreten, ohne daß eine statistische Signifikanz auszumachen wäre. So kommt es zu Urteilen wie: »Wer sozial aufgeschlossen ist, der ist leistungsmotiviert!« – »Wer religiös ist, der ist politisch zuverlässig!« – »Wer gutwillig ist, ist kein Kommunist!«... Ich selbst habe einmal versucht, festzustellen, ob bei meinen Leistungsbeurteilungen eine Korrelation zu meiner Akzeptation durch den zu Beurteilenden besteht. Sie bestand. Leider!

(9) In unserer Gesellschaft (der »Leistungsgesellschaft«, in der soziales Ansehen und Leistung miteinander positiv verbunden sind) potenzieren sich aber auch Leistungsmißerfolg und sozialer Mißerfolg wechselseitig.
Aus ursprünglich gut motivierten und erfolgreichen Mitarbeitern können in wenigen Wochen demotivierte und erfolglose werden, wenn sie in eine Gruppe gelangen, die ihnen Geborgenheit und Anerkennung verweigert.
Dazu kommt in unserer von puritanischer Moralität (zumindest im Wirtschaftsgeschehen) geprägten Gesellschaft, daß Leistungsversagen mit moralischem Versagen parallelisiert werden kann. Der Versager wird auch moralisch deklassiert.
Dann ist zumeist ein endgültiges Urteil gesprochen. Daß dieses Verhalten unchristlich ist – insofern niemand das Recht hat, die moralische Qualität der Handlungen eines anderen zu beurteilen –, tut nichts zur Sache in einer Gesellschaft, die bereit ist, auch die Moralität in den Dienst der Wahrung ihrer Vorurteile und Leistungsansprüche zu stellen. Das Verweigern von Leistung gilt als ebenso unmoralisch wie das Nichterbringen von Leistung. Zieht sich ein so verurteilter Mensch auf sich selbst zurück, gilt das als Beweis für seine Faulheit und Willensschwäche, wird er aggressiv, dann wird das nicht als Folge des Versagens von Gesellschaft oder einzelnen

an ihm, sondern als Folge seiner moralischen Minderwertigkeit gewertet.

(10) Diese Mechanismen sind so tief verwurzelt, weil sie es den eigentlich Schuldigen erlauben, sich unschuldig zu fühlen. Und jeder Mensch neigt dazu, Schuld zu verdrängen oder - wenn möglich - auf andere als den zuständigen Sündenbock abzuschieben. Ebenso wird so mancher Vorgesetzte dazu neigen, betriebliche Mißerfolge im Verhalten anderer begründet zu sehen, da er sich nicht selbst eingestehen mag, daß er selbst versagte. Solche Projektionen können für Menschen so wichtig werden, daß sie ohne sie nicht (psychisch gesund) leben können. Sie verweigern jede Schuldeinsicht (so etwa wie einige Politiker, die während des »Dritten Reichs« schuldig geworden sind). Daß solche Menschen weniger zum Führen geeignet sind, ist offensichtlich, denn sie sind nicht in der Lage, die eigentlichen Gründe für Mißerfolge zu sehen - und können sie also auch nicht beheben.
Auch kommen sie sich vielen anderen überlegen vor, wenn sie ihnen Fehler (die sie selbst haben, aber sich nicht eingestehen) anhängen können. Vor allem wenn das Selbstwertgefühl geschädigt ist, sind solche Ersatzhandlungen nicht selten, die durch Setzung den Schaden scheinbar beheben. Noch einmal sei betont: Selbsterkenntnis ist für einen Führenden zwingende Voraussetzung - zumindest, wenn er beansprucht, gut zu führen oder einmal gut führen möchte.

Führen als Gruppenbeeinflussung

Führen ist zumeist Beeinflussung von Gruppenprozessen oder hat doch Auswirkungen auf Gruppenprozesse. Ich will hier in drei Schritten einiges zum Thema zu sagen suchen:

- Führungsstile (bezogen auf Gruppenbeeinflussung),
- zum Problem des Sicheinstellens auf Gruppen,
- ein Hinweis zur Arbeit mit Gruppen.

Offensichtlich kann es diesem Abschnitt nicht darum gehen, Führungstheorien und Theorien über die Arbeit mit Gruppen zu entfalten. Hier wird nur einiges angedeutet, das – mitunter übersehen – für die Lösung der Aufgabe, das Führen durchs Wort zu optimalisieren, wichtig ist.

a) Führungsstile

Ich werde die reiche Literatur über Führungsstile nicht noch dehnen. Es seien nur einige soziologisch kaum bestrittene Daten vorgestellt, die für unser Thema wichtig sind.
»Führen« bedeutet hier die Wahrnehmung der durch die Rolle eines Führenden umschriebenen Aufgaben und Funktionen. Damit verbunden ist die absichtsvolle und zielgerichtete Beeinflussung des Verhaltens anderer. Wichtige Formen der mit der Führung verbundenen sozialen Einflußnahme hängen von der Kooperationsbereitschaft der Geführten ab. Hier sind zu erwähnen:

- Zwang, wenn die Geführten die Organisation ablehnen, innerhalb deren Führung geschieht,
- materielle Belohnung, wenn die Geführten ein kalkuliertes Engagement mit der Organisation eingehen,
- nichtmaterielle Belohnung, wenn die Geführten eine emotional positive Verbindung mit der Organisation eingehen.

Einzelne Merkmale des Führungsverhaltens prägen den *Führungsstil,* die grundsätzliche Führungsorientierung. Hier unterscheiden wir drei:

- den Laisser-faire-Stil, der die Mitarbeiter »selbst machen läßt«, in dem der Führende nur aktiv wird, wenn es zu irreparablen Schäden zu kommen droht,
- den »Innen-Stil«, in dem der Führende als Mitglied der Gruppe die Gruppe führt (von »innen« auf die Gruppe einwirkt) und
- den »Außen-Stil«, in dem der Führende als Gruppenfremder der Gruppe als Führungsobjekt gegenübersteht.

Sicherlich haben in der Führungsliteratur diese Führungsstile Namen. Ich werde versuchen, sie zu vermeiden, da sie zumeist emotionale Reaktionen auslösen. Auch will ich den Laisser-faire-Stil nicht weiter ausführen, da er in unserem Kontext eher von akademischem Interesse ist.

Die beiden Stile: Innen-Stil und Außen-Stil lassen sich etwa durch folgende Merkmale gegeneinander abheben:

Außen-Stil	Innen-Stil
Der Führende bestimmt das Was und Wie.	Das Was – besonders aber das Wie – können diskutiert werden.
Autonomie und Initiative sind auf den Führenden beschränkt.	Autonomie und Initiative sind auch Sache der einzelnen und der Gruppe.
Beurteilungen erfolgen durch den Vorgesetzten.	Kritik und Beurteilung erfolgen in und (oft auch) durch die Gruppe.
Der Vorgesetzte arbeitet mit Befehlen, Weisungen, ja Drohungen.	Die Entscheidungsvorbereitung geschieht durch die Gruppe. Drohungen durch den Vorgesetzten sind ausgeschlossen.
Der Führende hat eine vorwiegend pessimistische Auffassung vom Leistungswillen seiner Mitarbeiter. Er versucht zu motivieren.	Der Führende hat eine vorwiegend optimistische Auffassung vom Leistungswillen seiner Mitarbeiter. Er versucht, Demotivationen zu vermeiden.

Die Folgen beider Stile sind zureichend untersucht. Für den *Außen-Stil* sind das vor allem:

- Im Bereich der Autonomie und Initiative nichtgeschädigte Mitarbeiter fühlen sich unter Druck gesetzt und in ihren eigenen Bedürfnissen und Erwartungen teilweise frustriert. Nur sozial geschädigte Mitarbeiter identifizieren sich mit diesem Stil. Sie erfahren ihn – nachdem sie sich angepaßt haben – als positiv.

- Die meisten Mitarbeiter reagieren mit Gehorsam, Anpassung oder Opposition.
- Das Gefühl der Distanz zum Führenden ist erheblich.
- Eine ehrgeizige Wettbewerbsstimmung ist die Regel. Es kann zu opponierenden Cliquen kommen.
- Da Spannungen nicht frei ausgetragen werden, reagieren die Mitarbeiter mit Unhöflichkeit, Drohungen, Aggressivität, Niedergeschlagenheit.
- Die Befehlsausführung geschieht schneller, doch verliert sich die Gehorsamshaltung, sobald Kontrolle oder Aufsicht verschwinden.
- Oft werden die Meinungen des Führenden für richtiger gehalten, nur weil er führt. Geistige Selbständigkeit ist eher selten.

Für den *Innen-Stil* lassen sich dagegen folgende Merkmale ausmachen.

- Die Mitarbeiter sind entspannter und fühlen sich freier. Es kommt zur offenen Kommunikation auch über Interessen, Bedürfnisse, Erwartungen. Verunsichert werden jedoch Menschen, die im »Außen-Stil« erzogen wurden.
- Vertrauen zum Vorgesetzten bildet sich aus – das schließt auch Kritikwillen mit ein.
- Es kommt zu stärkeren Solidarisierungen in der Gruppe. Lösungen durch Diskussion – Übereinkunft – Kompromiß werden angestrebt.
- Aggressive Verhaltensmuster der Mitglieder der Gruppe gegeneinander sind deutlich seltener.
- Ziele werden öfters später erreicht, aber länger durchgehalten, weil sie aufgrund von Einsicht (und nicht erzwungen) akzeptiert werden.
- Der persönliche Einsatz des Führenden ist sehr viel intensiver und erfordert schnelles Eingehenkönnen auf veränderte Situationen.

Die von innen geführten Gruppen zeigen also

- weniger Aggressivität zwischen den Gruppenmitgliedern,

- absorbieren weniger Energie durch ehrgeizige Wettbewerbsstimmung (die langfristig für die Gruppenziele zur Verfügung steht),
- entwickeln starken Corpsgeist und eine hohe Gruppenmoral mit guter Bereitschaft zu gegenseitiger Hilfe, Kritik und Anerkennung.

Die von außen geführten Gruppen zeigen dagegen:

- häufige Apathie und Aggressivität,
- geringe Arbeitsleistung, wenn der Erfolg nicht kontrolliert wird,
- Bereitschaft zur Solidarität (allenfalls wenn sie sich gegen den Führenden oder gegen die Organisation richtet, kann sie erheblich werden).

Der von außen Führende verhärtet durch seinen Druck bestehende Gruppenstrukturen, weil jede Gruppe auf verstärkten Außendruck mit verstärkter Solidarität reagiert, während der von innen Führende eine offene und durchlässige Gruppenstruktur fördert. Der von innen Führende wird manche im vorhergehenden Abschnitt genannten, negativ zu bewertende Gruppenprozesse erheblich relativieren können.
Der Umgang mit Gruppen erfordert ein hohes Maß an Flexibilität durch den Führenden. Je größer seine potentielle Verhaltensbreite ist, um so höher werden Leistung und Arbeitsmoral sein. Wer nur hohe Leistung sucht, fördert zumeist schlechte Arbeitsmoral. Wird ein Betrieb als reine Produktionsorganisation betrachtet, ist es kaum möglich, daß es zu einem fruchtbaren Mit- und Nebeneinander von formellen und informellen Gruppierungen kommt. Das aber bedeutet langfristig erhebliche Reibungsverluste zwischen beiden, die sich durchaus auf die Produktivität auswirken können.

b) Gruppeneinstellung

Aufgrund ihrer Sozialisationsmerkmale sind die weitaus meisten Führenden zwar durchaus in der Lage, sich auf einzelne Menschen einzustellen, keineswegs jedoch in gleicher Weise auf Gruppen.

Sobald sie es mit Gruppen zu tun haben, verfahren sie projektiv: Sie setzen unbewußt voraus, daß die Erwartungen, Bedürfnisse, Interessen, Stimmungen... der Gruppe den ihren weitgehend entsprechen, solange nichts anders artikuliert wird. Dabei kann man sich erheblich täuschen.

- **Wer führt, muß die Bedürfnisse (Interessen), Erwartungen und Stimmungen der Mitarbeiter kennen und darauf eingehen.**

Zumindest einer dieser drei Punkte muß erfüllend angesprochen werden.
Dabei sind zwei Fälle zu unterscheiden:

- In der Gruppe ist wenigstens eines dieser Momente gruppenspezifisch vorhanden (und wird also von den Mitgliedern der Gruppe geteilt),
- in der Gruppe ist keines dieser Momente gruppenspezifisch vorhanden.

Im zweiten Fall wird der Führende zunächst versuchen, eine gemeinsame Ebene herzustellen. Es hängt von seinen subjektiven Fähigkeiten, Bedürfnissen und Erwartungen ab, ob er diese gemeinsame Basis im Bereich von Bedürfnissen, Erwartungen oder Stimmungen schafft.
Es ist jedoch nahezu unmöglich, eine in bezug auf Bedürfnisse, Erwartungen, Stimmungen heterogene Gruppe zu führen.
Es fehlt der Ansatzpunkt, der allein es ermöglicht, zwischen Führendem und Mitarbeitern eine Verständigungsebene zu finden. Vor allem werden erhebliche Diskrepanzen im Bereich des Interesses, den Aufbau *einer* Kommunikationsebene, auf der allein Informationen und Appelle sinnvoll, effektiv und verständlich weitergegeben werden können, hindern. Interessen leiten Erkenntnisse und leiten Handlungen. Es ist sehr schwer, einen Menschen zu einer Einsicht oder zu einer Handlung zu bewegen, von der er weiß oder auch nur vermutet, daß sie seinen Interessen zuwider ist. Umgekehrt dagegen wissen wir, daß Menschen, die sich für etwas interessieren, allenfalls noch einen Handlungsauslöser benötigen, nicht mehr aber einen

Richtungshinweis, wenn sie sich in Richtung ihres Interesses bewegen sollen.
Ist es jedoch einmal gelungen, eine gemeinsame Ebene aufzubauen, auf der kommunikative Abläufe möglich sind, dann kann auf dieser Ebene sehr wohl damit begonnen werden, auch informatorisch oder appellierend tätig zu werden.
Im anderen Fall wird der Führende es unter Umständen noch schwerer haben. Dann nämlich, wenn es ihm nicht möglich ist, sich selbst auf das Fundament der in der Gruppe herrschenden Bedürfnisse, Erwartungen, Stimmungen zu stellen. Wenn er also nicht die Technik beherrscht, Menschen da abzuholen, wo sie stehen, wird er kaum mit der Gruppe in sinnvolle verbale Interaktion treten können.
In vielen Fällen ist es nötig, den Grad der Sensibilität für Gruppenbedürfnisse, -erwartungen und -stimmungen zu steigern. Liegen keine grundsätzlichen Schwierigkeiten im Umgang mit Gruppen vor, dann kann es hilfreich sein, wenn Sie sich vor einer Interaktion mit einer Gruppe sehr genau (am besten schriftlich) bemühen, diese drei Elemente (auf jeden Fall die, die gruppenspezifisch vorhanden sind) auszumachen und zu analysieren. Zugleich werden Sie versuchen, eine Strategie zu erarbeiten, die Ihnen eine Anknüpfung an die so ausgemachten Elemente erlaubt. Dabei werden Sie sich fragen,

- ob Sie auf den vorhandenen Elementen aufbauen wollen oder
- ob Sie nur von ihnen ausgehen wollen, um sie zu verändern.

Gruppenbedürfnisse und -erwartungen lassen sich ähnlich leicht wie Gruppenstimmungen beeinflussen. Das hat u. a. jedoch auch den Nachteil, daß sie sich unversehens ändern können.
Somit genügt es also nicht, eine Vorplanung zu entwerfen. Wollen Sie lernen, sich auf Gruppen einzustellen, müssen Sie in der Lage sein, sich aus dem Interaktionsgeschehen selbst für einige Augenblicke herauszunehmen – um dann in und aus dieser Distanz heraus zu prüfen, wie die Elemente jetzt bestimmt sind.
Solche rationalen Überprüfungen und kontrollierten Vergegenwär-

tigungen sind nicht Lernziel dieser Übung. Wenn Sie sich eine Zeitlang trainiert haben, werden Sie merken, daß Ihre Sensibilität unbewußt zugenommen hat. Dann sind solche vorplanenden oder begleitenden Analysen »aus der Distanz« nur noch gelegentlich nützlich.

Sie ermöglichen es Ihnen – obschon sie allgemein so etwas wie einen »Instinkt« für Gruppenstimmungen ... entwickelt haben –, eventuelle Blockierungen oder Widerstände schneller zu erkennen, die vor allem dann möglich sind, wenn Sie

- selbst von starken Bedürfnissen, Erwartungen und Stimmungen in Anspruch genommen werden oder
- müde, niedergeschlagen, erschöpft ... sind.

Vor allem der zweite Grund kann von Ihren potentiellen Gegnern durchaus verwandt werden, um Sie kaltzustellen. Sie alle kennen die Taktik, Wichtiges überraschend und nach lang verzögerter Sitzung, Konferenz, Diskussion ... zur Sprache zu bringen. Die so Taktierenden rechnen damit, daß Ihr Bedürfnis, endlich fertig zu werden, stark ist und daß da eventuelle Opponenten schnell der Gruppenaggressivität anheimfallen, Sie sich vor Widerstand ängstigen, so daß Sie einfach nicht mehr genau hinhören oder gar kapitulieren. Das gegenwärtige Interesse an Ruhe oder schnellem Ende kann so stark werden, daß es nahezu alle anderen Interessen beiseite fegt.

c) Zur Arbeit mit Gruppen

Die Arbeit mit Gruppen wird zunehmend zum Charakteristikum des Führens. Hier sind nun einige soziologische Erkenntnisse nicht ganz unwichtig, die zwar noch nicht unbedingt akzeptiert, wohl aber des Überlegens durchaus wert sind.

- **Wer führt, muß sich der Gruppenstrukturen und Cliquen bedienen können.**

Es muß also unbedingt möglich sein, *mit* und nicht (nur) gegen Gruppen zu arbeiten. Hier liegen die wichtigsten Bedingungen des

sozialen Krisenmanagements. Vor allem in Krisen, wie sie etwa der Vorbereitung von Kampfmaßnahmen vorangehen, kann Führen nicht mehr bedeuten »Zuteilen von Aufgaben und Kontrolle ihrer Durchführung«. Es kommt vielmehr darauf an, zumindest mit einem Teil der die Krise Mitauslösenden, die sich in der Krisensituation zumeist verstärkt solidarisieren und so verstärkt Gruppenprozesse in Gang setzen, in Kommunikation zu bleiben. Das aber setzt oft voraus, daß sich der Führende der informellen Gruppenstrukturen bedienen muß (denn die Krise ist ja meist dadurch gekennzeichnet, daß zwischen den formellen Strukturen keine eigentliche Kommunikation mehr stattfindet). Somit wird also dem Aufbau und der Pflege von informellen Strukturen in Unternehmen eine erhebliche Bedeutung zukommen.
Wie das geschieht, wird von den konkreten Umständen abhängen. Es sind mir Unternehmen bekannt, die die informellen Gruppen *in* ihren Betrieben so intensiv stärken konnten, daß Konflikte auf der formellen Ebene vergleichsweise harmlos verliefen. Das setzt voraus, daß die informellen Gruppen sich quer durch die formelle Ordnung bilden (können) und diese wesentlich »von innen« geführt werden. Solche Gruppen können (im einfachsten Fall) Interessengruppen sein, die auf gemeinsamen Freizeitbeschäftigungen aufbauen (Sport, Musik, Spiel . . .). Es liegen auch einige positive Erfahrungen aus Betrieben vor, denen es gelang, die informellen Gruppen als Arbeitsgruppen weiterzuführen.

- **Auf keinen Fall dürfen soziale Prozesse innerhalb einer Organisation in wesentlichen Anteilen Organisationsfremden überlassen werden.**

Es kann für einen Betrieb tödlich sein, wenn Betriebsfremde (Parteien, Gewerkschaften, Kirchen . . .) eine höhere integrative Kraft haben als der Betrieb. Wer das zuläßt, hat den destruktiven Sozialkonflikt schon vorprogrammiert.

- **Führen impliziert also die Fähigkeit, sozial-integrativ tätig zu werden.**

Wer nicht in der Lage ist, Corpsgeist zu erzeugen, wird vermutlich eine andere Position besser ausfüllen als eine, die das Führen durchs Wort als erhebliche Aufgabe ausweist.

4. Postulat: Richtiges Fragen

Dialektik – auch Führungsdialektik – ist nicht das Spiel von Behauptung und Widerbehauptung oder das Spiel von Befehlen und Gehorchen, sondern ersetzt diese letztlich monologischen Situationen durch dialogische. Fragen können aus sehr verschiedenen Gründen gestellt werden:

- Der Fragende weiß etwas nicht und vermutet, daß der Befragte ihm eine sinnvolle Antwort wird geben können (eigentliche Frage).
- Der Fragende weiß etwas und will sich vergewissern, ob der Befragte es auch weiß (prüfende Frage).
- Der Fragende weiß etwas und ist sicher, daß der Befragte es nicht weiß (sokratische Frage).
- Der Fragende weiß keine Antwort und vermutet, daß auch der Befragte keine kennt (fangende Frage).

Stets aber stellt die Frage eine eigentümliche Kommunikationssituation her, die anders nicht zu erreichen ist. Die Basisrollen, die Menschen in der Interaktion miteinander eingehen, lassen sich oft aus der Art der Fragen, die in der Interaktion auftauchen, ausmachen.

Ich will in diesem Abschnitt zwei Themen nachgehen:

- Wie fragt man falsch?
- Wie fragt man richtig?

Dabei ist der Normfall vorausgesetzt. Auch hier gilt die Regel aller Dialektik, daß der Einzelfall Strategien einfordern kann, die durch allgemeine Regeln nicht beschrieben werden können.

Unrichtiges Fragen

Es gibt Fragen, die einfach töricht sind.

- Jemand stellt eine Frage, die eine Antwort provoziert, mit der er nicht einverstanden ist.

  Beispiel: Sie möchten Ihre Ferien auf den Kanarischen Inseln machen, Ihre Frau möchte – wie Sie vermuten – nach Finnland. Jetzt ist es ziemlich töricht zu fragen: »Liebling, wo willst du dieses Jahr mit mir zusammen Ferien machen?«
  Begründung: Nahezu alle Menschen sind bereit, ihre Meinung gegen den Anspruch guter Gründe zu überprüfen – solange sie sie noch nicht geäußert haben. Haben sie sich jedoch einmal festgelegt, ist eine Meinungsänderung kaum mehr zu erreichen (zumindest nicht mit verbalen Strategien). So enden zahlreiche dialektische Versuche ganz undialektisch im gewöhnlichen Krach.
  Wenn Sie vermuten, daß ein Partner anderer Meinung ist, dann werden Sie allenfalls die andere Meinung ausdrücklich abfragen, wenn Sie ihn etwa in einer Debatte-Situation »fertigmachen« wollen und sich schon völlig klar sind, daß ein Überzeugen doch nicht in Frage kommt. In allen anderen Fällen werden Sie versuchen, den *Bereich der Gründe* anzusprechen. In dem Ferienbeispiel etwa: »Was wollen wir in den Ferien erreichen?« ...

- Jemand stellt eine Frage, die *offensichtlich* den Zweck hat, andere hereinzulegen oder ihnen zu beweisen, daß sie dumm oder eingebildet oder arrogant ... sind (etwa sokratische Frage).

  Beispiel: »Wissen Sie denn wenigstens, wann der letzte Eingeborene Tasmaniens starb?« (Sie selbst hatten ein paar Tage zuvor gelesen, daß Truganini 1876 gestorben ist.)
  Sie können aber auch jede andere Frage hier einsetzen, die entweder demonstrieren soll,

- daß Sie selbst ein mittleres Genie seien oder
- daß der Befragte ein ziemlicher Dummkopf ist.

In seiner ihm eigentümlichen Bescheidenheit gelang es Sokrates durch seine Fragetechnik, seinen Mitbürgern das Wissen zu vermitteln, das er für sich schon längst gewonnen hatte, daß sie nämlich – obschon sie vermeinten, etwas zu wissen – nichts wüßten. Und darauf reagierten diese ziemlich sauer. Viele Mittelschicht-Männer bilden sich nämlich auf ihre Bildung (und dazu zählen sie zumeist auch das Allgemeinwissen) etwa soviel ein wie manche Frauen auf ihre Schönheit. Sie sind eitel. Und verletzte Eitelkeit ist ein schlechter Ratgeber. Sie sollten also nicht mit optimaler Kommunikation rechnen, wenn Sie gerade jemandes Eitelkeit gekränkt haben.

- Jemand stellt eine Frage, die den Zweck haben könnte, etwas auszuforschen.

Solche Fragen, oft nichts als bloße Neugierfragen, können eine sinnvolle Kommunikation erheblich erschweren, vor allem dann, wenn sich der Befragte

- wie in einem Verhör vorkommt oder
- seinen Intimbereich bedroht sieht.

Es ist erstaunlich, wie wenig sozial sensibilisiert manche Fragenden sind. Es ist wichtig, daß Sie Abwehrstrategien gegen solche Fragen parat haben. Sie werden wissen, daß es durchaus sein kann, daß in solchen Fragesituationen eine Güterabwägung zwischen Wahrhaftigkeit und Schutz von Vertraulichem zugunsten der Vertraulichkeit ausgehen kann. Mitunter ist es auch angebracht, einen lästigen Frager auf das Unangenehme seines Verhaltens aufmerksam zu machen.

Sie fragen nur gut, wenn der Befragte Ihre Frage gern beantwortet.

Zumeist also fragen Sie schlecht, wenn der Befragte nur widerwillig, mürrisch oder abwehrend antwortet. Kommen solche Antworten vor, können Sie keineswegs davon überzeugt sein, in den Antworten die gewünschten Informationen zu erhalten. Ausweichende Antworten, ja Falschantworten sind nicht selten.

- Jemand stellt ständig die gleichen Fragen neu, obschon mehrmals ausweichend geantwortet wurde.

  Wenn Ihnen jemand zweimal auf eine Frage eine ausweichende Antwort gibt, sollten Sie davon ausgehen, daß er die Frage nicht beantworten will. (Schon beim ersten Mal wird man sehr wohl damit rechnen müssen.) Das ist durchaus zu akzeptieren, wenn nicht ganz erhebliche Gründe dagegen sprechen. Mit einer weiteren Fragewiederholung werden Sie Ihrem Mitmenschen lästig fallen – das aber hat zumeist eine Kommunikationsstörung zur Folge, die dafür sorgt, daß durch insistierende Fragen erhaltene Antworten nicht unbedingt die volle von Ihnen erwartete Information liefern. Nur selten ist das Ergebnis solcher Fragerei eine unbedingt zutreffende Antwort.

- Jemand stellt eine Frage, auf die er eine wahre bzw. zutreffende Antwort erwartet, in gereiztem, aggressivem Ton.

  Dieser Tonfall ist ebenfalls nicht geeignet, die Kommunikationssituation zu bessern, so daß auch die Antwort selten optimal ausfallen wird. Selbst wenn es der Antwortende nicht zeigt, auch er reagiert auf aggressives Fragen aggressiv. Das aber ist eine gute Disposition für einen Konfliktfall. Ich kenne einen Vorgesetzten, der dazu neigt, etwa alle zwei Jahre mit seinen »Untergebenen« ein von seiner Seite aus in aggressivem Tonfall gehaltenes Frage-Antwort-Spiel abzuhalten. Wen nimmt es wunder, daß er sich meist mit Informationen aus zweiter Hand begnügen muß.
  Nun, es gibt noch manch andere Torheit im Fragen. In einigen Betrieben hat sich sogar ein »Fragestil« herausgebildet, der die eine oder andere Fragetorheit institutionalisiert. Es kann vorkommen, daß Mitarbeiter meinen, Führen bedeute informiert werden. Sie versuchen dann solches Informiertwerden mit Mitteln zu erreichen, wie sie es von ihrem Boß gewohnt sind.

Richtiges Fragen

Die Kunst des richtigen Fragens kann auf eine Regel gebracht werden:

- **Fragen Sie nur, wenn Sie eine optimale Disposition für die Beantwortung Ihrer Frage geschaffen haben.**

Optimale Disposition setzt unter anderem voraus, daß Sie

- Ihren Mitarbeiter regelmäßig so informieren, daß er den Sinn und die Tragweite Ihrer Frage versteht,
- ein Klima schaffen, in dem es dem Mitarbeiter ein Bedürfnis ist oder doch seiner Erwartung entspricht, Ihre Frage gut zu beantworten,
- einen Fragestil wählen, der es dem Mitarbeiter deutlich macht, daß Sie an seiner Antwort (wie an ihm selbst) interessiert sind und daß Sie sie für wichtig halten,
- niemals aus der Position des Besserwissens heraus fragen.

Nun sind diese Dispositionen sicher nicht immer leicht zu schaffen. Dennoch aber lohnt es, sich um ihre optimale Erfüllung zu mühen. Es sind mir Fälle bekannt, in denen Mitarbeiter, weil sie nicht gefragt wurden, den Marsch durch die verschiedenen Stufen der Demotivation begannen. Auch sind mir Fälle bekannt, in denen eine einzige gut gestellte Frage einen begonnenen Demotivationsprozeß stoppen und gar umkehren konnte. Die Frage ist also ein ganz erhebliches Führungsinstrument.
Die Führungsqualitäten eines Menschen sind nicht selten durchaus zu erheben, wenn man ausmacht, wie er fragend mit wem umgeht. Sage mir, wie, was du wen fragst, und ich sage dir, wer du bist – mag man in Anlehnung an eine Volksweisheit vermuten. In jedem Fall läßt sich aus der Art der Fragen meist unschwer die Kommunikationssituation zwischen zwei Menschen oder einem Menschen und einer Gruppe ausmachen.
Angenommen, die optimale Fragesituation sei geschaffen, dann gelten einige weitere Hinweise dem Typ der Frage. Gemeinhin unterscheidet man die echten Fragen in

- Entscheidungsfragen (Fragen, die Sachverhalte klären wollen und mit einem Aussagesatz oder mit Ja bzw. Nein beantwortet werden) und
- Ergänzungsfragen (Fragen, die nach Personen, Sachen, Umständen fragen und mit einem Fragewort wie »Wer« – »Was« – »Wo«... eingeleitet werden).

Der geschulte Frager wird die entsprechende Form wählen. Will er einen Sachverhalt klären, wird er eine Entscheidungsfrage, will er Kenntnis ergänzen, eine Ergänzungsfrage stellen. Es gilt im allgemeinen nicht als der Kommunikation förderlich, diese Zuordnung zu verwechseln.
Somit ist die Regel der Überzeugungsdialektik, nach der möglichst W-Fragen (Ergänzungsfragen also) gestellt werden sollen, durchaus nicht zu verallgemeinern für die Führungsdialektik. Nur wenn Sie nicht sicher sind, was Sie denn eigentlich erfahren wollen (eine führungsdialektisch nicht günstig zu bewertende Situation), können Sie allgemein W-Fragen vorziehen.
Bei allen gekonnten Fragen in Führungsabsicht ist aber sorglichst darauf zu achten, daß die Frage-Antwort-Folge nicht eingleisig verläuft. Wenn schon gefragt wird, dann hat jeder der beiden Partner ein Fragerecht. (Auch das Recht zur eventuellen Rückfrage!) Wird dieses Recht einem Partner de facto nicht gewährt, wird Fragen leicht zum Befragen, zum Verhör, wirkt inquisitorisch.
Im Bereich der Frage sind also viele Regeln der Überzeugungsdialektik – wie sie etwa für Debatte oder Interview gelten – nicht gültig!

Die in diesem Kapitel gegebenen Hinweise gelten nun nicht etwa nur in ausgesprochenen Führungssituationen. Sie sollten vielmehr den normalen Umgang von Menschen miteinander bestimmen. Es mag deutlich werden, daß Führen ein sehr viel ursprünglicherer Vorgang ist als Überzeugen. Führung kannten Menschen schon lange, ehe sie in der Lage waren (in unserem Sinne), zu sprechen. Überzeugen ist aber wohl stets ans Wort gebunden. Die Techniken der Überzeugungsdialektik dürften relativ späte menschliche Erwerbungen sein.

Anhang

Diesen vier Kapiteln über das Thema »Führen durch das Wort« sei ein Anhang beigegeben. Er hat vier Teile.

- Zunächst werde ich einige ethische Fragen zum Thema Führung behandeln.
- Daran folgen Lösungsvorgaben für die im Text gestellten Aufgaben.
- Es schließt sich ein Verzeichnis der im Text gegebenen oder zugrunde gelegten Definitionen an.
- Zum Schluß folgen einige Literaturhinweise.

Einige Fragen zur Ethik des Führens

1. In einer Zeit, in der unternehmerisches Führen von nicht wenigen aus nahezu allen ideologisch bestimmten Lagern abgelehnt wird, in einer Zeit, in der das Unternehmertum weitgehend selbst ethisch verunsichert ist, scheint es nicht überflüssig, einige ethische Gedanken zum Thema »Führung« in einem Wirtschaftsunternehmen vorzustellen. Ganz allgemein ist die Notwendigkeit von Führung anerkannt und akzeptiert, solange sie nicht in Herrschaft des Menschen über den Menschen ausartet, die in »freien« Assoziationen, etwa in Wirtschaftsbetrieben, nicht geduldet werden könne. Zum anderen wird darauf verwiesen, daß Ökonomie ausschließlich als Sekundärsystem funktioniere – also nicht ethische, sondern ökonomisch-technisch optimale Entscheidungen einfordere, die im Regelfall ethische Rücksichten allenfalls aus ideologischen oder optischen Gründen zuließen.
   Ob unternehmerisches Handeln seiner Absicht nach sittlich ist oder nicht, ist nicht erst seit Adam Smith umstritten. Heute wird auch im Bereich des Unternehmertums die Ansicht bevorzugt, unternehmerisches Handeln (dazu ist auch Führung zu rechnen) sei an sich wertfrei und Ethik werde allenfalls »von außen« auf ökonomische Entscheidungen und Abläufe angewandt. Das »Von-außen« kann sein:

- ein ethisches Apriori des Unternehmers, das er akzeptiert, insofern er Liberaler oder Christ oder Marxist... ist,
- ein ethisches Apriori der »öffentlichen Meinung«, das Verstöße gegen solche Meinungsinhalte durch Ablehnung, Verweigerung, Widerstand ahndet,
- ein ethisches Apriori, das der Gesetzgebung eines Staates zugrunde liegt.

2. Nach marxistischer Ansicht sind solche ethischen Inhalte als Überbaumomente stets darauf angelegt, die bestehenden politischen und ökonomischen Verkehrsformen in ihrer Substanz zu erhalten. Obschon sie zwar von den Produktionsbedingungen (Produktionsverhältnisse und Produktivkräfte) und den mit ihnen entwickelten Verkehrsformen, die Menschen miteinander eingehen, bestimmt sind, konservieren sie diese über Rückkoppelungsmechanismen. In der kapitalistischen Produktionsweise also seien die Normierungen den Verkehrsformen äußerlich, da sie durch die Produktionsbedingungen und nicht durch ethische Maximen bestimmt werden.
   Da sich die neuen Verkehrsformen langsam im Schoß der alten heranbilden (zusammen mit den neuen Produktionsverhältnissen), taucht in der Mitte der spätkapitalistischen Gesellschaft ein Bestreben auf, das erst in einer sozialistischen Gesellschaft voll verwirklicht wird: das Bestreben, Ökonomie und Ethik *innerlich* miteinander zu verbinden. So werden Freiheit, Solidarität, Gleichheit zu der Ökonomie inneren – das heißt ihre Abläufe innerlich bestimmenden – Maximen. Diese marxistische Position wird aber im Augenblick im außermarxistischen Denkbereich kaum akzeptiert.

3. Die ethischen Grenzen und Möglichkeiten unternehmerischer Tätigkeit wurden schon sehr früh behandelt. So regelte etwa das deuteronomische Gesetz im 7. vorchristlichen Jahrhundert für Israel eine Reihe ökonomischer Abläufe:
   § 16: Alle sieben Jahre verfallen Forderungen an Gläubiger.
   § 17: Arme sind durch Kredite zu unterstützen.
   § 66: Mühlen oder Mahlsteine dürfen nicht zum Pfand genommen werden.
   § 79: Das Messen nach zweierlei Maß ist verboten.
   Auch das Christentum folgte mit einer Reihe von Geboten oder Verboten, die vor allem das wirtschaftliche Handeln des Mittelalters bestimmten und oft auch beschränkten. So war Wucher verboten (heute noch durch § 302 StGB) oder die Zinsnahme für den Entleih lebenswichtiger Güter.

Der erste profan-ethische Entwurf, der auch heute noch manches Bewußtsein bestimmt, wurde von Adam Smith (1723–1790) in »The Theory of Moral Sentiments« (1759) und »The Wealth of Nations« (1776) vorgelegt: Die Grundlage sittlichen Handelns sei zwar Sympathie (Einfühlung), doch sei das Streben nach Eigennutz – die treibende Kraft aller wirtschaftlichen Vorgänge – keineswegs sittlich verwerflich, sondern vielmehr *unmittelbar* sittlich gut, da es – über eine göttlich vorgegebene Harmonie der Bindung von Eigen- und Fremdnutzen – zum größtmöglichen allgemeinen Nutzen führe. Zwar habe die Natur den schwachen Funken der Sympathie in den Herzen der Menschen entfacht, doch sei er nicht stark genug, die Antriebe des Egoismus aufzuheben.

Diese Ansicht wird heute nicht selten vertreten, ohne jedoch eine Begründung angeben zu können, *warum* denn eigentlich das allgemeine Streben nach eigenem privaten Nutzen zugleich auch zum Optimum des allgemeinen Nutzens führe. Die Smithsche Konzeption einer prästabilierten Harmonie zwischen beiden Nutzensbereichen wird in einer weniger frommen Zeit kaum theologisch begründet werden können und ist also seitdem ohne Begründung. Zudem fällt es uns heute zunehmend schwerer, zu definieren, was denn eigentlich privater und allgemeiner Nutzen sei, da einfache Definitionen des Nutzens über den Reichtum weder praktisch noch theoretisch akzeptabel sind. Es gibt wohl heute kaum mehr irgend jemand – sieht man einmal von einigen marxistischen Dissidenten ab –, der der Ansicht ist, daß größter Reichtum höchstes Ziel ökonomischer Abläufe sei, da man – wenn nur reich genug – alle anderen Probleme schon werde lösen können.

4. Versucht man heute eine ökonomische Ethik zu entwickeln, dann wird sie vor allem zwei Bedingungen erfüllen müssen:

- Sie wird nicht von einem Ideensystem her argumentieren dürfen, sondern wird sich auf die Inhalte besinnen müssen, die Marxisten und Christen, Anarchisten und Liberalen gemeinsam sind.
- Sie wird nicht *bestimmte* Inhalte menschlicher Verkehrsformen sanktionieren dürfen, weil sie sonst – zu Recht – unter den Beschuß

der Ideologiekritik gerät. Ethik aber ist keine Einladung zur Diskussion, sondern eine Aufforderung aufgrund *allgemeiner* Verpflichtung, etwas zu tun oder zu unterlassen.

5. Die Existenz allgemein akzeptierter ethischer Normen ist umstritten. Häufig ist man der Ansicht, daß zwar in jedem denkenden Mühen um Ethik ein Suchen nach einem in sich begründeten Grundprinzip des Sittlichen, das die Gesamtheit aller sittlichen Forderungen in nuce in sich vereinigt, enthalten sei. Doch sei es bislang noch nicht gelungen, dieses Prinzip zu formulieren.
Vereinzelt gibt es Ansätze einer ethologischen Ethik, etwa mit der generellen Maxime: »Es ist besser, daß die Menschheit biologisch überlebt, als daß sie zugrunde geht!« Doch sind solche Maximen unzureichend, da sie kein *menschliches* Überleben von Menschen sicherstellen. Wird aber der Begriff »menschlich« eingeführt, dann muß er definiert werden. Da aber kommt es nicht mehr zur Einigung, denn die Bestimmung dessen, was menschlicher ist als ein anderes, ist nicht selten von ideologischen Vorentscheiden abhängig.
So verzichten die meisten Handlungstheoretiker auf irgendwelche sittliche Normen und führen statt dessen eine quasi-ethische Maxime ein: »Löse möglichst alle Probleme vor dem Anspruch der Gegenwart technisch gesehen optimal!« Doch auch hinter dieser Maxime, die das Handeln vieler »Pragmatiker« bestimmt, verbirgt sich ein quasi-religiöser Glaube (ähnlich wie hinter der Ethik Adam Smiths). Dieser Glaube ist dem Darwinismus entlehnt: Wenn die Natur die im Augenblick optimalen Lösungen findet, dann kommt es langfristig zu einer optimalen Gesamtentwicklung der Gattung. Wir haben nun aber keinen vernünftigen Grund, eine solche Voraussetzung im Bereich sozialer Abläufe für gültig zu halten. Der Evolutionismus scheint nicht auszureichen. Ebenso ist er kaum in der Lage, inhaltlich fixierte Einzelnormen auszumachen. Technisch gesehen können zwei Probleme mit völlig verschiedenen Methoden angegangen werden, wenn nur die Umstände etwas variieren.

6. Ich werde versuchen, einige Basisnormen einzuführen, die von allen Menschen akzeptiert werden. Die erste und zentrale Basisnorm

scheint mir im praktischen Imperativ Immanuel Kants (1724–1804) artikuliert worden zu sein:

Handle so, daß du die Menschheit sowohl in deiner Person als in der Person eines jeden anderen jederzeit zugleich als Zweck, niemals als reines Mittel brauchst.

Etwas verkürzt und vereinfacht: Handle stets so, daß du dich und andere niemals zum bloßen Mittel machst. Diese Basisnorm wird, soweit mir bekannt, von niemandem bestritten und formuliert das Zentrum europäischer Humanität.

Diese Basisnorm scheint mir jedoch nur eine notwendige, nicht aber eine hinreichende Bedingung sittlichen Handelns vorzustellen. Sie muß also noch ergänzt werden. Ich schlage folgende Zusätze vor:

Handle stets so, daß du dir der Gleichursprünglichkeit deiner und der anderen Menschen Individualität und Sozialität stets bewußt bleibst.

Handle stets so, daß du deine und deiner Mitmenschen Freiheit mehrst.

(Freiheit bezeichnet das Vermögen, sich selbst zu verwirklichen. Dieses Vermögen kann nur realisiert werden, wenn die Menge der äußeren und inneren Notwendigkeiten begrenzt bleibt. Das Fehlen äußerer und innerer Zwänge ist oft eine Bedingung der Möglichkeit der Realisierung von Freiheit.)

Die erste Ergänzung schließt alle Formen von Egoismus (ausschließliches Suchen des eigenen Nutzens) und Egozentrik (Übertragen der eigenen Wertvorstellungen auf das Verhalten anderer), aber auch jeden Kollektivismus (Behauptung des Primats des Gemeinnutzens vor dem Eigennutzen) aus. Die zweite Ergänzung betont den *positiven* Aspekt sittlicher Forderungen. Eine Forderung ist konkret nur sittlich, wenn sie Freiheit ermöglicht oder begünstigt.

7. Ich will mich im folgenden nicht mit den ethischen Rechten und Pflichten im Bereich ökonomischer Entscheidungen allgemein befassen, sondern mich auf Fragen beschränken, die für die Grundlegung einer Führungsethik im ökonomischen Raum erheblich sind. Hier kann ich mich kurz fassen, weil dieses Buch vor dem Hinter-

grund der drei erwähnten Basisnormen konzipiert wurde und deshalb in seinen Handlungsanforderungen radikal ethisch denkt.
Viele Menschen nehmen am ökonomischen Prozeß in doppelter Rolle teil: als Mitbeteiligte an der Erwirtschaftung des Sozialprodukts und als Konsumenten. Hier soll nur die erste Rolle behandelt werden. Als Mitproduzent von Teilen des Sozialprodukts hat – so geht wohl unmittelbar einsichtig aus den drei genannten Maximen hervor – jeder Mensch

- das Recht auf Arbeit,
- das Recht auf Mitbestimmung an der wirtschaftlichen und sozialen Unternehmensführung,
- das Recht auf optimale Selbstverwirklichung im Beruf,
- das Recht auf einen angemessenen Anteil an den durch seine Arbeit erwirtschafteten Gewinnen,
- das Recht auf Unterstützung in Krankheit und Alter.

In Deutschland ist heute nur mehr das erste Recht bestritten. Wenn aber akzeptiert wird, daß im Konfliktfall das Recht des Produzenten dem Recht des Konsumenten vorgeht, dann wird man selbst um den Preis gesteigerten Geldwertschwundes für Vollbeschäftigung sorgen müssen. Für die konkrete Führungspraxis wird das bedeuten, daß Entlassungen gegen den Willen des Betroffenen nicht leicht zu rechtfertigen sind. Es ist nicht unbedingt schädlich, anzunehmen, daß jede Entlassung auch das Ergebnis eines Führungsfehlers sein kann. Entlassung, d. h. das Beenden eines Führungsverhältnisses, ist stets nur Ultima ratio.

8. Den Zielen ökonomisch sittlichen Handelns widerspricht ein *Konkurrenzprinzip,* das die zwischenmenschliche Konkurrenz so weit vorantreibt, daß dadurch in die zwischenmenschlichen Beziehungen Emotionen wie Angst oder Schuld, Haß oder Neid eingebracht werden. Führen kann zwar durchaus den Antrieb nach Gewinnen, nicht aber den nach Sieg (verbunden mit der Niederlage des Partners) einsetzen. Interpersonale Konkurrenz kann zwar kurzfristig zu erheblichen Leistungen führen, hat jedoch auch diese Nachteile:

- die erwähnten negativen Emotionen belasten das Betriebsklima,
- es kommt zu Verhaltensweisen, die weniger erwünscht sind (Intrigen, Pseudofreundlichkeit, Schwinden von Solidarität und Teamgeist),
- aggressive oder depressive Grundstimmungen sorgen dafür, daß bei nur geringfügigen Anlässen Demotivationsprozesse in Gang gesetzt werden.

9. Das *Profitprinzip,* nach dem der Profit bzw. das Profitstreben als wichtigster Motor ökonomischer Entwicklung gesehen wird, widerspricht ebenfalls den Normen sittlichen Handelns. Dieses Prinzip basiert auf einer egoistischen Organisationsform der Ökonomie und widerspricht vor allem der Gleichursprünglichkeit von Individualität und Sozialität. Der eigentliche Motor ökonomischer Entwicklung ist vielmehr das Bemühen um Selbst- und Fremdverwirklichung.
   Zwar ist der ökonomische Zweck eines Wirtschaftsunternehmens das Erwirtschaften von optimalen Gewinnen, doch darf nicht vergessen werden, daß ein Wirtschaftsunternehmen kein primäres Gebilde ist. Es wird von Menschen betrieben, deren Bedürfnisse absoluten Primat vor denen der Organisation haben.
   Auch kann ein Unternehmen nicht isoliert gesehen werden. Es ist eingebunden in eine Fülle von ökonomischen und politischen, von gesellschaftlichen und persönlichen Beziehungen, die keineswegs primär nach den Gesichtspunkten der Gewinnoptimierung geregelt werden können, wenn destruktive Konflikte vermieden werden sollen.

10. Ebenfalls widerspricht das *Leistungsprinzip* (vgl. Seite 307 f.) unseren ethischen Normen, während ein Marktwertprinzip der Arbeit ihnen nicht zu widersprechen scheint.

11. Unsittlich sind ferner eine Reihe von Herrschaftsstrategien, da sie den einzelnen zum Mittel machen. Hierher gehören etwa:

- die Verwendung von Motivationsstrategien, die den Schaden des Motivierten in Kauf nehmen oder nicht bedenken,

- das Ausnutzen von psychischen Störungen von Mitarbeitern (etwa starke Erfolgsabhängigkeit oder kompensatorischer Aktivismus),
- das Auslösen von Konkurrenzmechanismen unter Mitarbeitern, wenn dieses zu destruktiven Individualkonflikten (Angst, Schuld, Mindergefühlen) oder destruktiven Sozialkonflikten (Intrigen, Verleumdungen, üblen Nachreden, aggressiven Ausbrüchen) führt oder wahrscheinlich führen wird,
- die Verwendung von Techniken, die menschliches Beisammen erheblich erschweren, um Herrschaftsfunktionen aufrechtzuerhalten (Lüge, Betrug, Verleumdung...),
- die Verwandlung von Autorität in Macht.

12. Unsittlich kann auch ein Verhalten sein, das sich gegen Fortschritt sperrt, um eigene Positionen möglichst lange – auch gegen die Interessen vieler anderer – zu konservieren. Fortschritt setzt immer eine Zielorientierung voraus. Ein Gehen ohne Zielorientierung ist kein Fortschreiten, sondern allenfalls ein Schlafwandeln. Das Ziel normiert zugleich den Fortschritt. Unter allen Fortschrittsstrategien scheint eine transformistische am ehesten unseren Basisnormen zu entsprechen. »Transformation« bezeichnet hier einen reformgeleiteten zielorientierten Prozeß zur fortschreitenden Optimierung eines Systems (oder auch einer Organisation). Eine solche Transformation ist dauerhaft nur möglich, wenn

- ein Konsens über das Ziel besteht,
- ein Konsens über die grundsätzliche Strategie (etwa Ausschluß von Revolution oder pragmatischem Evolutionismus) besteht,
- alle beteiligten Gruppen bereit sind, vor dem Anspruch des Ziels, Augenblickserwartungen zurückzustellen,
- Initiativen gesellschaftlich werden (Einzelinitiativen und/oder das »freie Spiel des Wettbewerbs« reichen nach heutiger Kenntnis sicher nicht aus).

13. Zwar ist umstritten, ob Normen nur gelten, wenn ihre Übertretung bestraft wird. Ich vermute jedoch, daß die Nichtbefolgung unserer Basisnormen im allgemeinen bestraft wird. Die Strafen können sein:

- Mißerfolge,
- psychische und/oder soziale destruktive Konflikte.

Ich bin überzeugt, daß die Beobachtung der Normen die unbeherrschbaren Anteile des destruktiven Konfliktpotentials bei allen Beteiligten so klein wie möglich hält. Werden die Normen dagegen verletzt, kommt es zu destruktiven Konflikten, die zu einer Labilisierung der psychischen oder sozialen Struktur führen. Damit ist im Regelfall durchaus auch eine ökonomische Sanktion verbunden.

- Die Schwächung der sozialen Struktur führt zu sozialen Auflösungserscheinungen innerhalb der betrieblichen Gruppen. Es sinkt die Fähigkeit, sich untereinander und mit dem Unternehmen zu solidarisieren (beide Solidarisierungsprozesse sollten nicht voneinander getrennt werden). Es kommt endlich zu destruktiv aggressiven Verhaltensweisen. Das aber bedeutet durchaus zumeist früher oder später ein Sinken der Produktivität.
- Die Schwächung der psychischen Struktur senkt die Frustrationstoleranz und besorgt alle möglichen Überempfindlichkeiten. So können erhebliche Demotivationsprozesse in Gang kommen. Auch nimmt mit der Schwächung der psychischen Stabilität zumeist die Leistungsorientierung ab. Das aber senkt die Produktivität und bedeutet somit – zumindest mittelbar – eine negative ökonomische Sanktion.

Lösungen

1. Hinweise zur Lösung der Fälle (Seite 217 ff.)

Hier werden keine Lösungsvorschläge geboten. Es sollen jedoch einige Aspekte herausgestellt werden, die beim Erarbeiten einer optimalen Lösung bedacht werden sollen.

1. Fall: Mitarbeiter weicht aus

a) Welche Gründe kann solches Verhalten haben?
außerbetrieblich

- häusliche Sorgen,
- Versagenserlebnisse, Enttäuschungen,
- private Ängste, Erschöpfung.

betrieblich

- fortgeschrittener Demotivationsprozeß

Interaktionsstörung mit folgenden möglichen Gründen:

- Ängste, Scham, Schuldgefühle,
- Unterlegenheits- oder Mindergefühle,
- Frustrationserfahrungen bei vergangenen Interaktionen.

b) Was ist zu tun?
Ist der Grund erkennbar, kann man versuchen, ihn unmittelbar zu beheben. Das ist jedoch meist nicht der Fall. Achten Sie darauf, daß Sie nichtvermutete Gründe mit erkennbaren verwechseln. Die Gründe können nur in Gesprächen herausgefunden werden. Es ist jedoch damit zu rechnen, daß der Mitarbeiter seine Gründe nicht nennen will (Scham, Angst...) oder kann (er weiß selbst nicht

genau, was mit ihm los ist). Deshalb empfiehlt sich eine Kontaktaufnahme mit dem Primat der Kommunikation (und Selbstmitteilung), nicht aber mit einem Primat der Information (»Warum weichen Sie mir aus?«) oder des Appells (»Sprechen Sie doch mal offen über Ihre Probleme!«). Ein solches Gespräch sollte »zufällig« erscheinen und ohne lange Anmeldung in der für den Mitarbeiter günstigen Atmosphäre (etwa dessen Arbeitsplatz?) geschehen. Mitunter ist eine Mehrzahl solcher kontaktknüpfenden Gespräche nötig. Unbedingt muß der Mitarbeiter den Eindruck haben, daß niemand etwas von ihm will. (Er darf sich nicht bedrängt, belästigt oder genötigt fühlen.) Nichts zu tun ist meistens falsch.

2. Fall: Dienstliche Gespräche in neutralen Zonen

a) Welche Gründe kann solches Verhalten haben?
Der Vorgesetzte möchte das Thema nicht dienstlich behandelt wissen. Er möchte in entspannter Atmosphäre einen Kontakt herstellen. Er möchte einmal vorfühlen.

b) Was ist zu tun?
In neutralen Zonen sollten grundsätzlich vom Vorgesetzten keine dienstlichen Gespräche begonnen werden. Es ist notwendig, daß die Mitarbeiter einen Raum haben, in dem sie völlig sicher sein können, nicht dienstlich angesprochen zu werden. Nur so ist eigentliche und optimale Entspannung möglich. In dieser Atmosphäre kann es dann zur Entfaltung von Kommunikation und Selbstmitteilung kommen, die oft in den dienstlichen Gesprächen zu kurz kommt, jedoch für das Betriebsklima wesentlich ist.
Es sollte im allgemeinen auch der Vorgesetzte hier nicht ein Gespräch thematisch festlegen. Die Eröffnung kann von ihm ausgehen, ist jedoch nichtdirektiv zu halten.

3. Fall: Kooperatives Führen

a) Welche Gründe können es bestimmen?

Nahezu alle modernen Führungstheorien behaupten die Vorteile kooperativen Führens. Handelt es sich um gut disponierte Vorgesetzte und Mitarbeiter und um »richtige« Situationen, ist das richtig. Gründe für kooperatives Führen können sein:

- bessere Motivation der Mitarbeiter,
- Annäherung an die sonst gewohnten Führungsstile etwa in der Politik,
- Druck öffentlicher Meinung oder ökonomischer oder politischer Instanzen ...

Dennoch werden in der Bundesrepublik Deutschland kaum 5 % der Betriebe durchgängig kooperativ geführt.

Zumeist geschieht die Vorbereitung von Entscheidungen so, daß der verantwortlich Entscheidende auch die Diskussion in der Vorbereitungsphase leitet. Das wird zumeist so begründet:

- Der Entscheidende hat die höchste funktionale Autorität und kann daher die Diskussion auch optimal leiten,
- der Entscheidende ist optimal informiert, so kann er in der Position des Leiters Informationen nachreichen, wenn nötig,
- der Entscheidende weiß am besten, worauf es ankommt, er kennt am besten die Pro- und Contra-Gründe und kann sie als Leiter am sichersten einbringen und wägen lassen.

Diese Gründe sind jedoch meistens Rationalisierungen. Der Entscheidende will auch bei der Vorbereitung das Sagen haben.

b) Was ist zu tun?

Kooperative Führung setzt unter anderem voraus: Alle an der Entscheidungsvorbereitung beteiligten Mitarbeiter sind zureichend informiert und zureichend motiviert, um optimale Lösungen anzustreben. Ist dies der Fall, empfiehlt es sich im allgemeinen, daß nicht der Entscheidende die Diskussionen leitet, sondern ein anderes Teammitglied. Es muß jedoch folgende Voraussetzungen mitbringen:

- Es muß gute funktionale Autorität besitzen,
- es muß interessiert sein und optimal informiert werden,
- es muß die Spielregeln der Diskussionsleitung beherrschen,
- es muß bereit sein, aus der Leitung keine weiteren Ansprüche herzuleiten (Ausdehnung des Einflusses, Beförderungshoffnungen . . .).

Ist auch der Entscheidende zur kooperativen Führung fähig, wird es so zu besseren und gründlicheren Entscheidungsvorbereitungen kommen.

4. Fall: Beschränkung auf Information

a) Welche Gründe kann solches Verhalten haben?
Die Gründe sind prinzipiell ähnlich wie die, die im 1. Fall genannt wurden. Stets ist zu fragen, ob ein Demotivationsprozeß einsetzte, vor allem, wenn zugleich versucht wird, etwa über erhöhte Leistung »aufzufallen«, um so die Kommunikation wieder in Gang zu setzen.

b) Was ist zu tun?
Auch hier sind die im ersten Fall genannten Strategien prinzipiell vertretbar. Da jedoch der »Fall« hier nicht ganz so problematisch liegt wie dort, kann der Vorgesetzte leichter versuchen, eine Atmosphäre zu schaffen, die Selbstmitteilung und Kommunikation begünstigt.

5. Fall: Freie Zusammenkünfte von Mitarbeitern

a) Welche Gründe kann solches Verhalten haben?
In freien Zusammenkünften werden Gruppenbildungsprozesse verstärkt. Vor allem, wenn im üblichen Arbeitsprozeß solche Bindungsprozesse nur schwer zustande kommen, können diese Zusammenkünfte den sozialen Bedürfnissen von Mitarbeitern entsprechen. Im allgemeinen sollten derartige Zusammenkünfte gefördert werden. Es gibt jedoch einige Ausnahmen:

- wenn sie demagogisch von einzelnen Teilnehmern mißbraucht werden,
- wenn das allgemeine Arbeitsklima schlecht ist (dann verstärken sich Unzufriedenheiten über Gruppenmechanismen mitunter erheblich),
- wenn es bei solchen Treffen häufig zu destruktiven Auseinandersetzungen kommt.

b) Was ist zu tun?
Der Vorgesetzte soll im allgemeinen zu solchen Treffen nicht erscheinen, es sei denn, er würde dazu aufgefordert (eingeladen ...). Wenn Sie an solchen Zusammenkünften teilnehmen zu können glauben, ohne sie zu beeinträchtigen oder zu beeinflussen, sollten Sie sich prüfen, ob Sie sich nicht täuschen. Ist das nicht der Fall, ist alles in Ordnung, es sei denn, die Mitarbeiter haben noch keine Gruppenprozesse in Gang gesetzt.
In jedem Fall ist jedoch zu veranlassen, daß der Vorgesetzte sich Informationen beschafft, wenn dort Inhalte zur allgemeinen Meinung geworden sind oder werden könnten. Diese Information ist für richtiges Führen notwendig. Es ist nur darauf zu achten, daß die Informationen nicht durch Petzen, Hintertragen ... erhalten werden.

6. Fall: Ein Mitarbeiter hat eigentümliche Ansichten.

a) Welche Gründe kann solches Verhalten haben?

- Der Mitarbeiter hat Mindergefühle und versucht, sich durch eigentümliche Ansichten Respekt zu verschaffen und seinen Eigenstand gegenüber »den vielen« zu betonen.
- Der Mitarbeiter ist politisch extrem orientiert (im ersten Fall ist er Anarchist, im zweiten Faschist). Das kann wiederum verschiedene Gründe haben (Vorurteile, Frustrationen im privaten oder betrieblichen Bereich, Dummheit ...).
- Der Mitarbeiter will auffallen, um mit seinen Kollegen oder Vorgesetzten ins Gespräch zu kommen. Er besitzt keine zureichenden Tak-

tiken, das auf »normale« Weise zu machen, oder er befindet sich in einem Demotivationsprozeß.

b) Was ist zu tun?
Wird – wie hier vorausgesetzt – der Betriebsfriede nicht gestört, dann sollte eine intellektuelle Auseinandersetzung zum Thema vermieden werden. Das hat zumeist deshalb keinen Erfolg,

- weil sich der Betroffene in Verteidigungsposition gedrängt fühlt und so seine Meinung eher verstärken denn aufgeben wird,
- weil seine Probleme nicht intellektueller, sondern psychischer (emotionaler) oder sozialer Art sind, die durch Diskussion nicht behoben werden können.

Obschon es sich durchaus empfiehlt, eine politische Meinungspluralität zu fördern, sind solche »sozialen Erkrankungen des Intellekts« da zu beheben, wo sie entstanden sind. Die Gründe, die solches Verhalten auslöst, müssen erkannt und – wenn möglich – ausgeräumt werden.

7. Fall: Grundsätzliche Austauschbarkeit

a) Gründe für solche Meinung:
Die wichtigsten Gründe, warum ein Mensch zu solch (falscher) Ansicht kommen kann, mögen sein:

- Überbewertung funktionaler Gesichtspunkte (gegen personale),
- Mindergefühle,
- starke Demotivation (am Ende eines demotivierten Lebens ist nahezu jeder scheinbar austauschbar),
- depressive Disposition (So-what-Syndrom).

b) Was ist zu tun?
Da solche Gründe vor allem dann auftauchen, wenn eine Position rein funktionales Agieren nahelegt, müssen in der verbalen Interaktion die nichtfunktionalen Anteile (Selbstmitteilung und Kommunikation) verstärkt gepflegt werden.

Die Überzeugung von der grundsätzlichen Austauschbarkeit verstößt gegen die Grundlagen des europäischen Humanismus, nach der kein Mensch sich oder andere zum reinen Mittel machen darf. Der Überzeugung von der Austauschbarkeit liegt aber zumeist die letztlich kollektivistische Ansicht zugrunde, nach der die Ziele des Kollektivs (Betrieb, Partei, Gruppe, Kirche) über die des Individuums zu stellen sind, so daß es sich ihnen als Mittel zum Zweck (der stets sozial gesehen wird) unterzuordnen hat. Faschistische, marxistische und manche anarchistische Theorien neigen zu solchen Meinungen.

8. Fall: Überdurchschnittliche Erfolgsabhängigkeit

a) Gründe für solches Verhalten:
Überdurchschnittliche Aktivität und gesteigerte Erfolgsabhängigkeit sind Verhaltensmuster, die im allgemeinen positiv gewertet werden. Dazu besteht aber zumeist kein Anlaß. Einige Gründe:

- ein Demotivationsprozeß ist angelaufen,
- Mindergefühle sollen kompensiert werden,
- Leistung soll andere Defekte verbergen oder entschuldigen,
- Ichideal und Ichrealität sind weit voneinander entfernt (der Aktivismus ist ein Schutzmechanismus, der verhindern soll, daß der Betroffene »zu sich« kommt).

b) Was ist zu tun?
Aktivität und Erfolgsabhängigkeit nicht noch durch Belohnungen verstärken. In schwierigen Fällen wird man an therapeutische Hilfe denken müssen. In leichteren kann es genügen, dem Betroffenen zu Erfolgserfahrungen und Anerkennung zu verhelfen, die nicht an Aktivität gebunden sind.

9. Fall: Leistungsentlohnung

Die Forderung nach leistungsorientierter Entlohnung stammt von Karl Marx, der damit gegen die kapitalistische Ordnung angehen wollte, in der der (kollektive) Marktwert der Arbeit entlohnt wird. Das sei ungerecht und unmenschlich (da menschliche Arbeit nicht vermarktet werden dürfe). Treten Sie für diese Leistungsentlohnung ein (nach der Leistung unabhängig von dem Marktwert der Arbeit bzw. der Leistungsprodukte honoriert wird), sollten Sie wissen, daß Sie sich gegen unsere Wirtschaftsordnung stellen.

10. Fall: Verantwortungtragen als Leistung

Die meisten Menschen, die Verantwortung tragen, sind der Überzeugung, daß dieses gesellschaftlich honoriert werden müsse. Wie kommt es zu dieser Ansicht?

In nahezu allen Gesellschaften ist das gesellschaftliche Ansehen gebunden an das Maß an Verantwortung, das jemand übernommen hat. Die wenigen Ausnahmen zählen kaum. (So wird nach Freud bei einigen westafrikanischen Stämmen der König, auf den sich die meisten Aggressionen richten.)

In einer Leistungsgesellschaft besteht die Tendenz, den sozialen Status zu verknüpfen mit dem Status, den der Betreffende in der Arbeitssphäre hat. Verbinden sich nun beide Tendenzen (Ansehen – Verantwortung – Leistung), liegt es nahe, auch für den Verantwortung tragenden ein Mehr an gesellschaftlicher Belohnung einzufordern, die sich in einer kapitalistischen Ordnung auch finanziell darstellen wird. Das ist im wesentlichen richtig.

Doch sollte auch ein Gegenaspekt zumindest bedacht werden: Ein Mensch, der, obschon geeignet und willens, Verantwortung zu tragen, dieses aufgrund struktureller oder personeller Umstände nicht kann und somit auf erhebliche Teile von Selbstverwirklichung verzichten muß, ist durchaus auch berechtigt, für seinen Verzicht eine Belohnung zu beanspruchen. Es ist nicht leicht einzusehen, warum die Möglichkeit, sich selbst zu verwirklichen, nicht auf die Belohnung angerechnet werden kann und soll – und warum das nicht auch die einzige Belohnung sein darf. Wenn aber ein Mensch auf einen erheblichen Faktor in seinem Selbstverwirklichungsbemühen freiwillig verzichtet, muß er für diesen Verzicht nicht entlohnt werden?

Nun, die Frage mag akademisch klingen. Die Praxis verneint sie zumeist. Das ist jedoch nicht ganz unproblematisch. Ein in seinem Verzicht (sei er nun freiwillig oder erzwungen) nicht belohnter Mensch wird nicht selten in einen Zustand der Dauerfrustration versetzt, aus dem heraus er ausschließlich noch zu aggressiven Verhaltensmustern fähig ist, wenn er nicht einfachhin resigniert. Nicht wenige der gesellschaftlichen Probleme unserer Zeit sind schon durch die bloße Furcht vor allem junger Menschen, man werde nicht die Verantwortung tragen dürfen, zu der man willens und fähig ist, heraufbeschworen. Sie reagieren je nach Temperament und Disposition aggressiv, oder sie resignieren.
Es gab schon vor Jahrhunderten Bestrebungen, das Konkurrenzprinzip der Eliten zu ersetzen durch ein Rotationsprinzip. Die Anwendung dieses Prinzips würde dazu führen, daß jeder, der Verantwortung tragen will, es auch für eine beschränkte Zeit kann.

11. Fall: Ängste von Mitarbeitern

a) Gründe für solche Emotionen.
Die Gründe für »Angst vor dem Chef« können verschiedene Ursachen haben. Zu denken ist vor allem an diese:

- Erziehungsbedingt können Menschen Angst vor jedem hierarchischen Autoritätsträger haben.
- Aufgrund von Abwehrereignissen kann latente Angst sich immer da zeigen, wo möglicherweise eine reale Angst angebracht sein könnte.
- Soziale Ängste können wie auch Bindungsängste einen Menschen dazu bringen, alle Sozialkontakte ängstlich zu meiden, aus denen irgendwelche Verpflichtungen hervorgehen könnten.
- Der Chef neigt dazu, unvorhersehbar oder hart oder ungerecht zu reagieren.

Die Gründe für »Angst vor Mißerfolg« sind eher noch mannigfaltiger. Da nahezu alle Menschen solche Ängste zumindest gelegentlich kennen, soll hier angenommen werden, die Ängste seien anormal heftig und/oder die Reaktionen auf diese Ängste seien besonders unangemessen. Solche Ängste können begründet sein:

- in Mindergefühlen verschiedenster Art,
- in erhöhter Empfindlichkeit gegenüber Mißerfolg (oft begründet durch realitätsverschobenes Ichideal),
- in der Erfahrung, daß Mißerfolge regelmäßig bestraft werden (oft genügt eine einmalige unangemessene »Bestrafung«, um einen Menschen zeitlebens auf potentielle Mißerfolge hin zu sensibilisieren),
- in abschreckenden Beispielen (die zeigen, daß »man« Angst haben muß, etwas falsch zu machen).

b) Was ist zu tun?

Gegen die meisten der hier erwähnten Ängste läßt sich gar nichts machen. Doch oftmals lassen sie sich mildern. So kann es einem ängstlichen Mitarbeiter gegenüber durchaus angezeigt sein

- ihm das Bewußtsein sozialer Sicherheit zu vermitteln,
- ihn nicht durch unvorhersehbares Verhalten zu verunsichern,
- ihm deutlich zu machen, daß auch er das Recht hat, Fehler zu machen, wenn er bereit ist, dafür die Verantwortung zu übernehmen.

In jedem Fall aber ist für eine funktionierende Kommunikation zu sorgen.

Wenn anormal viele Mitarbeiter anormal heftige Ängste haben, wird der Vorgesetzte davon ausgehen können, daß der Fehler bei ihm liegt. Er wird herausfinden, was das Verhalten der Mitarbeiter bewirkt, um die Angstquelle nachhaltig zu verstopfen. Das »oderint dum metuant« (= sie mögen mich hassen, wenn sie mich nur fürchten) steht allenfalls einem Tyrannen gut an. In allen anderen Fällen wirkt es demotivierend.

12. Fall: Was tun Sie, wenn Sie als launisch gelten?

Wir nehmen hier einmal an, die Mitarbeiter hätten keine objektiven Gründe für ihre Annahme. Es handele sich also um ein Vorurteil. Da wir in unseren sozialen Kontakten immer wieder auf Vorurteile stoßen, ist es wichtig, eine Strategie zu beherrschen, damit fertig zu werden.

a) Was sind Gründe für solche Vorurteile?
Es seien nur einige wesentliche und häufig vorkommende genannt:

- Vorurteile entlasten psychisch erheblich. Der rätselhafte andere Mensch wird durch ein Etikett, das man ihm aufklebt, kategorisierbar und damit prinzipiell verständlich.
- Vorurteile können auch Mindergefühle abdecken, wenn übermächtige Autoritäten, so mit Fehlern ausgestattet, zu erlaubten Aggressionsobjekten werden.
- Vorurteile ermöglichen einen Zusammenschluß *gegen* einen Menschen, da sie eine gemeinsame Beurteilungsgrundlage schaffen.
- Vorurteile erlaubten die Bewahrung der Wirklichkeit gegen die Ansprüche der Realität, vor allem, weil sie selbst real sind.

b) Was ist zu tun?
Zumeist ist es unmöglich, *direkt* etwas gegen Vorurteile zu unternehmen. Wichtig ist jedoch, sie zu kennen, um sie in eigene Techniken einzubauen oder doch bei der Verwendung von Techniken berücksichtigen zu können. Wer sich nicht um die Vorurteile kümmert, die sich um seine Person ranken, sollte nicht zu führen versuchen.
Dann aber kann man sich mühen, durch gute kommunikative Beziehungen mit einzelnen die meist kollektiven Vorurteile aufzuweichen. Das muß jedoch außerordentlich behutsam und geduldig geschehen. Andernfalls werden sich Vorurteile eher verstärken. Vorurteile sind nicht so sehr in Eigenschaften des mit Vorurteilen Bewerteten zu sehen, denn in Eigenschaften dessen, der sie hat. Sie wirken wie ein Filter. Nur das wird als real akzeptiert, was durch diesen Filter hindurchgeht. Alles andere wird nicht bemerkt oder uminterpretiert. Dennoch gelingt es zuweilen, die Barriere zumindest aufzuweichen.

Das Heimtückische an Vorurteilen ist ihre Eigenschaft, sich im Weitergeben zu verstärken. Ich kenne Menschen, denen über Jahrzehnte über Vorurteilsmechanismen ganz die gleichen (nicht vorhandenen) Eigenschaften zugesprochen wurden, obschon sich sicher mehr als zehnmal alle anderen Gruppenmitglieder austauschten. Doch der Austausch fand halt nie gleichzeitig statt, so daß die Verbleibenden die herrschenden Vorurteile über kommunikative Brükken weitergeben konnten.
Ist die Vorurteilstruktur, die Ihnen feindlich begegnet, besonders belastend oder besonders hartnäckig und universell verbreitet, dann wird es mitunter kaum eine andere Möglichkeit geben, als Arbeitsplatz oder auch den Job zu wechseln, um so die bestehenden kommunikativen Brücken hinter sich abzubrechen.

Auflösung zur Seite 231 f.

1. Alle, die den Staat gefährden, müssen eingesperrt werden.
2. Alle, die Beamte werden sollen, sollen toleriert werden. Alle, die toleriert werden sollen, sollen Beamte werden.
3. Keiner, der links steht, gehört in eine leitende Stellung. Keiner, der in eine leitende Stellung gehört, steht links.
4. (Es gibt keinen argumentativen Rahmen. Der Schluß ist in jedem Fall unerlaubt!)
5. Was rentabel ist, sollte gekauft werden.
6. Jeder, der faul ist, ist ein Drückeberger.
7. (Der Schluß ist in jedem Fall unerlaubt.)
8. Niemand, der menschlich ist, ist gewinnstrebend. Keiner, der gewinnstrebend ist, ist menschlich.

Sie sollen in der Lage sein, selbst solche stillschweigenden Voraussetzungen ausfindig zu machen. Wenn Sie weniger als fünf Richtige haben, sollten Sie üben. Damit Sie effektiv an Beispielen üben können, müssen Sie wenigstens anfanghaft die Theorie beherrschen. Deshalb hier ein wenig Theorie.

Abkürzungen

A steht für den Begriff, der in beiden Sätzen vorkommt.

B steht für den Begriff, der nur im ersten Satz vorkommt.

C steht für den Begriff, der nur im Schlußsatz vorkommt;

a steht für einen Satz, dessen Subjekt mit »alles« verbunden ist oder ohne Bedeutungsänderung in einen Allsatz verwandelt werden kann.
(Beispiele: Alle Menschen sind sterblich.
Fische können schwimmen [= Alle Fische können schwimmen].
Der Mensch ist von Natur aus gut [= Alle Menschen sind von Natur aus gut]);

e steht für einen Satz, der mit »kein« beginnt;
(Beispiele: Kein Reicher ist glücklich. Kein Vogel kann lange tauchen.)

i steht für einen Satz, der weder ein a-Satz noch ein e-Satz ist, aber bejahend formuliert ist. Er beginnt mit Worten wie: manche, viele, einige, ganz wenige... oder einem Eigennamen;
(Beispiele: Einige Vögel können tauchen. Manche Menschen sind glücklich. Ganz wenige Proletarier sind reich. Sokrates ist ein Mensch.)

o steht für einen verneinten Satz, wenn er einem i-Satz entsprechend aufgebaut ist;
(Beispiele: Einige Vögel können *nicht* tauchen. Manche Menschen sind *nicht* glücklich. Sokrates ist kein Physiker.)

Regeln
Die A können beide vorne im Satz stehen (Figur I) oder beide hinten (Figur II), oder von links nach rechts über Kreuz, wenn man die Sät-

ze übereinander schreibt (Figur III), oder von rechts nach links über Kreuz (Figur IV).

Dann gibt folgende Matrix die Struktur der gesuchten Prämisse an:

Figur I:	Wortfolge B-C im gesuchten Satz		Wortfolge C-B im gesuchten Satz
	a a a a i i	Faktensatz	a a e e i o
	a i e o i o	Schlußsatz	e o e o o o
	a a *e e* a *e*		*e e* a a *e* a
Figur II:	Wortfolge B-C		Wortfolge C-B
	a a a a i i		a a a e e e
	i i o o e a		e o o e o o
	a i e o e a		e *e* o a a i
Figur III:	Wortfolge B-C		Wortfolge C-B
	a a a a i i		a a a e e i
	i i o o i o		i i o e o o
	a i e o a o		*a* i *e* a a e
Figur IV:	Wortfolge B-C		Wortfolge C-B
	a a a e e i		a a a e e e
	i e o o o i		e o o e o o
	a *e e* a i a		*e e* o a a i

Ist in der Schlußzeile der Vokal kursiv gesetzt, sind Sätze vom Typ B-C *und* C-B möglich.

Beispiele:

1. Faktensatz: Sokrates ist ein Mensch.
   Schlußsatz: Sokrates ist sterblich.
   Dann gilt: A = Sokrates B = Mensch C = sterblich.
   A steht beide Male vorne: also Figur I. In dieser Figur kommt die Vokalfolge i-i (beide gegebenen Sätze sind i-Sätze) nur im Schema B-C vor. Es folgt, daß die stillschweigende Prämisse ein a-Satz sein muß (i i a).
   Also heißt sie: Alle Menschen sind sterblich.

2. Faktensatz: Alle Manager sind fleißig.
   Schlußsatz: Manche Fleißige sind unterbezahlt.
   Dann gilt: A = fleißig B = Manager C = unterbezahlt
   A steht von links nach rechts über Kreuz: also Figur III. Der erste der gegebenen Sätze ist vom a-Typ, der zweite vom i-Typ. Die Folge a- i kommt in Figur III insgesamt viermal vor. Stets ist a und i der Typ des Lösungssatzes. Es gibt also folgende Lösungen:
   Alle (einige) Manager sind unterbezahlt.
   Alle (einige) Unterbezahlte sind Manager.

3. Faktensatz: Einige Manager sind nicht gesund.
   Schlußsatz: Einige Fleißige sind nicht gesund.
   Dann gilt: A = gesund B = Manager C = fleißig
   A steht beide Male hinten: also Figur II. Die gegebenen Sätze sind vom Typ o. Die Folge o-o kommt in der dritten Figur nicht vor. Also gibt es keine Prämisse, die es erlauben würde, aus dem gegebenen Faktensatz den Schlußsatz zu folgern.

Begriffe

Abwehr =	Verhaltensstrategie, die angewendet wird, um sich gegen unangenehme oder bedrohliche affektive Konfliktsituationen zu schützen, die durch Kollision der oft von Kindheit an nicht befriedigten Triebansprüche mit den Forderungen des Über-Ichs oder der gesellschaftlichen Umwelt entstehen.
Alterozentriertheit =	Fähigkeit, sich selbst und seine Werturteile zurückzustellen.
Antrieb =	Impulse, die das Verhalten zielgerichtet dynamisieren und motivieren. Oft werden sie begleitet von Emotionen (etwa: der Antrieb zur Flucht von Angst).
Appell =	Aufruf (Anruf, Mahnruf), etwas zu tun oder zu unterlassen. Ein Appell ist *versteckt,* wenn man einer sprachlichen Interaktionssituation ihren Appellcharakter nicht anmerkt.
Ausdruck =	Dasjenige an einer Wahrnehmung einer Person, das ohne Mitwirkung des Denkens eine positive oder negative Stellungnahme auslöst (H. Rohracher).
	Körperliche Begleiterscheinung von Gefühlen.

Autonomie =	Fähigkeit, innerlich unabhängig, die Gesetze und Ziele eigenen (vor allem des sittlichen) Handelns selbst zu bestimmen.
Autorität =	Ein soziales Beziehungsgefüge, in dem Personen oder Institutionen eine Führungs- oder Vorbildrolle übernehmen und mit der (wenigstens stillschweigenden) Zustimmung der Gruppenmitglieder Ziele und Normen setzen. Legitimiert sich der Autoritätsträger selbst, spricht man von *funktionaler* A., geschieht die Legitimation durch eine Fremdinstanz von *formaler* A.
Bedürfnis =	Psychisches Spannungsgefälle aufgrund von Bedarfs- oder Mangelzuständen, das die Aktivität des Individuums stimuliert und zu konkreten Zielvorstellungen führt, die das Spannungsgefälle beheben sollen.
Code =	Vereinbartes Inventar von Sprachzeichen und Regeln zu ihrer Verknüpfung. Determinierte Weise, Vorstellungen in Sätze zu bringen.
Effektgesetz =	Ein Gesetz, nach dem Handlungen, die auf einen befriedigenden Zustand folgen, gut erinnert werden (Edward L. Thorndike).
Faschismus =	Form der Herrschaft in einer Organisation, nach der die Organisation höchstes zu schützendes Gut ist.
Feedback =	Korrektur von Verhaltensweisen eines Individuums oder von Gruppen durch andere Individuen oder Gruppen über

die Wirkung dieser Verhaltensweise auf sie durch Mitteilung.

Funktion = Leistung oder Beitrag eines sozialen Elements für den Aufbau, Erhalt oder die Veränderung eines bestimmten Zustandes des Systems (etwa einer Gruppe), der das Element angehört. Solche Leistungen werden zumeist nach dem Maß des Nutzens für das System bewertet.

Aufgabe oder Aufgabenkomplex, der über bestimmte Regelmechanismen einer Person übertragen wurde, indem folgende Bereiche definiert werden: Tätigkeit, Zuständigkeit und Verantwortung.

Freiheit = Unabhängigkeit von Zwängen (liberale Definition).

Vermögen, sich durch Reflexion über Notwendigkeiten und der damit verbundenen Kenntnis ihrer Gesetze von deren blinder Herrschaft zu befreien (marxistische Definition).

Fähigkeit, sich selbst zu verwirklichen.

Führen = Wahrnehmung der durch die Rolle des Führenden umschriebenen Aufgaben und Funktionen. Der Führende ist der Inhaber des Status innerhalb einer Gruppe, der mit der Organisation und Kontrolle der Gruppenaktivitäten (nach innen und außen) sowie der Aufrechterhaltung der Gruppeneinheit verbunden ist.

Gesellschaft = Umfassender Bezugsrahmen allen sozialen Handelns.

System voneinander abhängiger, sich funktional ergänzender Teile (Individuen, Gruppen, Organisationen), die durch normativ vorgegebene Muster sozialer Beziehungen in Interaktion stehen und dabei – aus gemeinsamer Wertorientierung und Handlungsfähigkeit – alle für den Erhalt und die Weiterentwicklung der Einheit wichtige Aufgaben erfüllen.

Dynamisches Handlungsfeld von gegenläufigen Interessen, Ansprüchen und Handlungszielen, von Beziehungen der Herrschaft und Fremdbestimmung und prinzipiellen Gegensätzen.

Gewalt = Anwendung von Zwängen, um einem Individuum oder einer Gruppe Schaden zuzufügen, sie der Herrschaft zu unterwerfen oder im Bereich der Herrschaft zu halten bzw. fremder Gewaltausübung zu begegnen.

Gewißheit = Eigenschaft einer Erkenntnis, nicht sinnvoll bezweifelt zu werden.

Glauben = Vollzug oder sein Ergebnis, der etwas für wahr halten läßt, weil ein anderer es als wahr behauptet.

Gruppe = Eine Mehrzahl von Menschen, die wenigstens ein gemeinsames Merkmal haben.

Eine Mehrzahl von Menschen, die untereinander und nach außen besondere definierbare soziale Beziehungen unterhalten. Diese Beziehungen sind länger während und meist irgendwie geregelt.

Halo-Effekt =	Ein Effekt, der Psychodiagnosen verfälschen kann, wenn diese Diagnosen nicht an objektive Testergebnisse gebunden sind, sondern an »erste Eindrücke« oder an die Kenntnis einzelner psychischer Merkmale (Edward L. Thorndike).
Herrschaft =	Ausübung von Führungsfunktionen so, daß die Mißachtung durch den Geführten zur Anwendung von Machtmitteln führt. Die Legitimation geschieht zumeist pragmatisch.
Ich =	Psychisches Strukturelement, das die Forderungen von Antrieben, Über-Ich (etwa des konventionellen Gewissens) und der sozialen Außenwelt kontrolliert und koordiniert. Material bestimmbar durch die tatsächlich obersten leitenden Werte eines Menschen.
Ichideal =	Funktion des Über-Ichs. Ideal eines Menschen von sich selbst in bezug auf Verhalten, Werthaltungen, Zielvorstellungen, Absichten. Das Ichideal wird zumeist als Ichwirklichkeit internalisiert.
Ideologie =	Menge aller gewissen Sätze. Menge der Bewußtseinsinhalte, denen kein Sein entspricht (Marxismus). System von Ideen.
Ideorealgesetz =	Gesetz, nach dem alle subjektiven Emotionen, Erlebnisse und Vorstellungen, die im Ausdruck vorgestellt werden, rudimentär vom Erkennenden über Ausdrucksnachahmung der entsprechenden Fremdausdrücke reproduziert werden (Willy Hellpach).

Information =	Beseitigung von Unwissen oder Unsicherheit in bezug auf Wissen. *Frei* ist eine Information, die nicht genötigt gegeben wird.
Konditionieren =	(klassisch) Ein Verfahren, in dem ein unbedingter Reiz mit einem bedingten zu einem bedingten Reflex verknüpft wird (etwa: Hunger – Glocke – Speichel auf Glocke), (operant) Ein Verfahren, das ein Tun mit einer Reizbedingung verbindet (etwa Weinen – Hunger).
Konflikt =	Situation, in der einem Reiz gleichzeitig miteinander unvereinbare Reaktionen zugeordnet sind. Interessengegensatz und daraus folgende Auseinandersetzung zwischen Personen, Gruppen, Organisationen. Konfliktinhalte sind Auseinandersetzungen über Werte, Status-, Macht-Verteilungsverhältnisse. Situation, die bestimmt ist von unvereinbaren psychischen Antrieben und den Ansprüchen von Gruppen, Gesellschaften, Organisationen …
Kommunikation =	Bemühen, soziale Kontakte zu bewahren oder zu verändern (verstärken, aufbauen, abbauen …)
Leistungsgesellschaft =	Gesellschaft, in der der soziale Status abhängt vom Status in der Arbeitssphäre (wobei die Statusschranken durchlässig gedacht werden).
Leistungsmotiv =	Fähigkeit, auf eine erfolgreiche Handlung stolz sein zu können.
Leistungsprinzip =	Prinzip, nach dem eine Person aus-

	schließlich nach Maßgabe ihrer Leistung zu belohnen ist (ursprünglich pädagogisches Prinzip, infolge des Gleichheitsdenkens von Saint-Simon und Marx in die Ökonomie eingebracht).
Macht =	Chance, innerhalb einer sozialen Beziehung den eigenen Willen auch gegen Widerstreben durchzusetzen, worauf immer auch die Chance beruht (Max Weber).
Machtbedürfnis =	Interesse, Einflußmöglichkeiten auf das Verhalten anderer Personen zu kontrollieren.
Menschenführung =	Beabsichtigte und zielgerichtete Einflußnahme auf das Verhalten anderer Personen.
Minderwertigkeitskomplex =	Komplexhafte Abspaltung (mit ichverwandten Funktionen) von Gefühlen, der eigenen körperlichen, geistigen, moralischen, sozialen, materiellen... Minderwertigkeit gegenüber den Anforderungen der Umwelt. Diese werden dann nicht mehr wahrgenommen. Die Symptome (starkes Leistungs- und Geltungsbedürfnis) aber bleiben.
Mißverständnis =	Der Empfänger einer Nachricht sendet eine Botschaft aus, für die auf seiten des Senders kein entsprechender Gegenwert vorhanden ist.
Organisation =	Institutionalisierte Gruppe.
	Zielgerichtete Regelung von Aufgaben und Tätigkeiten in Sozialgebilden, so daß alle ihre Elemente und die daraus

	gebildeten Einheiten in das Gefüge dieses Sozialgebildes eingegliedert werden. Das geschieht durch organisatorische Maßnahmen, die eine Struktur als formalen Ausdruck der geschaffenen Ordnung hervorbringen.
Pareto-optimale Lösung =	Problem- oder Aufgabenlösung, bei der die Summe aller von allen Beteiligten erzielten Gewinnpunkte möglichst groß ist.
Persönlichkeit =	Strukturaspekt des Menschen, der sich durch Wandlung und Entwicklung selbstregulierend als Ganzes ändert, so daß der Mensch befähigt bleibt, Reize funktionell zu machen und entsprechende Handlungen einzuleiten und deren Verlauf zu steuern, auf daß die Gesamtstruktur (Mensch) zu einer einzigartigen und schöpferischen Anpassung an seine Umwelt befähigt wird (Gordon W. Allport).
Reversibilitätsprinzip =	Prinzip, nach dem sich eine Person so zu anderen verhalten soll, daß diese sich in ganz ähnlicher Weise verhalten können, ohne die soziale Beziehung zu gefährden.
Rolle =	Konsistente und kohärente Menge von Verhaltensnormen, deren Einhaltung oder Nichtbeachtung sanktioniert wird.
Rudiment-Theorie =	Theorie, nach dem ein Empfänger den Ausdruck des Senders rudimentär mitvollzieht und so ansatzhaft einen entsprechenden emotionalen Zustand bei sich selbst auslöst (W. B. Carpenter).

Sekundärsystem =	Politisches oder ökonomisches System, in dem Entscheidungen soziotechnisch optimal gefällt werden müssen, wenn das System stabil bleiben soll (ethische oder politische Entscheidungen sind nicht systemgerecht).
Selbstverwirklichung =	Bedürfnis, die eigenen Möglichkeiten zu entfalten (A. H. Maslow). Verwirklichung der in der Ichrealität liegenden Möglichkeiten. Diese setzt voraus: Selbsterkenntnis und Selbstannahme. »Selbst« bezeichnet die Person, insofern zwischen bewußten und unbewußten Motivationsanteilen keine Gegensätze und Konflikte bestehen.
Semantik =	Lehre von den Beziehungen zwischen Zeichen und Bezeichnetem.
Sozialisation =	Vor Beginn der formalen Erziehung auftretende Vermittlung von Werten, Fertigkeiten, Verhaltensmustern, kulturellen Zusammenhängen mit dem Ziel der Einfügung und Einbildung eines Menschen in eine Gesellschaft. Hineinbilden in gesellschaftliche Struktur- und Interaktionszusammenhänge.
Struktur =	Das dauerhafte innere Gefüge einer Gesellschaft, das sich aus allen sozialen Elementen zusammensetzt und durch eine sinnvolle Zuordnung von sozialen Gebilden und Positionen und den damit verbundenen Normen, Handlungsmustern und Wertvorstellungen bestimmt ist. Funktionsbedingungen eines Gesellschaftssystems und das zugeordnete

Zusammenwirken aller seiner Teile in einem konkreten historischen Zeitraum.

Subsidiarität = Höhere gesellschaftliche Einheiten werden nur dann helfend (subsidiär) tätig, wenn die Vermögen der niederen Einheiten nicht ausreichen, bestimmte Funktionen wahrzunehmen (G. Gundlach).
Führungsgrundsatz, nachdem Verantwortlichkeiten soweit nach unten delegiert werden sollen wie möglich und sinnvoll.

Syntax = Lehre von den Beziehungen von Zeichen zueinander und zu Zeichensystemen.

System = Eine Menge handelnder Menschen, die vier Funktionen zu erfüllen hat:
Integration der Individuen (durch Rollenübernahmen ...) und Gruppen,
Anpassung an die soziale Umgebung,
Setzen und Verwirklichen von Zielen und Aufrechterhalten von Grundstrukturen (Talcott Parsons).
Je nach Interesse des Theoretikers stehen einmal die Normensysteme (bzw. die normativ zu regulierenden und zu Strukturen verdichteten Verhaltensmuster) im Mittelpunkt oder die beobachtbaren Interaktionen.

Transformation = Methode der Veränderung von Gesellschaft über Reformen, doch auf konkrete Zielvorgaben hin. Sie steht im Gegensatz zur Revolution und Evoluti-

	on, die entweder den Weg der Reformen oder die Zielvorgabe ausschließen.
Über-Ich =	Psychisches Strukturelement, das kindliche Sozialisationserfahrungen in Gestalt von Ichideal und des konventionellen Gewissens konserviert. Im pathologischen Fall übernimmt das Über-Ich auch strafende Funktion (der Eltern).
Unbewußtes =	Theoretischer Begriff zur Bezeichnung eines »Reservoirs« von abgewehrten, nicht mehr erinnerten Vorstellungen oder Emotionen.
Vorurteil =	Emotional besetzter erkenntnisähnlicher Inhalt, der konkretem rationalen und verantworteten Urteilen vorausliegt und in der Regel durch Rationalität nicht (mehr) erreicht werden kann.
Wahrheit =	Eigenschaft einer Aussage als Zeichen, zutreffend das Bezeichnete (Sachverhalt) abzubilden.
Wirklichkeit =	Das von der Menge aller unbezweifelt gültigen Sätze Bezeichnete.
Wunsch =	Stabile Vorstellungen über den Verlauf und das Ziel von Bedürfnisbefriedigung. Wünsche können also in Verlaufs- und Zielerwartungen konstituierend eingehen.

Literatur

Atkinson, J. W., Einführung in die Motivationsforschung, Stuttgart 1975
Berne, E., Spiele der Erwachsenen, Reinbek 1975 (rororo 6735)
Bruch, H., Grundzüge der Psychotherapie, Frankfurt a. M. 1977
Duhm, D., Angst im Kapitalismus, Lambertsheim 1973
English, F., Transaktionale Analyse und Skriptanalyse, Hamburg 1976
Fittkau, B., u. a., Kommunizieren lernen, Braunschweig 1977
Griese, H. M., u. a. (Hg.), Soziale Rolle, Opladen 1977 (UTB 654)
Harries, Th. A., Ich bin o.k. – Du bist o.k., Reinbek 1975 (rororo 6916)
Hartfield, G., Das Leistungsprinzip, Opladen 1977 (UTB 573)
Heider, Fr., Psychologie der interpersonalen Beziehungen, Stuttgart 1977
Langen, D., Psychotherapie, Stuttgart [3]1973 (dtv 4063)
Lauterberg, Chr., Vor dem Ende der Hierarchie, Düsseldorf 1978
Maslow, A. H., Motivation und Persönlichkeit, Olten 1977
Perls, F., Gestalttherapie in Aktion, Stuttgart 1974
Rogers, C., Entwicklung der Persönlichkeit, Stuttgart 1973
Schulz von Thun, Fr., Psychologische Vorgänge in der zwischenmenschlichen Kommunikation, in: B. Fittkau u. a., Kommunizieren lernen, S. 9–100
Slavson, S. R., Analytische Gruppentherapie, Frankfurt a. M. 1977
Smith, M. J., Sage nein ohne Skrupel, München 1977
Stöber, A. M., Kritisches Führungswissen, Stuttgart 1974
Tausch, R. und A.-M., Erziehungspsychologie, Göttingen [6]1971
Watzlawick, P., u. a., Menschliche Kommunikation, Bern 1969
Wiswede, G., Soziologie konformen Verhaltens, Stuttgart 1976